# 古代歷史文化 研究輯刊

## 十九編

王明蓀 主編

## 第 8 冊

### 隋朝君臣關係研究

冀英俊 著

國家圖書館出版品預行編目資料

隋朝君臣關係研究／冀英俊 著 — 初版 — 新北市：花木蘭文化事業有限公司，2018〔民107〕

目 4+208 面；19×26 公分

（古代歷史文化研究輯刊 十九編；第 8 冊）

ISBN 978-986-485-404-2（精裝）

1. 中國政治制度 2. 隋代

618                                                          107002304

ISBN-978-986-485-404-2

9 789864 854042

古代歷史文化研究輯刊

十九編　第八冊　　　　　ISBN：978-986-485-404-2

## 隋朝君臣關係研究

作　　者　冀英俊
主　　編　王明蓀
總 編 輯　杜潔祥
副總編輯　楊嘉樂
編　　輯　許郁翎、王筑　美術編輯　陳逸婷
出　　版　花木蘭文化事業有限公司
發 行 人　高小娟
聯絡地址　235 新北市中和區中安街七二號十三樓
　　　　　電話：02-2923-1455／傳眞：02-2923-1452
網　　址　http://www.huamulan.tw 信箱 hml 810518@gmail.com
印　　刷　普羅文化出版廣告事業
初　　版　2018 年 3 月
全書字數　184456 字
定　　價　十九編 39 冊（精裝）台幣 100,000 元

# 隋朝君臣關係研究

冀英俊 著

## 作者簡介

冀英俊，女，1981 年生，山西平遙人，2013 年畢業於南開大學歷史學院，獲博士學位，同年任教於太原理工大學國際教育交流學院。主要從事中國古代思想、中國傳統文化等領域的研究與教學。主持或參與國家級、省市級課題若干項，並多次在《中國史研究》、《中國史研究動態》、《江西社會科學》、《河北學刊》等刊物發表論文。

## 提　　要

　　君臣關係是我國古代最重要的社會關係之一，也是研究傳統政治的首要問題。本書所關注者，並非是個別的君臣關係，而是以影響君臣關係的各種因素爲切入點，包括以君權天賦、天人感應爲基礎的天命觀念，以三綱五常、忠孝節義爲核心的倫理思想，以刑賞監察、禮制等級爲標準的制度層面，以功名利祿、政治權力爲中心的利益關係等角度，全面、系統地考察隋朝君主與臣僚權力之間的結構與運作。

　　在中國古代王朝的皇帝權力結構之下，「君臣關係」還可以區分出君主與前朝宗室、與周邊少數民族、與皇室、與「不臣者」等特殊的君臣關係層面。隋文帝楊堅在三百多年亂離的局面中以「禪讓」的形式代周立隋，後又廢梁、併陳，一統天下。在這種情況下，作爲中央、地方大臣，作爲被篡奪或被消滅的前代國家舊君，作爲伺機而動的周邊少數民族，作爲后妃、皇子、皇親、國戚，作爲對君可以不稱臣者等不同對象，對君臣之間的關係無疑會產生不同的影響，故考察隋朝的君臣關係，從以上幾個層面作爲切入點應該說是本書另一個有效的視覺。

　　在此基礎上，本書還從實踐的角度和層面考察了文、煬二帝的用人思想及其特點，檢視隋朝君臣之間的互動和博弈，並進一步分析了隋朝建立的偶然性和必然性，考察了隋朝速亡的原因等問題，深化了對隋朝君臣關係確立與速亡的思考，提出隋朝的速亡並非是統治思想理念的問題，只是在運行過程中因沒有始終遵循而出現了偏向。

# 序 言

　　王權政治下，君居高臨下，唯我獨尊，臣則處於卑下從屬地位。但從治國理民角度，臣又起承上啓下的樞紐作用。因此，處理好君臣關係，是治理國家的重要一環，圍繞這一問題的研究也一直是中國古代史研究的重中之重。

## 一、研究對象

　　「君者，尊也，從尹、口，口吕發號。」〔註1〕尹爲治者，口發號令，「君」的本義是發號施令的權威者、統治者。在政治上，君的權力最早來自對土地的支配。即「君謂有地者也」，後來，「天子、諸侯及卿大夫有地者皆曰君」，進入專制社會後，「君」成爲皇帝一人的專稱，具有了至高無上的地位。隋朝的歷史，一般從公元 581 年隋文帝楊堅代周稱帝，建元開皇爲始，到公元 618 年李淵廢黜楊侑，建國爲唐而終，歷時 38 年。一般認爲有隋文帝楊堅（581～604）、隋煬帝楊廣（604～617）和隋恭帝楊侑（617～618）三個皇帝。雖秦王楊浩（618.3～618.9）和越王楊侗（618.5～619.4）均被立爲過皇帝，且都有年號，但不可否認的是，楊廣之後的幾位均爲傀儡皇帝，年齡小〔註2〕，在位時間極短，對隋朝的政局沒有太大的影響，所以，本作所討論的君主，專指隋文帝楊堅和隋煬帝楊廣。

　　「臣者，牽也，事君者。象屈服之形。」〔註3〕「臣」的本義是奴隸，主

---

〔註 1〕許愼：《說文解字注》，段玉裁注，上海：上海古籍出版社，1981 年，第 57 頁。
〔註 2〕宮崎市定：《宮崎市定說隋煬帝：傳說的暴君與湮沒的史實》（西安：陝西人民出版社，2008 年）第 178～182 頁，考察了楊廣之後的幾個小皇帝，被殺時燕王倓只有 16 歲，代王侑只有 15 歲。
〔註 3〕許愼：《說文解字注》，段玉裁注，第 118 頁。

要指被征服、被支配、被奴役的對象。廣義而言，臣指皇帝之下的一切民眾，即「普天王臣」，「溥天之下，皆是朕臣妾」；狹義而言，專指專制制度下的古代官吏，即所謂「功臣名將」。本文所論述的臣主要指後者，故而本文著重研究隋朝文、煬二帝與官吏之間的關係。

隋朝君臣關係的理論，在集中總結了拓跋氏少數民族政權及北齊、北周的累累成果基礎上，又創造性地加以發展，不僅適應了當時政治鬥爭的需要，而且為唐代君臣之治的成熟與完備提供了可資借鑒的依據。對隋朝君臣關係的分析和把握，不僅可以看到在皇權的運作過程中，君主與各層官吏所構成的種種複雜的政治關係，而且可以清晰隋朝的興盛、滅亡與統治政策的關係，無疑具有重要的歷史價值。

## 二、研究現狀

隋朝歷史短暫，由於重視程度不夠以及史料的缺乏，長期以來，史學界對隋朝全面性的探究，力度和深度都很欠缺，專題研究依然較少。目前除韓國磐《隋朝史略》（上海：華東人民出版社，1954 年）和金寶祥的《隋史新探》（蘭州：蘭州大學出版社，1989 年）兩部專著外，隋朝的歷史常以隋唐史或隋唐五代史的形式出現，主要有：楊志玖《隋唐五代史綱要》（上海：上海人民出版社，1955 年）、吳楓《隋唐五代史》（北京：人民出版社，1958 年）、岑仲勉《隋唐史》（北京：高等教育出版社，1957 年）、韓國磐《隋唐五代史綱》（北京：人民出版社，1979 年）、陳寅恪《隋唐制度淵源略論稿》（上海：上海古籍出版社，1982 年）、呂思勉《隋唐五代史》（上海：上海古籍出版社，1984 年）、王壽南《隋唐史》（臺北：三民出版社，1986 年）、白壽彝《中國通史》（上海：上海人民出版社，1989 年）、范文瀾《中國通史》（北京：人民出版社，1994 年）、王仲犖《隋唐五代史》（上海：上海人民出版社，2003 年）等。

近幾十年，隨著關於隋文帝、隋煬帝專著的出版，大量學術論文的發表，對文、煬二帝的研究取得了一定的成就，其研討範圍可涉及到民族思想、宗教思想、治邊思想、法制思想、軍事思想、用人思想等方面，然主要依附於文、煬二帝的政治統治等古老的話題，順襲了前輩學者所總結的隋朝皇權強化的理論，很少注意到皇帝在制定政策、處理政務時所涉及到的哲理、倫理、制度、利益等方面的微觀制約因素。且研究僅僅是從某個局部的研究，缺乏對隋朝君臣關係進行整體性的綜合，更沒有從政治思想的角度給出解釋。

　　對於一些重要的政治家如高熲、楊素、李德林等，文學家劉綽、劉炫等還沒有引起足夠的關注。2005 年黑龍江人民出版社出版了以戴逸爲主編的《開國重臣大傳》，高熲以輔佐楊堅創業的開國重臣得以列傳，這無疑是推動隋史研究的一大進步。然據筆者所知，迄今爲止還基本沒有其他關於隋朝有影響的政治家的專傳。對於一些政治事件，如楊堅的代周立隋、隋文帝廢長立幼、江都之變、黎陽之變等一直是關注的重點，但對於其他歷史事件，如文帝廢黜長子楊勇，又幽禁三子楊俊、四子楊秀，爲何五子楊諒卻可以獨掌大權，統領山東？再如一代良相高熲之死因，歷來認爲與廢長立幼有關，然煬帝繼位不久便重新啓用高熲，卻爲何沒多久又冤殺高熲？等等如此的問題均沒有引起史學界的足夠關注。

　　對於隋朝政治思想的研究，因傳統的政治思想論著如楊幼炯《中國政治思想史》、薩孟武《中國政治思想史》、蕭公權《中國政治思想史》等基本集中在對政治人物的研究，故對隋朝的研究基本集中爲王通一人的思想，對隋朝君臣政治理論等方面基本未予提及。

　　可喜的是，自 20 世紀 80 年代以來，以劉澤華、張分田爲代表的南開大學團體在中國古代政治思想研究中成績驕人，如劉澤華主編的《中國政治思想史》（隋唐宋元明清卷）（杭州：浙江人民出版社，1996 年）在系統分析了隋唐諸帝「君臣同體」、「君臣合道」等成熟且完備的君道理論的同時，結合政治實踐，廣泛採擇傳統君臣論，深化了對君臣關係的認識，並在這個基礎上完善君道和帝制，對塡補這一空白做出了卓越的貢獻。張分田的《民本思想與中國古代統治思想》（天津：南開大學出版社，2009 年）詳細論述了隋唐指導、規範、制約皇權運作的君道理論。另外，王壽南《隋唐史》簡略提到隋文帝提倡忠君觀念，獎勵忠君行爲，論述了當時君臣關係的絕對性。然即使如此，因選題和側重點的不同，對隋朝君臣關係領域的研究也遠遠不夠，故對隋朝君臣關係作出符合其自身本質特徵的新的系統的解讀顯得重要而必要。

## 三、視角與思路

　　在中國古代，君臣觀形成於一個由倫理道德、朝代更替和平民地位等因素組成的錯綜複雜的環境之中〔註4〕。故而探討隋朝的君臣關係，至少還應注意以下幾個問題。

---

〔註 4〕（日）清宮剛：《中國古代文化研究——君臣觀、道家思想與文學》，商聚德
　　　　審校，北京：九州圖書出版社，1997 年，第 1 頁。

第一，天命觀念對君臣關係的影響。

以天賦君權、君受天命爲基礎的君臣理論，構成了君主統治人民的哲理性依據。君在天面前爲臣，天授予君主「天命」，賦予其統治人民的權力。但天命不是一成不變的，君主能否永享天命，主要以其德、才，以及能否得到百姓的支持爲依據。天對君的褒揚與警戒又往往通過星象與五行變化來顯示，這也往往爲臣僚所利用，成爲制約君主的工具。

第二，倫理思想對君臣關係的影響。

以三綱五常、忠孝節義爲核心的基本準則，是處理君臣關係的政治道德準則。而在仁義、禮樂、君惠、臣忠、孝悌等因素制約影響下，爲人臣者不可避免地會產生「忠孝難兩全」的選擇性困境。

第三，政治制度對君臣關係的影響。

制度是一種嚴格的硬性規定，含有明顯的強制性。而影響君臣關係的政治制度，除了用刑賞、監察等嚴格的行政方式外，還有政治稱謂、君臣之喻、禮制思想等倫理性制度。

第四，利益問題對君臣關係的影響。

利益是需要，是滿足，政治和利益是密切相關的。在對待利的問題上，無論是功名利祿還是政治權力，或者是老百姓最基本的生計問題，都無不影響著君臣之間的關係。

在中國古代王朝的皇帝權力結構之下，「君臣關係」還可以區分出如下幾個基本層面：

1.天與君主的君臣關係。

2.君主和中央、地方大臣之間的關係。

3.君主與前朝宗室之間的君臣關係。

4.君主與周邊少數民族之間的君臣關係。

5.君主與皇室（如皇后、皇子、宗親、國戚等）之間的君臣關係。

6.君主與「不臣者」之間的君臣關係

「君權天賦」、「天人感應」的思想，既爲君主的合法性提供了依據，也爲臣僚制約君主提供了理論基礎。而作爲中央、地方大臣，作爲失去政權的前代國家舊君，作爲伺機而動的周邊少數民族，作爲后妃、皇子、皇親、國戚，作爲對君可以不稱臣者等不同對象，對君臣之間的關係無疑會產生不同的影響，故觀察隋朝的君臣關係變化，從以上幾個層面作爲切入點應該說是

另一個有效的視覺。

公元 581 年，北周勳臣楊堅以「禪讓」的形式奪襲了北周政權，這樣的和平政變，往往會帶來一些問題，其一，由於沒有經過改朝換代的戰爭，不足以清除北周政權中的敵對分子，造就一支久經考驗的隊伍〔註5〕。楊堅以宮廷政變的形式奪取政權，這就決定了以楊堅爲首的新統治集團成員是來自北周政權的各級官吏。在北周末年動亂的局勢中，這些官吏有的積極支持楊堅奪取政權，並在此過程中立下了汗馬功勞；有的則是懾於形勢，不得不依附於新政權。且在北周政權時，這些官吏有的是與楊堅並肩爲戰的同僚，有的甚至是高於楊堅的上司，這些人內心未必忠心服從，他們的利益和要求一旦得不到滿足，就暗地裏相互勾結，反對新的政權。正如李德林所說的，「公（楊堅）與諸將，皆國家貴臣，未相服從。」〔註6〕

其二，由於政變多是得力於一批野心家、陰謀家的策劃與促成，故新王朝只能在舊官僚中收攬人心，這既制約了新朝的用人政策，又爲王朝的穩定埋下了隱患。故而楊堅既要在北周政權基礎上構建新的班底，又必須清除舊政權勢力。隨著全國統一戰爭的完成，他既急需一批能效忠於他的新官吏，又遇到如何處置綜合北周、北齊、南梁、南陳而形成的政權官員的問題，與此同時，周邊的少數民族地區，也是在尋找機會蠢蠢欲動。史載楊堅「性猜忌」，「無寬容之度，有刻薄之資，」這些情況，必然對隋朝君臣之間關係的發展演變，帶來一定的影響。

那麼，在嚴格遵守君臣之義的古代，楊堅通過哪些方面能夠迅速地建立起自己政權的合法性，又從哪些方面成功地協調了君臣關係，這些都直接關係到隋朝的穩定與否。隋朝二帝，在充分吸收北魏、北齊、北周等政治、經濟、文化的基礎上，其君道、臣道、君臣之道的理論政策方面都有哪些建樹，取得了哪些成效？在上述幾個不同層面、不同因素制約下的君臣關係有無顯著改變？在不同的情況下，隋朝面對不同的團體與對象，所採取的君臣理念有何不同？這些不同所產生的原因是什麼？從政治思想的角度對隋朝的君臣關係做一系統的論述，應該說是一個有效的視角。

---

〔註 5〕魏徵：《隋書》卷二《高祖紀下》，北京：中華書局，1973 年，第 55 頁。史臣曰：「高祖龍德在田，奇表見異，晦明藏用，故知我者希。始以外戚之尊，受託孤之任，與能之議，未爲當時所許，是以周室舊臣，咸懷憤惋」。

〔註 6〕司馬光：《資治通鑒》卷一七四，宣帝太建十二年六月條，北京：中華書局，1956 年，第 5421 頁。

# 第一章　影響君臣關係的哲理性因素

## 第一節　天君關係確立的哲學依據

### 1.1.1 天立人君的理論基礎

「天者，顛也。至高無上，從一、大。」〔註1〕天的本義指人的頭頂，指示為至大的尊神。「天生烝民」，「上帝臨女（汝）」，「萬物本乎天」等觀念都顯示了天是萬事萬物的創造者和主導者。人為萬物之父，人亦由天而生，所以人受天的統治。

天為統治人民，設立君主，使之助天統治人民、治理社會。《孟子‧梁惠王下》載：「天降下民，作之君，作之師，惟曰其助上帝寵之。」〔註2〕故君主代天行政，效法天命而行政事，這一切都是出於天命使然，以求王權的權威性。歷代君主，莫不謹受天命，應承天命而興，稱臣於「天」。如當大禹征伐有扈氏時，云其是「天用剿絕其命」，而自己是「共行天之罰也」，禹征三苗，也說是「用天之罰」。

中國古代君主還自稱「天子」。「天子者，天之子也」，他們對「天」非常崇敬，並將行祭祀天地作為自己受命於「天」的象徵。如西漢末年群臣奏王莽為「假皇帝」，就曾諫議王莽「郊祀天地，宗祀明堂，共祀宗廟，享祭群神」，皆如天子之制〔註3〕；東漢末群雄爭霸，荊州牧劉表不供職貢，多行僭偽，也

---

〔註1〕許慎：《說文解字注》，段玉裁注，第1頁。
〔註2〕焦循：《孟子正義》卷四《梁惠王下》，沈文倬點校，十三經注疏本，北京：中華書局，1987年，第115頁。
〔註3〕班固：《漢書》卷九九上《王莽傳上》，北京：中華書局，1962年，第4080頁。

是以「郊祀天地，擬斥乘輿」〔註4〕來證明自己的天子身份。楊堅受禪，同樣登壇告天，「設壇於南郊，遣使柴燎告天，」〔註5〕並命國子祭酒辛彥之議定新的祭祀典禮。在皇帝下達的詔書中，開頭一般都會提到「奉天承運」之類的話語，充分表達了帝王與「天」之間的神秘性。

君主「事天」、「治下」，扮演著天人之間傳遞者的角色。故天與君之間，遂體現出一種密切的關係。上天的唯一至上性提示出人間君主的唯一權威性，君主也想方設法向人們展示其與天相感應的特權，以增強其統治的神聖靈光。

君主獲得天命，替天統治人民，但上天賜予君的天命不是一成不變的。所謂「有命不恒，所輔唯德」，「天命靡常，有德為君」，上天只保祐有德之君。「有德則可久，有功則可大」，德是影響君主能否得到上天青睞的決定性因素，是君主能否取得統治權力並贏得百姓認可和支持的實質性條件，而如果一個人只有德行而沒有功績，那麼他只能是一個賢者而不具備獲得天命的資格，只有既有德又有功者，才是天命的歸屬者。

天立君是為了保民，民情是君受天命、保天命的關鍵。所謂「天之生民，非為君也。天之立王，以為民也，」〔註6〕能否安定民生，獲得百姓的擁護是帝王獲得天命的砝碼之一。如果君勤政愛民，天就會降祥瑞以褒獎他，如果君主無道或世道昏暗，天就會降災異以示懲戒，甚至將其棄之，垂青於其他的統治者，從而發生改朝換代。李密舉兵反隋，便以民本思想為依據，發表聲討隋煬帝違背君道十大罪狀的檄文。宣稱：魏公李密「屬當期運，伏茲億兆」，「順人將革，先天不違」，效法武王伐紂，「大誓孟津，陳命景亳」，並號召天下響應，興兵滅隋，「共建功名」〔註7〕。君主的權力實際以天意為根據而受到限制。

「君權神授」、「天人感應」等理論為王權的權威性和神秘性提供了有力的佐證，但也限制了君主的為所欲為。隋文帝在詔書中屢次表達了對天的敬畏，如手詔楊素時曰：「寅畏天威」，在廢太子勇為庶人時曰：「朕恭天命，屬當安育，雖欲愛子，實畏上靈，豈敢以不肖之子，而亂天下，」李德林在《天

〔註4〕范曄：《後漢書》卷七十《孔融傳》，北京：中華書局，1965年，第2269頁。
〔註5〕《隋書》卷一《高祖紀上》，第13頁。
〔註6〕王先謙：《荀子集解》卷一九《大略篇第二十七》，《新編諸子集成》本，北京：中華書局，1988年，第504頁。
〔註7〕沈昫：《舊唐書》卷五三《李密傳》，北京：中華書局，1975年，第2212～2217頁。

命論》中也日：「奸回不至，事乃畏天。」這些現象包含了雙重文化意識的承負：一是重天命的神學觀，決定了古代天文學家借天象徵兆喻示王朝盛衰。二是重道輕技的認識論，決定了古代天文學家言天象多依附於王朝政事〔註8〕。正是假借著「天」之後盾，很多官僚才敢壯著膽子針砭時弊，限制了皇帝的作威作福，構成了皇權制約機制的一個重要組成部份。

## 1.1.2　君受天命的神秘色彩

君權天賦一直是君主權威的最終依據，君權係「天命有所屬，非人力所能爭」的政治觀念為世人所普遍接受。為了昭示自己承繼大統的合法性，招徠臣民的政治認同，君主們通過各種方式來神化自己。

### 1.1.2.1　體相之特異

中國古代帝王觀念認為，聖王必有聖相，帝王之象見於體表之徵，在這種思想支配下，帝王體相也往往被加以神化或美化，與真實的形象產生一定的距離，暗示讀者，帝王絕非普通人，而是一種介於神和人之間的物種。如相傳秦始皇「蜂準、長目、摯鳥膺，豺聲」，漢高祖「美鬚髯，左股有七十二子」等，隋文帝楊堅也以此自詡，舉出種種體相之異來證明自己確是王者。史稱他有「龍顏日角之奇，玉理珠衡之異，」〔註9〕「額上有五柱入頂，目光外射，有文在手曰『王』。長上短下，沈深嚴重。」〔註10〕齊王宇文憲對武帝說：「普六茹堅相貌非常，臣每見之，不覺自失。」〔註11〕李德林上書《天命論》稱他：「顧盼閒雅，望之如神。」〔註12〕王劭進言誇他有「龍顏戴干之表，」〔註13〕如此等等皆謂其有神性，異於常人，其目的無非是要證明君主君臨天下的合法性。

### 1.1.2.2　出生之神異

受君權觀念的影響，也為了彰示自己異於常人，更為了顯示自己統治的合理性，很多帝王都將自己的出生演繹出一段神異的傳說。如魏文帝曹丕出生之時，有一股青色的雲氣，聚成圓狀，形如車蓋，覆蓋在曹丕的身上。南

---

〔註8〕許結：《說〈渾天〉談〈海潮〉——兼論唐代科技賦的創作與成就》，引自南京大學中文系《辭賦文學論集》，南京：江蘇教育出版社，1999年，第540頁。
〔註9〕《隋書》卷五七《薛道衡傳》，第1409頁。
〔註10〕《隋書》卷一《高祖紀上》，第1頁。
〔註11〕《隋書》卷一《高祖紀上》，第2頁。
〔註12〕《全隋文》卷一八《李德林二・天命論》，第205頁。
〔註13〕《隋書》卷六九《王劭傳》，第1604頁。

朝宋武帝劉裕出生之夜，有神光照室，當夜，甘露降於劉家墓地的樹上。北
魏孝文帝出生時，神光照於室內，天地雲霧朦朧，和氣充滿整個國家。南朝
梁元帝出生時，香氣飄蕩滿室，胎胞呈現紫色。史載隋文帝出生時：「紫氣充
庭」，「赤光滿室，流於戶外」，「其後三日，紫氣充庭，四鄰望之，如鬱樓觀，
人物在內，色皆成紫，」〔註14〕這些在今天看來荒誕不經，在古代社會卻有
很大的市場。由於統治者的大肆渲染，更使帝王出生時神異現象深入人心，
表現出其帶有一定的「生而為神」的神秘色彩。

### 1.1.2.3 符瑞圖讖的宣揚

借助大量符瑞圖讖，是天子論證自己具有神性的又一重要方式。

古人對天象予以高度重視。在知識極度貧乏的古代，人們對某些自然天
象的解釋無能為力時，往往將其歸結於「天」，認為天象的發生是天命的間接
反映。星象的異常，常常被視為是國運盛衰的預兆。如早在周宣帝末年，楊
堅就曾對心腹郭榮曰：「吾仰觀玄象，俯察人事，周歷已盡，我其代之。」〔註
15〕輔政期間，「方行禪代之事，欲以符命曜于天下，」〔註16〕宣稱王朝更迭
已出現了徵兆，「河、洛出革命之符，星辰表代終之象」，「往歲長星夜掃，經
天晝見。」〔註17〕即位時稱「京師慶雲見」，開皇十九年（599），袁充上書言
「隋興已後，日景漸長」，認為這種現象是「天」對隋朝政治優良的表彰，「景
長之慶，天之祐也，」〔註18〕對此，文帝欣然接受，加以博信，認為這些都
是大隋應受天命的證據。

作為預測未來的各種圖讖符命也是皇帝獲得天命的依據。據《隋書》載，
北周保定二年（562），青州黃河變清，王劭認為：「河清啓聖，實屬大隋」。
北周建德六年（577），亳州大周村有二龍相鬥，白龍勝，黑龍死。王劭說，
楊姓納音為商，商屬西方，白色，而周是黑色，「此言皆為大隋而發也。」開
皇初年，邵州人楊令惷在黃河邊拾獲一塊青石圖，一塊紫石圖，上面有楊堅
的名字，名下有「八方天心」四字。後永州又有人拾獲石圖，剖開成為兩段，
有楊樹的形狀，黃根紫葉。後來，在汝水又得到一個神龜，腹下有文曰「天

---

〔註14〕《全隋文》卷一八《李德林·天命書》，第205頁。
〔註15〕《隋書》卷五十《郭榮傳》，第1320頁。
〔註16〕《隋書》卷一七《律曆志中》，第420頁。
〔註17〕《隋書》卷一《高祖紀上》，第11～12頁。
〔註18〕《隋書》卷一九《天文志上》，第524～525頁。

卜楊興。」〔註19〕這些都被認爲是隋朝興起，楊堅得天命的徵兆。

### 1.1.2.4 宗教的改造

　　儒家傳統以其所有的禮儀和象徵的說法使楊堅成爲天子，而佛教則具有創造上蒼恩寵和賜福的理想統治者形象的豐富的民間傳說〔註20〕。隋文帝楊堅於西魏大統七年（541）六月癸丑夜出生於馮翊般若寺，並由尼躬自撫養。隋文帝常對朝臣追憶童年，「每以神尼爲言，云我興由佛，」〔註21〕談到七歲時，撫育他的神尼曾預言他「兒當大貴，從東國來，佛法當滅，由兒興之。」〔註22〕後來，他果然由東方入關，代周立隋，說的神乎其神。天竺沙門隋那連提耶舍的《德護長者經》卷下曰：「汝今見此德護長者大兒月光童子不？唯然已見。佛言：此童子音，能令未信眾生令生淨信……我涅槃後，於未來世護持我法，供養如來受持佛法，安置佛法讚嘆佛法。於當來世佛法末時，於閻浮地大隋國內，作大國王，名曰大行：能令大隋國內一切眾生，住於佛法，種諸善根。」〔註23〕這段預言赤裸裸地鼓吹了文帝的君權來自神授，增添了文帝的神話傳說，使得「聖蹟」傳說廣爲流傳。費長房在其《歷代三寶紀》書中，採《德護長者經》之說，宣稱文帝爲月光童子化身，開皇十四年（594）七月，法經上呈《眾經目錄》，奉表尊文帝爲「法輪王」。仁壽年間，安德王雄率百官共上《慶舍利感應表》，吹捧文帝是積數劫修行而來的國王，說道：「伏惟皇帝，積因曠劫，宿證菩提，降跡人王，護持世界。」〔註24〕在這裡，楊堅不僅僅是人王，也是菩薩的代理人，合政教於一身，既然帝王受命於佛，那麼佛界信眾焉有不聽其節制之理，於是文帝便披上佛的外衣而達到了其政權統治的目的。

　　隋煬帝對於佛教亦是敬信情重，他以「菩薩皇帝」自居，建寺院，造佛像，度僧人大力倡導佛教，並自稱「菩薩戒弟子、皇帝總持」〔註25〕，爲自己增添了神秘色彩。

---

〔註19〕《隋書》卷六九《王邵傳》，第1602～1606頁。
〔註20〕崔瑞德：《劍橋中國隋唐史》，北京：中國社會科學出版社，1990年，第77頁。
〔註21〕《全隋文》卷二一《王邵・舍利感應記》，第237頁。
〔註22〕釋道宣：《續高僧傳》卷二八《釋道密》，續修四庫全書，第1282冊，上海：上海古籍出版社，1995年，第295頁。
〔註23〕那連提耶舍：《佛說德護長者經》卷下，引自《中華大藏經》（漢文部份）第19冊，北京：中華書局影印本，1995年，第86～87頁。
〔註24〕《全隋文》卷八《觀王雄・慶舍利感應表》，第86頁。
〔註25〕《全隋文》卷五《煬帝二・敕度一千人出家》，第56頁。

# 第二節　天象變化與君臣關係舉例

「天文者，所以察星辰之變，而參於政者也。」隨著天文學的發展，一些史官逐漸將星象變化與政治清濁、人事吉凶和社會治亂相聯繫，記載了大量的星象位次、運行及異常變化的情況，出現了占星術。古人認爲天上和人世的一切都相對應，人間的事情也會在天上得到相應的發生。故而在古代的宮廷鬥爭、改朝換代等政治事件中，天象被作爲天命轉移的象徵意義，成爲政治鬥爭中頗爲重要的輿論工具。隋朝天象中圍繞著君主政治、君臣關係，大致說來，主要有以下幾種變化。

## 1.2.1 日月的變化

### 1.2.1.1 日食

古人認爲日食是「月來掩之也，臣下蔽君之象」，意味著君主的統治受到臣下的挑戰，預示著君主政治的危機。宣帝大成元年（579）正月丙午、癸丑，日皆有背，占曰：「臣爲逆，有反叛，邊將去之。」又曰：「卿大夫欲爲主。」臣犯主之應〔註26〕。之後，隋文帝稱霸，尉遲迥、王謙、司馬消難各舉兵反。大業十二年（616）五月丙戌朔，又有日食發生，其後宇文化及等殺隋煬帝。

### 1.2.1.2 日青無光

日青無光是帝王災難的預兆。仁壽四年（604）七月乙未，日青無光。占曰：「主勢奪。」又曰：「日無光，有死王。」兩天後，文帝崩。

### 1.2.2.3 星入月

凡五星入月，意味著朝野有爭相追逐殺戮之象。仁壽四年（604）六月庚午，有星入於月中。占曰：「有大喪，有大兵，有亡國，有破軍殺將。」不久，文帝崩。

## 1.2.2 行星的變化

### 1.2.2.1 熒惑入、犯

#### 1.2.2.1.1 熒惑入太微

熒惑爲罰星，熒惑的出現，代表著戰事、動亂、疾病、喪事、飢饉等國

---

〔註26〕《隋書》卷二一《天文志下》，第 610 頁。

之災殃的發生。太微，「天子庭也」，爲天子宮廷之象。如果熒惑入太微，說明君主或國家將出現禍亂或者敗亡。北周武帝建德六年（577）四月，熒惑入太微宮。占曰：「爲大臣代主。」又曰：「臣不臣，有反者。」又曰：「必有大喪」〔註27〕。不久，武帝、宣帝相繼暴崩，文帝大運代起。煬帝統治時期，也出現了熒惑入、犯太微的警示，如大業元年（605）六月甲子，熒惑入太微。到大業十三年（617）六月十一月辛酉，熒惑犯太微。大業十四年（618）三月，宇文化及等殺隋煬帝。

### 1.2.2.1.2 熒惑入氐

氐爲二十八星宿之一，星占認爲：「氐四星，王者之宿宮，后妃之府，休解之房，」〔註28〕熒惑入氐意味著君主或國家將要出現禍亂或者敗亡。如武帝宣政元年（578）十二月癸未，熒惑入氐，守犯之三十日。占曰：「天子失其宮。」又曰：「賊臣在內，下有反者。」〔註29〕不久，靜帝禪位，隋文帝幽殺之。

### 1.2.2.1.3 熒惑犯房

房爲南方七宿之一，有四顆星。星占認爲：房宿四星，「爲明堂，天子布政之宮，無德者失之。」熒惑犯房是君主或國家將要出現禍亂或者敗亡的徵兆。靜帝大定元年（580）正月乙酉，熒惑掩房北第一星。二月甲子，隋王楊堅代周，稱尊號〔註30〕。

### 1.2.2.2 太白晝見、經天、入、犯

太白即金星，和熒惑一樣，古人認爲也是罰星。如果太陽升起後也能見到金星，就叫太白晝見；如果太陽升到中天午位時還能看見金星，就叫經天。太白星的出現意味著天下大亂、戰事不斷。如大象元年（579）九月己酉，太白入南斗魁中，占曰：「天下有大亂，將相謀反，國易政。」又曰：「君死，不死則疾。」〔註31〕不久，楊堅誅殺趙、陳等五王並代周自立。開皇二十年（600）十月，太白晝見，隋文帝將長子太子楊勇貶爲庶人，改立次子楊廣爲太子。

---

〔註27〕《隋書》卷二一《天文志下》，第 608 頁。
〔註28〕《隋書》卷二十《天文志中》，第 543 頁。
〔註29〕《隋書》卷二一《天文志下》，第 610 頁。
〔註30〕《隋書》卷二一《天文志下》，第 611 頁。
〔註31〕《隋書》卷二一《天文志下》，第 611 頁。

### 1.2.2.3 五星聚合

五星聚合是指金、木、水、火、土五星基本排於一線。《史記・天官書》載：「五星合，是爲易行，有德，受慶；改立大人，掩有四方，子孫蕃昌；無德，受殃若亡。」〔註32〕在歷史上，周將代殷，五星聚房；齊桓將伯，五星聚箕，無不賦予了重大的政治意義。大象元年（580）四月戊子，太白、歲星、辰星合，第二年，隋王受命，宇文氏宗族相繼誅滅。

## 1.2.3 流星的出現

「流星，天使也。」流星是帝王政治中使者的象徵。流星的出現，一般預示著災難的發生。大象元年（579）六月丁卯，有流星。二年（580）五月甲辰，有流星。七月壬子，有流星。不久，楊堅幽殺靜帝得以執政。

大業十二年（616）八月壬子，有大流星如斗；癸丑，大流星如甕。後二年，宇文化及殺帝僭號，王充亦於東都殺恭帝，篡號鄭。

## 1.2.4 彗星的出現

彗星是帶來災難和晦氣的象徵，也稱「掃帚星」、「長星」。彗星的出現，意味著君主的失德行爲、朝政的變亂和君主的大權旁落。大業三年（607）三月辛亥，長星見西方，竟天；至九月辛未，轉見南方，亦竟天。之後不久，煬帝築長城，討吐谷渾及高麗，最後落得民怨沸騰，揭竿而起。又如開皇十九年（599）十二月乙未，慧星隕於渤海，一年後皇太子楊勇被廢，楊廣立。

從上文所列舉的資料來看，在星占中，言凶者占十之八九，也就是說，在古人認爲有星占意義的各種天象中，絕大多數都是凶兆。「天」似乎是一個苛求無已的嚴師，動輒就表現出對人間的不滿，所以君主對天所體現出的，更多的是敬與畏。而當星象變中出現災異警戒時，很多君主都會採取免租賦等惠民手段彌補自己的過失。但有時候君主會以其他的方式來消除災難。如隋煬帝統治時期，太史說隋的分野有大喪，煬帝於是將楊素改封於楚。楚與隋分野相同，煬帝此舉是想讓楊素應驗徵兆代死。後來楊素果然病了，煬帝請名醫爲其診治，還賜以好藥，卻又密問醫人，總是擔心楊素不死。楊素知此，既不吃藥也不養護，不久便病逝了。只是煬帝也並未能逃脫厄運，楊素死後不到十年，煬帝便「宮車晏駕」了。

---

〔註32〕司馬遷：《史記》卷二七《天官書第五》，第 1321 頁。

天象之事也常常爲一些術士所利用，作爲獻寵取媚的工具，如楊堅剛剛輔政時，欲行禪代之事，道士張賓，揣測到楊堅的這種意圖後，「自云玄相，洞曉星曆，因盛言有代謝之徵，」〔註33〕由是被楊堅所重用。再如隋煬帝統治後期，天下大亂，煬帝感到很不安，道士袁充，便假託天文，上表陳嘉瑞，以媚於上，曰：「謹按去年已來，玄象星瑞，毫釐無爽，謹錄尤異，上天降祥、破突厥等狀七事，」〔註34〕得到煬帝的嘉獎。總的來說，占星術用星象變化來預示社會、政治和人事的變化，給統治者的統治蒙上了一層神秘的面紗，不僅爲星占術的流行製造出一種思想文化氛圍，而且強化了君主的神秘性。

# 第三節　五行變化與君臣關係舉例

五行之說最早見於《尚書·洪範》，是指金、木、水、火、土五種構成世間萬物的基本要素，後被進一步昇華，將五行與天干地支、五星、五色、五味等相配，爲預測吉凶提供了適宜的文化土壤。在改朝換代時，爲了獲取和穩定民心，將歷史的變化歸之於五行的相生相剋，產生了深遠的影響。

## 1.3.1 五德始終

統治者在詔書裡面充分利用了五行更替、五德終始的思想，將禪讓和五德終始思想相結合來說明社會的變化和歷史走向。周靜帝在禪讓詔書中陳述理由之一就是「木行已謝，火運既興」〔註35〕。開皇元年（581）六月癸未，隋文帝詔「以初受天命，赤雀降祥，五德相生，赤爲火色。」〔註36〕李德林《霸朝雜集》中曰：「昔歲木行將季，諒闇在辰，火運肇興，羣官總己。」〔註37〕開皇六年（586），崔仲方上書論取陳之策中也用到了「五德終始」的觀點：「皇朝五運相承，感火德而王，國號爲隋」〔註38〕，均指出隋朝建國爲火德開啓國運，順應五行流轉之機，爲隋代周的合法性提供了依據。

在君主失德，或者國家將要出現禍亂敗亡的情況下，五行中會出現諸多異常現象以作警示，主要體現在以下幾個方面：

---

〔註33〕《隋書》卷一七《律曆志中》，第420頁。
〔註34〕《隋書》卷六九《袁充傳》，第1612頁。
〔註35〕《隋書》卷一《高祖紀上》，第11頁。
〔註36〕《隋書》卷一《高祖紀上》，第15頁。
〔註37〕《隋書》卷四二《李德林傳》，第1201頁。
〔註38〕《隋書》卷六十《崔仲方傳》，第1448頁。

### 1.3.2 金失其性

《洪範》曰：「金曰從革。」金具有肅殺、變革的特性，凡具有類似性質或作用的事物，均屬於金。金失其性之象表現在五行上是陰氣不附和，陽氣太盛，預示著萬物既成，殺氣始起，百穀受損，蝗蟲爲害。在《隋書》中「金失其性」的表現如：

旱災：大業四年（608），燕、代緣邊諸郡旱。當時煬帝發卒百餘萬築長城，巡塞表，百姓失業，道殣相望。大業八年（612），煬帝又發四海兵，親征高麗，導致天下大旱，百姓流亡。

白眚白祥：即白色災異。《漢書‧五行志》中之上：「金色白，故有白眚、白祥」。開皇六年七月，京師下雨後長毛，長者三尺餘，短者六七寸。其後關中出現大旱，米粟涌貴，百姓困苦。

犬禍：古代將與犬有關的變異視作凶兆，附會人事，稱爲「犬禍」。《洪範》認爲「犬禍」是「金不從革」之徵兆。大業元年（605），雁門民間的犬多離開他們的主人而群聚於田野，行動就像是狼而易傷人，好幾年後才停止。其後煬帝窮兵黷武，勞役不息，之後又起長城之役，續有西域、遼東之舉，最後導致天下怨叛，及至發生江都之變，煬帝被殺〔註39〕。

### 1.3.3 木失其性

《洪範》曰：「木曰曲直」。曲直爲木之本性，可規可矩。木性既失，地上之物中和木性有關者，便會出現異象，甚至成災。在《隋書》中「木失其性」的表現如：

楊樹生松：仁壽元年（601）十月，蘭州楊樹上生松，高三尺，六節十二枝，《宋志》曰：「松不改柯易葉，楊者危脆之木，此永久之業，將集危亡之地也。」當是時帝惑讒言，幽廢冢嫡，初立晉王爲皇太子，後爲煬帝，竟以亡國〔註40〕。

木再榮：仁壽四年（604）八月，河間柳樹無故枯落，既而花葉復生。京房《易飛候》曰：「木再榮，國有大喪。」當年，隋文帝崩〔註41〕。

服妖：即奇裝異服。開皇中，房陵王勇的東宮和宜陽公王世積的家裏，

---

〔註39〕《隋書》卷二二《五行志上》，第 641 頁。

〔註40〕《隋書》卷二二《五行志上》，第 619 頁。

〔註41〕《隋書》卷二二《五行志上》，第 619 頁。

婦人的領巾均如同製作的軍旗一樣。婦人爲陰，預示著臣，而服兵幟，則是臣有兵禍的應徵。結果不久勇遇害，王世積坐誅。

　　龜孽：古人認爲：「龜、蟲之生於水，而遊於春者，屬木。」開皇年間，掖庭宮中每夜都有人來挑逗宮女。文帝因而告誡宮女說：「若逢，但斫之。」之後有一個像人一樣的東西，在夜間來登床，宮女抽刀去砍，就像是砍中了枯骨。那個東西落床而逃，宮女追趕，看到它進入水池而消失。第二天，文帝命令抽乾河中的水，發現了一隻烏龜，直徑一尺多長，身上有刀痕，殺了它後，怪事就沒有再發生過。烏龜本是生活在水中的，現在卻成精作怪，預示著陰謀的產生，之後不久，隋文帝受惑實行廢長立幼事〔註42〕。

## 1.3.4　水失其性

　　《洪範》曰：「水曰潤下。」潤下爲水之性，凡具順和、潛藏之性者，皆屬水。在《隋書》中「水失其性」的表現如：

　　水災：仁壽二年（602），河南、河北諸州大水。當時文帝用刑嚴急，臣下有小過，文帝甚至有時候會親臨斬決。煬帝嗣位已來，沒有親自行郊廟之禮，簡化宗廟、廢除祭祀之禮，也受到了水災的警示，如大業三年（607），河南大水，淹沒了三十餘郡。

　　火沴水：即水火相剋相傷，在《隋書》中表現爲河水應濁反清。大業三年，武陽郡河清，數里鏡澈。十二年，龍門又河清，這是諸侯將反的徵兆。兩年後，隋煬帝被推翻。

　　響雷：響雷的發生，警告著君主的失德行爲和臣僚的叛亂，開皇二十年（600），無雲而雷。其後幾年，隋文帝崩，漢王諒舉兵反，徙其黨數十萬家。

　　豕禍：《禮記》將「豕」注爲「水畜也」，「豕禍」的產生也是「水失其性」的表現之一。開皇末，渭南有個人寄宿在別人的房舍，晚上他聽到兩頭豬在對話。其中一頭說：「一年將盡，阿爺明天要殺我祭歲，我該到哪裏去躲避呢？」另一頭回答說：「可到水北姊家。」於是相隨離去。天快亮的時候，主人發現豬不在了，寄宿的這個人將他所聽到的告訴了主人，主人按照他所說的果然找到了豬。這以後蜀王秀得罪，文帝想要殺他，樂平公主每每加以相救，蜀王才得以保全性命。然幾年後文帝崩，楊秀被殺，是以年歲將盡的應證。

---

〔註42〕《隋書》卷二二《五行志下》，第 631 頁。

### 1.3.5 火失其性

《洪範》曰：「火曰炎上。」炎上爲火之性，凡具發揚、爲明之性者，旨屬火。在《隋書》中「火失其性」的表現如：

火禍：開皇十四年（594），隋文帝將要祭祀泰山，派使者將石像送到神祠之處。還有幾里要到達時，忽然有野火燃起，把石像燒成小塊。當時文帝十分相信讒言，猜阻骨肉，滕王瓚及創業功臣等多被殺害，甚至後來還廢黜了皇太子〔註43〕。

史書中將「羊禍」和「羽蟲之孽」均歸結於「火」。

羊禍：即出現羊怪胎或疾疫等，被視作災變的象徵。恭帝義寧二年（618），麟遊太守司馬武，進獻羊羔，生下來就沒有尾巴，這是楊氏子孫無後的象徵。這一年，煬帝在江都被殺，恭帝遜位於李淵〔註44〕。開皇十二年（592）六月，繁昌人楊悅看到雲中兩個物體，像牴羊，黃色，相互爭鬥而墜落。羊，國姓。雲起掩蔽，是邪佞的徵象。當時皇太子楊勇已經升上儲君的位置，卻爲晉王楊廣的陰毀而被隋文帝廢黜。兩隻羊羔鬥，這是一隻羊羔墜落的應證。

羽蟲之孽：只要指鳥類所產生的災異。煬帝八年（612）三月乙未，見二大鳥，高丈餘，皬身硃足，游泳自若。十三年（617）十一月，烏鵲在煬帝帳幄內築巢，驅走了又造，京房《易飛候》曰：「野鳥入君室，其邑虛，君亡之他方。」不久，煬帝被殺〔註45〕。

### 1.3.6 土失其性

《洪範》曰：「土爰稼穡。」具有生化、承載、受納作用的事物，均歸屬於土。在《隋書》中「土失其性」的表現如：

山崩：大業七年（611），砥柱山崩，壅河，逆流數十里。劉向《洪範五行傳》曰：「山者，君之象；水者，陰之表，人之類也。天戒若曰，君人擁威重，將崩壞，百姓不得其所。」當時煬帝興遼東之師，百姓不堪其役，四海怨叛。煬帝不能醒悟，最後至於國家滅亡〔註46〕。

此外，《洪範》將牛禍、馬禍、夜妖等皆列入「土」，《隋書》中這幾方面的表現主要有：

---

〔註43〕《隋書》卷二二《五行志上》，第 621 頁。
〔註44〕《隋書》卷二三《五行志下》，第 648 頁。
〔註45〕《隋書》卷二三《五行志下》，第 646～647 頁。
〔註46〕《隋書》卷二三《五行志下》，第 665 頁。

牛禍：後周建德六年（577），陽武有三頭野獸，形狀如水牛，一黃，一紅，一黑。鬥爭了很久，黑的死亡，黃紅都掉進了河裏。《洪範五行傳》曰：「牛事應，宮室之象也。」「黑者，周之所尚色。死者，滅亡之象。」後來沒過幾年，周果然被滅而隋有天下，旗尚紅，軍服尚黃〔註47〕。

馬禍：大業四年（608），太原殿馬大半死去。《洪範五行傳》曰：「逆天氣，故馬多死。」當時隋煬帝每年巡幸，國內虛耗，最後至大亂。十一年（615），河南、扶風二郡，並有馬生角，長數寸。義寧元年（617），煬帝在江都宮，龍殿馬無故而死，旬日，死至數百匹。《洪範五行傳》曰：「馬者兵象。將有寇戎之事，故馬爲怪。」〔註48〕不久，煬帝被殺。

夜妖：仁壽年間，仁壽宮和長城之下，好幾次聽到鬼哭。范洪《五行傳》曰：「哭者死亡之表，近夜妖也。鬼而夜哭者，將有死亡之應。」〔註49〕之後不久文獻皇后和隋文帝相繼崩於仁壽宮。大業八年（612），楊玄感在東都作亂。尚書樊子蓋在長夏門外坑殺其黨羽，前後數萬。到了末年，屢次聽到該處鬼哭，還有呻吟的聲音，其後王世充在洛陽殺害越王侗〔註50〕。

在五行變化中，除了有警示作用的「凶兆」外，還有一些符瑞，如前述《君受天命的神秘色彩》中《符瑞圖讖的宣揚》一目，闡述了隋朝在興起、繁盛的過程中所出現的祥瑞徵兆，也屬於五行變化與天人感應的表現。

---

〔註47〕《隋書》卷二三《五行志下》，第 658 頁。
〔註48〕《隋書》卷二三《五行志下》，第 669～670 頁。
〔註49〕《隋書》卷二三《五行志下》，第 657 頁。
〔註50〕《隋書》卷二三《五行志下》，第 657 頁。

# 第二章　影響君臣關係的倫理性因素

## 第一節　仁義、禮樂對君臣關係的道德規範

### 2.1.1　「仁義，其教之本乎」

　　「中國傳統的政治思想，向以倫理爲政治思想的主導力，政治則以倫理道德爲其基礎。」〔註1〕在倫理道德中，居於核心地位的，是關於仁愛的學說。僅僅在一部《論語》中，談到仁的地方就有109次〔註2〕。孔子對仁的解釋雖然各不相同，但從基本思想上看，仁者愛人，仁即「入則孝，出則弟，謹而信，汎愛眾而親仁。」〔註3〕王通將「仁」當作道德修養的根本，指出：「仁義，其教之本乎！」〔註4〕他大力讚揚「七製之主」：「其以仁義公恕統天下乎？」〔註5〕王通《續書》之中《事》章，便是「取諸仁義而有謀乎」〔註6〕，認爲順仁義可以解決天道、人事，進而統治天下。

　　君主何以順仁義而行天下事？王通提出三條途徑：師道、納諫、修德。他說：「雖天子必有師。然亦何常師之有！唯道所存。」〔註7〕天子只有遵循

---

〔註 1〕張家蕙：《中國倫理思想導論》，臺北：黎明文化事業股份有限公司，1996年，第8頁。
〔註 2〕楊伯峻：《論語譯注》，北京：中華書局，1980年，第16頁。
〔註 3〕程樹德：《論語集釋》卷一《學而上》，《新編諸子集成》本，北京：中華書局，1990年第27頁。
〔註 4〕王通：《文中子中說》第六卷《禮樂》，鄭春穎譯注，哈爾濱：黑龍江人民出版社，2003年，第116頁。
〔註 5〕《文中子中說》第二卷《天地》，鄭春穎譯注，第35頁。
〔註 6〕《文中子中說》第五卷《問易》，鄭春穎譯注，第90頁。
〔註 7〕《文中子中說》第五卷《問易》，鄭春穎譯注，第90頁。

天下之道，受天下之訓，才能得天下之道，進而成天下之務。而納諫則是「受天下之訓」的一種形式。納諫可以「正主」，矯正違道之舉。君納諫容人，兼聽廣問，博採眾議，才能把道牢牢掌握在手中。臣以道事君，君以道正己，是王道政治的根本保證，而君臣之間能否推誠相待，君的德性修養十分重要。所謂修德，即加強對「德」的修養。「天命不於常，惟歸乃有德。」〔註8〕「古君子志於道，據於德，依於仁。」〔註9〕

北周的滅亡與宣帝行苛酷之政密切相關，楊堅為相後，吸取教訓，仁愛待下。稱帝後明確表示「望使一切生人皆以仁義相向，」〔註10〕他在政治上大力宣傳「行仁蹈義，名教所先，屬俗敦風，宜見褒獎。」〔註11〕行動上以「仁」治國，行仁者受重賞，反之即使是子嗣也毫不留情地加以嚴肅處理，如楊堅廢太子勇時，所持理由之一便是楊勇「仁孝無聞」，而立楊廣的理由之一是他「仁孝著聞」。楊堅還將「仁」作為表彰老臣的重要衡量標準，如周搖以年老，乞骸骨時，文帝召見並慰勞曰：「公積行累仁，歷仕三代，克終富貴，保茲退壽，良足善也。」〔註12〕然後賜坐褥，讓他回到老家安享晚年。

獨孤皇后也頗「仁愛」，「每聞大理決囚，未嘗不流涕。」〔註13〕她起居儉樸，不尚華麗。支持楊堅「躬履簡約」的政策。在他們的言傳身教之下，楊堅長子楊勇「性寬仁和厚」，次子楊廣「仁孝著聞」，三子楊俊「仁恕慈愛」。在隋帝的宣傳下，仁的觀念在隋朝有一定的影響。

表 2.1　隋朝以「仁」為名或字的情況統計表

| 序 | 姓　名 | 字 | 《隋書》資料出處 | 備　註 |
|---|---|---|---|---|
| 1 | 虞孝仁 | | 卷四十《虞慶則附子孝仁傳》p1175 | 虞慶則之子 |
| 2 | 高表仁 | | 卷四一《高熲傳》p1182 | 高熲之子 |
| 3 | 楊恭仁 | | 卷四三《觀德王雄附子恭仁傳》p1217 | 楊雄之子 |
| 4 | 楊爽 | 師仁 | 卷四四《衛昭王爽傳》p1223 | 楊堅異母弟 |
| 5 | 元仁器 | | 卷四六《元暉附弟仁器傳》p1256 | 元暉之子 |

〔註8〕《文中子中說》第一卷《王道》，鄭春穎譯注，第19頁。
〔註9〕《文中子中說》第三卷《事君》，鄭春穎譯注，第50頁。
〔註10〕《隋書》卷八三《吐谷渾傳》，第1843頁。
〔註11〕《隋書》卷一《高祖紀上》，第19頁。
〔註12〕《隋書》卷五五《周搖傳》，第1376頁。
〔註13〕《隋書》卷三六《文獻獨孤皇后傳》，第1109頁。

| 序 | 姓　名 | 字 | 《隋書》資料出處 | 備　註 |
|---|---|---|---|---|
| 6 | 劉仁恩 | | 卷四六《劉仁恩傳》p1262 | |
| 7 | 韋協 | 欽仁 | 卷四七《韋世康弟洸附子協傳》p1268 | 韋世康之姪 |
| 8 | 韋伯仁 | | 卷四七《韋世康附弟沖傳》p1270 | 韋沖兄之子 |
| 9 | 柳肅 | 匡仁 | 《隋書》卷四七《柳肅傳》p1273 | |
| 10 | 楊仁行 | | 《隋書》四八《楊素傳》p1291 | 楊素之子 |
| 11 | 牛弘 | 里仁 | 《隋書》卷四九《牛弘傳》p1297 | |
| 12 | 達奚長儒 | 富仁 | 《隋書》卷五三《達奚長儒傳》p1349 | |
| 13 | 劉通仁 | | 《隋書》卷五三《劉方傳》p1358 | 劉方之子 |
| 14 | 田仁恭 | | 《隋書》卷五四《田仁恭傳》p1364 | |
| 15 | 盧愷 | 長仁 | 《隋書》卷五六《盧愷傳》p1383 | |
| 16 | 許弘仁 | | 卷四《煬帝紀下》p93；卷五八《許善心傳》p1430；卷八五《宇文化及傳》p1889 | |
| 17 | 楊倓 | 仁安 | 卷五九《元德太子昭附子燕王倓傳》p1438 | 元德太子之子 |
| 18 | 楊侗 | 仁謹 | 卷五九《元德太子昭附子越王侗傳》p1438 | 元德太子之子 |
| 19 | 王仁恭 | | 卷六五《王仁恭傳》p1534 | |
| 20 | 裴仁基 | | 卷七十《裴仁基傳》p1633 | |
| 21 | 游仁宗 | | 卷七一《游元傳》p1644 | 游元之子 |
| 22 | 楊善會 | 敬仁 | 卷七一《楊善會傳》p1647 | |
| 23 | 元仁觀 | | 卷七四《元弘嗣傳》p1701 | 元弘嗣之子 |
| 24 | 劉祖仁 | | 卷七五《馬光傳》p1717 | 山東大儒 |
| 25 | 獨孤羅 | 羅仁 | 卷七九《獨孤羅傳》p1789 | |
| 26 | 蕭巋 | 仁遠 | 卷七九《蕭巋傳》p1791 | 梁後主 |
| 27 | 王愛仁 | | 卷四《煬帝紀下》p91 | |
| 28 | 崔長仁 | | 卷三六《文獻獨狐皇后傳》p1108 | 獨孤后之表兄 |
| 29 | 張童仁 | | 卷七十《李密傳》p1631 | |
| 30 | 楊長仁 | | 卷七一《陳孝意傳》p1656 | |
| 31 | 帥仁泰 | | 卷七一《張須陀傳》p1647 | |

　　上表僅列舉了名或字中帶「仁」字者，如果將與「仁」有聯繫的孝、義、恭、德、慈等字進行搜索，無疑會發現更多的人名在使用這些字眼，此外隋

朝宮殿名如宣仁門、仁壽宮、安仁宮、仁風殿等，地名如懷仁縣、仁州等等都體現了對「仁」的普及與重視，從一個側面可以反映出當時仁政的倫理觀念在社會上的影響與地位。

## 2.1.2 「禮者，所以正身也」

王道政治的實行，離不開禮樂文化的規範。「先王以是繼道德而興禮樂者也。」〔註14〕禮是道的載體，是制度化、觀念化的三綱五常，《禮記·曲禮》曰：「夫禮者，所以定親疏、決嫌疑、別異同、明是非也。」又曰：「道德仁義，非禮不成；教訓正俗，非禮不備；分爭辨訟，非禮不決；君臣、上下、父子、兄弟，非禮不定；宦學事師，非禮不親；班朝治軍，涖官行法，非禮威嚴不行；禱祠祭祀，供給鬼神，非禮不誠不莊。是以君子恭敬、撙節、退讓以明禮。」〔註15〕禮是處理人與社會的基本準則，是社會、國家共同的行為指導原則，是治政安君的根本。有人問：「君子仁而已矣，何用禮爲？」王通答曰：「不可行也。」沒有「禮」做節制，「仁」就不能施行。道在禮中，所謂「道之旨」，即「非禮勿動，非禮勿視，非禮勿聽」，「道在其中矣」〔註16〕。禮是道的具體表現，道必須通過禮付諸實踐，遵道須守禮，守禮即遵道，所以「禮得道而存矣。」君主對於臣民，必須「養之以仁，使之以義，教之以禮，」使其「退讓起於趨步，忠孝成於動止，」則德化之功致也。

隋文帝重視禮的作用。他認爲，魏晉喪亂、周齊抗衡的根源就在於「禮壞樂崩」，以至於「君無君德，臣失臣道，父有不慈，子有不孝，兄弟之情或薄，夫婦之義或違，長幼失序，尊卑錯亂。」〔註17〕因此，「道德仁義，非禮不成，安上治人，莫善於禮。」〔註18〕開皇三年（583），他敕令牛弘修撰《五禮》，勒成百卷，頒行全國，使百姓都遵照執行。仁壽二年（602）十月，他融合南北禮制，再敕楊素、蘇威、牛弘等修定五禮，強調「禮之爲用，時義大矣。」直到臨終時，在遺詔中他還告誡太子：「國家事大，不可限以常禮。」〔註19〕

---

〔註14〕《文中子中說》第六卷《禮樂》，鄭春穎譯注，第 116 頁。

〔註15〕楊天宇：《禮記譯注·曲禮第一》，上海：上海古籍出版社，2004 年，第 2 頁。

〔註16〕《文中子中說》第十卷《關朗》，鄭春穎譯注，第 183 頁。

〔註17〕《隋書》卷二《高祖紀下》，第 32 頁。

〔註18〕《隋書》卷二《高祖紀下》，第 48 頁。

〔註19〕《隋書》卷二《高祖紀下》，第 53 頁。

禮制的內容大致可歸納為兩個方面，一是對各等級職責行為及服飾儀仗的規定；二是通過各種政府和家族儀式提示人們遵守自己的職責本分〔註20〕。隋文帝受禪後對禮儀進行了詳細而嚴格的規定，包括衣冠的質量、圖案、顏色、飾圖等，大到冊命皇后、太子、諸侯王禮儀，以及喪葬、朝拜、冊封、娶親、立學、養老等，小到掛飾、車輦、打獵、吃飯等均有嚴格的禮儀規定，要求「衣冠法服，始依禮具」，「服色皆有差。非庶人不得戎服。」〔註21〕考其根由，無非是以外在的形式迫使官僚士大夫從心理上接受君臣有別的道理。

為了保證禮的傳播，隋文帝詔令「始自京師，爰及州郡，宜祗朕意，勸學行禮。」〔註22〕在這一政策的指導下，隋朝從中央到地方州縣都設有博士講習禮儀。隋文帝對敗壞禮儀之事則加以重處。如孫萬壽曾為滕穆王文士，因衣冠不整而獲罪，被發配江南。

禮是保證社會秩序與制度的穩定，而樂則助人變化氣質，陶冶情操，保證社會的和諧。所謂「樂在宗廟之中，君臣上下同聽之，則莫不和敬；閨門之內，父子兄弟同聽之，則莫不和親；鄉里族長之中，長少同聽之，則莫不和順。故樂者，審一以定和者也，比物以飾節者也，合奏以成文者也；足以率一道，足以治萬變。」〔註23〕故而儒家常將禮樂並稱。開皇十年（590），隋文帝詔牛弘等議定作樂，以承「聖人遺訓」，「達神明之德，論天地之和。」〔註24〕開皇十四年（594）詔定雅樂，指出「樂至則無怨，禮至則不爭，揖讓而治天下者，禮樂之謂也，」〔註25〕要求用純正和諧的音樂取代過去繁華輕浮之樂。

文帝制禮作樂之精神為煬帝所傳承。煬帝本以雅好古禮而聞名，他在江南任職時，已集合江南學者，修撰《江都集禮》，即位後詔楊素、牛弘等制定輿服。大業中，煬帝因幸晉陽，遂祭恆嶽，也嚴格按照隋文帝拜岱宗儀式，設禮醮拜。只可惜煬帝後來大肆鋪張，流於奢侈，如裴蘊「奏括天下周、齊、梁、陳樂家子弟，皆為樂戶。其六品已下，至於民庶，有善音樂及倡優百戲

〔註20〕曹文柱：《中國社會通史》（秦漢魏晉南北朝卷），太原：山西教育出版社，1996年，第411～412頁。

〔註21〕《隋書》卷三《煬帝紀上》，第65頁。

〔註22〕《隋書》卷四七《柳昂傳》，第1278頁。

〔註23〕王先謙：《荀子集解》卷第一四《樂論篇第二十》，第379～380頁。

〔註24〕《隋書》卷二《高祖紀下》，第34頁。

〔註25〕《隋書》卷七五《何妥傳》，第1712頁。

者，皆直太常。是後異技淫聲咸萃樂府，皆置博士弟子，遞相教傳，增益樂人至三萬餘，」〔註26〕將隋文帝在禮樂方面所做的改革幾乎全部敗壞。

# 第二節　忠惠、孝悌對君臣關係的行爲規範

忠孝之道是傳統政治倫理的主幹。孝與忠既是人們社會政治行爲的基本規範，又是統治者藉以維護政治穩定的重要政治準則。在認識上，理論形態的忠孝之道具有價值同一性。在實踐中，操作化的忠孝之道制約著人們的政治行爲與選擇。

## 2.2.1　君惠與臣忠的政治準則

孔子曰：「君使臣以禮，臣事君以忠。」君主對臣下仁至義盡，臣對君主則竭忠盡智。臣義是以君仁爲前提條件的，君主對臣下的態度直接決定了臣下對君主的態度，「君之視臣如手足，則臣視君如腹心；君之視臣如犬馬，則臣視君如國人；君之視臣如土芥，則臣視君如寇讎。」〔註27〕這就要求行道的君主要寬刑政、明賞罰，禮愛臣下、信任臣下。

「忠，敬也。盡心曰忠」〔註28〕，強調的是「從心，盡心。」《漢語大辭典》云：「忠誠無私，盡力竭力」，又云：「特指事上忠誠。」忠君觀念是中國傳統社會政治思想的核心體現，也是臣子施政的宗旨所在。「子孝臣誠，人倫不易之道。」君惠臣忠是君臣關係和諧發展的根本。

### 2.2.1.1　進諫與納諫

向君主進諫是大臣盡忠一種比較常見的方式。「忠臣之事君也，莫先於諫，下能言之，上能聽之，則王道光矣。」〔註29〕進諫可以指出君主的過失，防止危亡之事的發生。納諫也是古來聖君賢王的必備素質。爲此，置「敢諫之鼓」，「誹謗之木」以廣開言路，在朝廷專設諫官，駁正違失，指斥弊害是對歷代帝王的要求，像諫議大夫、給事中、散騎常侍等即是此類的諫官。

〔註26〕《隋書》卷六七《裴蘊傳》，第 1574～1575 頁。
〔註27〕焦循：《孟子正義》卷十六《離婁下》，第 546 頁。
〔註28〕許慎：《說文解字注》，段玉裁注，第 502 頁。
〔註29〕馬融：《忠經·忠諫章第十五》，鄭玄注，叢書集成初編本，上海：商務印書館，1936 年，第 9 頁。

　　隋文帝深知「經國任重，非群才輔佐，無以克成大業」的道理，很注意發揮領導核心的「共治」或「共理」的作用。他曾抨擊「斬直言之客，滅無罪之家」的暴政，宣稱「開直言之路，披不諱之心」，指令群臣「推誠切諫」，「各啓至誠，匡茲不逮」，「無或嚜默，退有後言」〔註30〕。高勱上表，他答以優詔〔註31〕。張羨上表，他優詔答之〔註32〕。崔仲方上便宜十八事，他嘉納之〔註33〕。高熲、蘇威在朝，「政刑大小，帝無不與之謀議。」〔註34〕他呼房恭懿至榻前，諮以治民之術〔註35〕。他引王辯升御榻，問以方略〔註36〕。王韶病卒，他命取王韶上奏事數十紙，傳示群臣。臣下諫奏完畢，他還在要求：「有聞見，宜數陳之也。」〔註37〕面對臣下的諫議，他虛心接受。如蘇威見宮中以銀爲幔鉤，認爲與節儉之美不符而進諫，他馬上命人全部「除毀」。他對勇於進諫的臣子也予以重任，如屈突通在隴西檢覆群牧，查得隱匿馬二萬餘匹，文帝大怒，將斬太僕卿及諸監官千五百人。屈突通切諫，文帝「瞋目叱之」，屈突通又頓首進諫，最後文帝感寤，曰：「朕之不明，以至於此！賴有卿忠言耳。」於是太僕卿等皆減免死罪，擢屈突通爲左武候將軍〔註38〕。正是在這種情況下，隋朝出現了一批「敢以死請」的諫官，元岩、王韶、劉行本、梁毗、趙綽、柳彧、裴肅等均是此類的典型代表。

　　隋煬帝也曾主張「聽採輿頌，謀及庶民，故能審政刑之得失」，使「牧宰任稱朝委」，「其民下有知州縣官人政治苛刻，侵害百姓，背公徇私，不便於民者，宜聽詣朝堂封奏。庶乎四聰以達，天下無冤。」〔註39〕在煬帝統治前期，也出現了一批諫官，如李綱因東宮進淫聲，穢視聽事諫之〔註40〕；張衡因隋煬帝擴建汾陽宮事諫之〔註41〕；耿詢因隋煬帝東征伐遼事諫之〔註42〕；

〔註30〕《隋書》卷二《高祖紀下》，第33頁。
〔註31〕《隋書》卷五五《高勱傳》，第1374頁。
〔註32〕《隋書》卷四六《張羨傳》，第1261頁。
〔註33〕《隋書》卷六十《崔仲方傳》，第1448頁。
〔註34〕《資治通鑒》卷一七五，宣帝太建十三年三月條，第5440頁。
〔註35〕《資治通鑒》卷一七五，宣帝太建十三年十月條，第5448頁。
〔註36〕《隋書》卷六四《王辯傳》，第1520頁。
〔註37〕《隋書》卷六二《趙綽傳》，第1485頁。
〔註38〕《資治通鑒》卷一七八，文帝開皇十七年二月條，第5556頁。
〔註39〕《隋書》卷三《煬帝紀上》，第63頁。
〔註40〕《舊唐書》卷六二《李綱傳》，第2373頁。
〔註41〕《隋書》卷五六《張衡傳》，第1392頁。
〔註42〕《隋書》卷七八《庾耿傳》，第1770頁。

痩質因隋煬帝巡省東都事諫之〔註43〕；崔民象因戰亂情況下隋煬帝巡幸事諫
之〔註44〕，只可惜大多未被煬帝所採納。甚至因進諫而觸怒煬帝，出現丟官
或丟命的情況發生。如大業四年（608），煬帝欲擴建汾陽宮，張衡諫曰：「比
年勞役繁多，百姓疲敝，伏願留神，稍加折損。」煬帝很不高興，找藉口將
其貶爲榆林太守〔註45〕。再如大業十年（614）煬帝北巡勞民傷財，太史令庾
質苦諫，煬帝聽了很不高興，便將庾質關入監獄，一直到死〔註46〕。

煬帝曾謂祕書郎虞世南曰：「我性不欲人諫。若位望通顯而來諫我，以
求當世之名者，彌所不耐。至於卑賤之士，雖少寬假，然卒不置之於地。汝
其知之！」〔註47〕在這種情況下，原本比較正義的官僚或爲了保命或爲了保
名，開始對煬帝趨炎附勢、隨聲附和，如爲隋煬帝所「顧遇彌隆」、「特見親
愛」的虞世基，「初以雅淡著名，兼以文華見重民」，博學、幹練、孝親，能
力與私德兼優。雁門之圍時，他勸煬帝「下詔停遼東之事」，帝幸江都時，
他請發兵屯洛口倉，煬帝不從，反而曰：「卿是書生，定猶怯怯。」後來他
知道煬帝不喜歡被勸諫，又以高熲、張衡等相繼因諫被殺，擔心由此惹禍，
意識與行爲一反常態，他順水推舟，「言多合意」，最後爲煬帝所「特見親愛，
朝臣無與爲比。」〔註48〕以致於隋末動亂「後有告敗者，乃抑損表狀，不以
實聞」〔註49〕，甚至政變發生，煬帝都不知曉，落了個身死國亡的下場。

李世民即位後吸取隋朝的教訓，十分注意君主納諫的重要性，要求「公
等每看事有不利於人，必須極言規諫。」〔註50〕善於進諫的忠臣得到了太宗
的禮遇。貞觀五年（631），太宗謂侍臣曰：「忠臣烈士，何代無之，公等知隋
朝誰爲忠貞？」王珪曰：「臣聞太常丞元善達在京留守，見群賊縱橫，遂轉騎
遠詣江都，諫煬帝，令還京師。既不受其言，後更涕泣極諫，煬帝怒，乃遠
使追兵，身死瘴癘之地。」唐太宗因敕所司，採訪大業中直諫被誅者子孫聞
奏〔註51〕，正是如此，才開啓了大唐的盛世之門。

---

〔註43〕《隋書》卷七八《虞季才附子質傳》，第1768頁。
〔註44〕《隋書》卷四《煬帝紀下》，第90頁。
〔註45〕《隋書》卷五六《張衡傳》，第1392頁。
〔註46〕《隋書》卷七八《庾季才附子質傳》，第1768頁。
〔註47〕《隋書》卷二二《五行志上》，第634頁。
〔註48〕《隋書》卷六七《虞世基傳》，第1569～1574頁。
〔註49〕《隋書》卷六七《虞世基傳》，第1573頁。
〔註50〕吳兢：《貞觀政要》卷二《求諫第四》，上海：上海古籍出版社，1978年，第46頁。
〔註51〕吳兢：《貞觀政要》卷五《忠義第十四》，第153～154頁。

### 2.2.1.2　舉薦與納賢

舉賢才是忠直之臣應盡的一項義務，而舉薦賢能，也是臣子心胸豁達、品德高尚的表現。周靜帝在讚揚隋文帝的詔書中就有一條是「遺賢必舉」。

能否得到賢能的人來輔佐，是關係到皇朝興衰的重要問題。文、煬二帝也多次下詔要求「舉賢良」，且進引貞良者受賞，否則就要受到處罰。如高熲舉薦蘇威、楊素、韓擒虎、虞慶則、于義、劉曠等人，後高熲因權勢問題受到猜忌，上表遜位，文帝也以高熲屢諫人才爲由加以勸阻，曰：「進賢受上賞，寧可令去官！」〔註52〕命熲復位，俄拜左衛大將軍，本官如故。再如韋世康，前後十餘年間，「多所進拔，朝廷稱爲廉平。」後韋世康以年老再三向文帝「乞骸骨」，文帝再三挽留，曰：「今之所請，深乖本望，縱令筋骨衰謝，猶屈公臥治一隅。」於是拜韋世康爲荊州總管。當時天下只設置了四大總管，并州、揚州、益州，都由親王所統領，唯有將荊州委於韋世康，時論以爲美〔註53〕。

相反，「進賢受上賞，蔽賢蒙顯戮」。「蔽賢」是一條很嚴重的罪過，屬於臣子的「失職」，蘇威身居五職，梁毗彈劾其失職時的一條證據就是「無舉賢自代之心。」封倫也因「弊賢」被唐人論爲「奸人」，曰：「上欲欺主之明，下欲蔽天下之善，此眞奸人也」！並舉出了奸人不樂進賢的三條理由，其一，保位固寵。他們害怕舉薦賢才後，賢才建功立業而受到重用，他們自己則因過失暴露而權位不保，恩寵不在；其二，奸人以其私心，必然要求所舉之人屈服於其私利之下，但是賢才不肯趨附其奸，故奸人必因賢才不與其同黨而不引之；其三，奸人無至公待人之心，故他們即使遇到賢才，也擔心萬一賢才犯錯會連累到他們，故奸人不樂進賢。最後得出結論，「封倫之情正在於此，太宗以前代未嘗乏人折之，使慚懼無辭，可謂能照奸人之情者也。」〔註54〕如果世世都有像唐太宗那樣能照奸人之情者，那麼國家即使有封倫這樣的奸人，賢者也會被源源不斷地得到引進！

### 2.2.1.3　忠臣事君不貳

「忠也者，一其心之謂也。」在天下紛爭和政局動亂的政治背景下，「忠」

---

〔註52〕《隋書》卷四一《高熲傳》，第1180頁。
〔註53〕《隋書》卷四七《韋世康傳》，第1266頁。
〔註54〕曾棗莊、劉琳：《全宋文》卷五三三《孫甫二》，成都：四川大學古籍整理研究所，1990年，第208頁。

所強調的目標自然是一心事主，體現在行爲規範上即是「臣無二心」，表現爲能在利益或生死關頭不變節。隋將代周，楊堅向御正中大夫顏之儀索天子符璽，顏之儀冒死不交。楊堅禪代後，讚揚道：「（顏之儀）見危授命，臨大節而不可奪，古人所難。」〔註55〕隋末楊玄感反時，很多朝臣子弟都參加了，但李景獨無關涉，隋煬帝曰：「公誠直天然，我之梁棟也。」〔註56〕在群盜並起時，劉權兒子劉世徹暗中派人帶信勸劉權起兵，劉權斬殺來使，始終沒有異心。史臣贊曰：「能拒子邪計，無所覬覦，雖謝勤王之謀，足爲守節之士矣。」〔註57〕

然北周末年，當楊堅以后父身份輔政，表現出不臣的意圖後，很多周臣所表現出的是紛紛效忠楊堅，並勸其稱帝，如李穆「奉十三環金帶於高祖，蓋天子之服也。穆尋以天命有在，密表勸進」〔註58〕；盧賁勸曰：「周歷已盡，天人之望實歸明公，願早應天順民也。天與不取，反受其咎」〔註59〕；崔仲方「見眾望有歸，陰勸高祖應天受命」〔註60〕；郭衍「密勸高祖殺周室諸王，早行禪代」〔註61〕；梁睿也是「密令勸進，」〔註62〕這些人中不乏爲北周功臣良將、姻親婭屬，卻襄助楊堅代周立隋，深受史家的詬病。李穆在隋被倚重爲心腹之臣，也獲得了極高的尊榮，但史臣依然批判他們的貞烈和忠誠度不夠，且認爲李穆子孫在短暫的豪華之後災難便迅速降臨，與李穆通過非正當途徑獲得尊榮，背棄了臣之忠有關。李穆之侄李崇在知道叔父李穆以并州附楊堅時，慨然太息曰：「合家富貴者數十人，值國有難，竟不能扶傾繼絕，復何面目處天地間乎！」表達了自己對周的忠誠，可惜後來聽其兄李詢的勸導，改變了政治態度，歸順了楊堅。康熙論曰：「李崇嘗欲從尉遲迥矣而不果，使其死於此時，《綱目》必以死節予之矣，《書》曰：隋總管李崇惜乎！不爲周死而死於隋也，」〔註63〕對李崇背棄舊君的思想婉轉地進行了批評。

〔註55〕令狐德棻：《周書》卷四十《顏之儀傳》，北京：中華書局，1971年，第720頁。

〔註56〕《隋書》卷六五《李景傳》，第1531頁。

〔註57〕《隋書》卷六三，史臣曰，第1505頁。

〔註58〕《隋書》卷三七《李穆傳》，第1116頁。

〔註59〕《隋書》卷三八《盧賁傳》，第1142頁。

〔註60〕《隋書》卷六十《崔仲方傳》，第1448頁。

〔註61〕《隋書》卷六一《郭衍傳》，第1469頁。

〔註62〕《隋書》卷三七《梁睿傳》，第1127頁。

〔註63〕朱熹：《資治通鑒綱目》卷三五《文帝開皇元年六月》，見《御批資治通鑒綱目》，影印文淵閣四庫全書，第690冊，第760頁。

在禪代之際，雖也有少數耿直之士對楊堅篡權予以批駁諷刺，但隋朝建立後，很快便臣服於楊堅，居於顯要職位。如「周代舊臣皆勸禪讓，（柳）機獨義形於色，無所陳請」，但隋朝建立後，柳機被徵爲納言，子述尚蘭陵公主，禮遇益隆〔註64〕。榮建緒知道楊堅有禪代打算時，義形於色地說：「明公此旨，非僕所聞。」開皇初立馬稽首曰：「臣位非徐廣，情類楊彪。」歷始、洪二州刺史〔註65〕。難怪清人趙翼曾歎「六朝忠臣無殉節者」〔註66〕，今人曹文柱亦說此期士人「無忠君之節」〔註67〕。

劉昉等例子更遭人所不齒。劉昉等在宣帝崩，靜帝幼的情況下，矯詔引楊堅輔政，雖有「佐命之功」，但作爲北周臣子，此舉則是大逆不道，襄助楊堅後，因利益得不到滿足，又相與謀劃政治權利，甚至起而謀反。難怪史臣評曰：「晏嬰有言：『一心可以事百君，百心不可以事一君。』於昉、譯見之矣。」〔註68〕蘇威在隋甚爲親待，處於權高位重的地位，但在隋末動亂之際，他「自以隋室舊臣，遭逢喪亂，所經之處，皆與時消息，以求容免。」他先叛宇文化及後歸於李密，又歸東都，再入王世充處，最後謁見大唐。秦王李世民遣人數之曰：「公隋朝宰輔，政亂不能匡救，遂令品物塗炭，君弒國亡。見李密、王充，皆拜伏舞蹈。今既老病，無勞相見也。」〔註69〕尋歸長安，蘇威至朝堂請見，又不許。最後卒於家。史臣評曰：「予違汝弼，徒聞其語；疾風勁草，未見其人」，認爲他徒有虛名，不算是疾風勁草，氣節不虧的人〔註70〕。楊慶也是如此，在隋末，他先降李密，復歸東都，又勸進王世充，後歸大唐。史臣曰「楊慶二三其德，志在苟生，變本宗如反掌，棄慈母如遺跡，及身而絕，宜其然矣。」〔註71〕對其不能忠心不二地追隨一位君主的不臣行爲進行了批評。

### 2.2.1.4 忠臣臨難死節

在動亂之際，能夠爲國捐軀，堪稱忠臣典範，也受到統治者的極力褒揚和稱頌。楊諒謀反時，皇甫誕流涕諫楊諒要「守臣子之節」，楊諒「怒而囚之」，

---

〔註64〕《隋書》卷四七《柳機傳》，第1272頁。
〔註65〕《隋書》卷六六《榮毗附兄建緒傳》，第1559頁。
〔註66〕趙翼：《陔餘叢考》，上海：商務印書館，1957年，第322頁。
〔註67〕曹文柱：《中國文化通史》（魏晉南北朝卷），北京：中共中央黨校出版社，2000年，第286頁。
〔註68〕《隋書》卷三八，史臣曰，第1144頁。
〔註69〕《隋書》卷四一《蘇威傳》，第1190頁。
〔註70〕《隋書》卷四一，史臣曰，第1192頁。
〔註71〕《隋書》卷四三，史臣曰，第1218頁。

後來楊諒屯清河拒楊素時，豆盧毓救皇甫誕於獄，兩人「相與協謀，閉城拒諒」，結果被楊諒襲擊攻破，「抗節而遇害」。煬帝「嘉悼者久之」，下詔封皇甫誕「可贈柱國，封弘義公，諡曰明，」〔註72〕豆盧毓「可贈大將軍，封正義縣公，賜帛二千匹，諡曰愍。」〔註73〕

楊玄感作亂時，游元陷身絕域之所，軍糧斷絕，被楊玄感所囚，抗節不從，於是被害。李密起兵時，馮慈明抗節不從，被亂刀斬死。史臣曰：「楊諒、玄感、李密反形已成，凶威方熾，皇甫誕、游元、馮慈明臨危不顧，視死如歸，可謂勇於蹈義矣。」隋末戰亂時，獨孤盛為護隋煬帝，奮力冒死抵禦宇文化及，被亂兵所殺。元文都為護主楊侗，被王充左右亂斬之，諸子並見害。此外，盧楚、堯君素均在隋亡之際，「甘就葅醢之誅，以徇忠貞之節。」史臣認為「雖功未存於社稷，力無救於顛危，然視彼苟免之徒，貫三光而洞九泉矣。」與此相類似的如張須陀、楊善會、劉子翊、松贇等國難之際，忠信事國，難怪魏徵等歎曰：「國家昏亂有忠臣，誠哉斯言也」！〔註74〕對「臨患不亡國」的忠臣良將給予了極高的評價。

### 2.2.1.5 忠臣奉君忘身

忠臣「奉君忘身，徇國忘家。」煬帝攻遼東城，郭榮晝夜不釋甲冑百餘日。帝至東都因其年老而給其一郡養老，「榮不願違離，頓首陳讓，辭情哀苦，有感帝心」，後死於師，帝曰：「誠心純至如郭榮者，固無比矣。」〔註75〕但衛玄鎮守西京時，義師入關，衛玄自知不能守衛，便憂懼稱疾，不再操理政事，城被攻陷後，衛玄歸於家。史臣曰：「文升，東都解圍，頗亦宣力，西京居守，政以賄成，鄙哉鄙哉，夫何足數！」〔註76〕對其不能為奉君忘身，徇國忘家的行為進行了批評。

### 2.2.1.6 忠臣利民盡職

《左傳》中認為「公家之利，知無不為，忠也」，強調忠臣公正無私、利民盡職。劉曠在職七年，風教大洽，隋文帝召之，及引見，勞之曰：「天下縣令固多矣，卿能獨異於眾，良足美也！」於是下優詔〔註77〕。煬帝時，朝政

---

〔註72〕《隋書》卷七一《皇甫誕傳》，第1641頁。

〔註73〕《隋書》卷三九《豆盧勣附子毓傳》，第1158頁。

〔註74〕《隋書》卷七一，史臣曰，第1658～1659頁.

〔註75〕《隋書》卷五十《郭榮傳》，第1320頁。

〔註76〕《隋書》卷六三《衛玄傳》，第1505頁。

〔註77〕《隋書》卷七三《劉曠傳》，第1685頁。

漸亂濁，貨賂公行，「天下士大夫莫不變節，而（骨）儀勵志守常，介然獨立」〔註78〕。「彥謙直道守常，介然孤立」〔註79〕。隋煬帝曾問樊子蓋：「人道公清，定如此不？」子蓋謝曰：「臣安敢言清，止是小心不敢納賄耳，」〔註80〕可謂節義可稱者。

### 2.2.1.7　忠臣牢記帝王教誨

忠臣牢記帝王的教誨。隋文帝爲相時，曾與宇文慶言及天下事，不久皆應驗。宇文慶將此事寫成表章而進奏，文帝覽表大爲高興，下詔曰：「……話言歲久，尚能記憶，今覽表奏，方悟昔談。何謂此言，遂成實錄……朕言之驗，自是偶然。公乃不忘，彌表誠節，深感至意，嘉尚無已。」自是上每加優禮〔註81〕。宇文慶以其一直不忘楊堅之言語，尤足證明其忠誠，文帝深感至誠之意，宇文慶因此而受到優厚禮遇。相反，洩露皇帝言語者，則被視爲對皇帝的「大不敬」，如盧思道因「漏泄省中語」而被降職。

### 2.2.1.8　忠烈之士，仁者有勇

大業末，姚思廉爲隋代王侑侍讀，當起義軍攻克京城時，代王府僚紛紛四散逃命，只有姚思廉侍奉代王，不離左右。兵士衝進大殿，姚思廉厲聲謂曰：「唐公舉義兵，本匡王室，卿等不宜無禮於王！」眾人信服他所說的話，便都退下站列於臺階下，一會兒，唐高祖至，聞而義之，允許其扶代王侑至順陽閣下，姚思廉泣拜而去。見者咸歎曰：「忠烈之士，仁者有勇，此之謂乎！」唐太宗聽說後慨然歎曰：「姚思廉不懼兵刃，以明大節，求諸古人，亦何以加也！」姚思廉到洛陽後，唐太宗還賜物三百段，並遺其書曰：「想卿忠節之風，故有斯贈」〔註82〕。

### 2.2.1.9　忠臣將一切功勞歸於帝王

高熲自楊堅爲相時已赤誠追隨，楊堅爲帝後，他出謀劃策，屢立功績，「所有奇策密謀及損益時政，熲皆削稿，世無知者」〔註83〕。高熲將一切功勞歸於帝王，而沒有自己的私心，亦被視爲是忠臣的表現。

---

〔註78〕 《隋書》卷三九《骨儀傳》，第 1149 頁。
〔註79〕 《隋書》卷六六《房彥謙傳》，第 1566 頁。
〔註80〕 《隋書》卷六三《樊子蓋傳》，第 1490 頁。
〔註81〕 《隋書》卷五十《宇文慶傳》，第 1315 頁。
〔註82〕 吳兢：《貞觀政要》卷五《忠義第十四》，第 152 頁。
〔註83〕 《隋書》卷四一《高熲傳》，第 1184 頁。

### 2.2.1.10 特殊情況下歸順新主，也被視為盡了忠臣之節

在朝代動亂之際，臣僚在以下情況歸順新主，也被視為盡了忠臣之節。其一，國家滅亡。許善心在出使隋朝期間，陳朝滅亡。「善心衰服號哭於西階之下，藉草東向，經三日。敕書唁焉」。三日後，受拜隋臣，「善心哭盡哀，入房改服，復出北面立，垂涕再拜受詔」，在這種情況下，文帝曰：「（許善心）既能懷其舊君，即是我誠臣也。」〔註84〕其二，國主投降。陳滅後，晉王廣遣陳主手書命之，周羅睺與諸將大臨三日，放兵士散，然後乃降〔註85〕。晉王廣又讓陳主給洗夫人寫信，說明國亡的情況，令其歸化，並以犀杖及兵符為信。洗夫人見杖，驗知陳亡，便集首領數千，盡日慟哭。後「遣其孫魂帥眾迎洗，入至廣州，嶺南悉定。」〔註86〕第三，力戰而屈。隋末屈突通被圍，所領士卒多潰散，屈突通自知不能脫免，就下馬向東南連連叩拜號哭，曰：「臣力屈兵敗，不負陛下，天地神祇，實所鑒察。」屈突通被擒到長安見李淵，屈突通哭泣道：「通不能盡人臣之節，力屈而至，為本朝之辱，以愧相王。」李淵曰：「隋室忠臣也」，不但命人釋放屈突通而且給予重用。屈突通在唐屢建功勳，被史臣評為「盡忠於隋而功立於唐」〔註87〕。再如隋末竇建德起兵，郡丞王琮所守城中食盡，又聞煬帝被弒，遂降竇建德。王琮被竇建德稱為「義士」、「忠良」，並表示：「方加擢用，以勵事君者」〔註88〕。

歷朝對忠臣之事都特別重視，如唐武德元年（618）八月對隋朝高熲、賀若弼、薛道衡、宇文弼、董純等忠臣良將加以褒揚，並加贈封號，高宗永徽三年（652）四月對隋豆盧毓、游楚客等加以褒揚，並對「其子孫各宜甄擢。」〔註89〕而對一些內懷惡念，不思忠義之人大加鞭撻。如裴虔通在隋代特為煬帝所愛幸。但他「志蔑君親，潛圖弒逆，密伺間隙，招結羣醜，長戟流矢，一朝竊發。」唐太宗為此發出「天下之惡，孰云可忍！宜其夷宗焚首，以彰大戮」的感慨〔註90〕。雖然當時恰逢朝廷赦令，特免死刑，但裴虔通也遭到流放的懲罰。貞觀七年（633），太宗又下詔對宇文智及、司馬德戡、裴虔通

---

〔註84〕《隋書》卷五八《許善心傳》，第1424～1431頁。
〔註85〕《隋書》卷六五《周羅睺傳》，第1524頁。
〔註86〕《隋書》卷八十《譙國夫人傳》，第1802頁。
〔註87〕《舊唐書》卷五九《屈突通傳》，第2321頁。
〔註88〕《舊唐書》卷五四《竇建德傳》，第2237頁。
〔註89〕《舊唐書》卷四《高宗紀上》，第70頁。
〔註90〕《舊唐書》卷二《太宗紀上》，第34頁。

等二十餘包藏禍心、不思忠義之人加以鞭撻，認爲這些人在隋時都曾任官，有的還被委以重任，但是他們在江都時，即做出殺害煬帝的逆行，罪惡百倍於殘害君主的閻樂、趙高，禍害深重於兇殘忘恩的梟鳥猰獸，規定：「其子孫並宜禁錮，勿令齒敘。」〔註91〕武則天統治時還對楊素不忠不義的姦佞行爲進行大加鞭撻，認爲他「生爲不忠之人，死爲不義之鬼，身雖幸免，子竟族誅」，要求「其楊素及兄弟子孫，並不得令任京官及侍衛。」〔註92〕

## 2.2.2 子孝與事君的價值依歸

與宗法制度相匹配的「孝」、「孝道」、「忠孝之道」，是中國古代社會最原始、最穩定的文化要素之一。《孝經》載：「夫孝，天之經也，地之義也，民之行也。」〔註93〕孝是仁之本，《論語・學而》載：「孝悌也者，其爲仁之本與！」〔註94〕孝是政治之本。據《論語・爲政》載，有人問孔子：「子奚不爲政？」孔子曰：「《書》云：『孝乎惟孝，友于兄弟，施於有政。』是亦爲政，奚其爲爲政？」〔註95〕在他看來，參政不必當官，宣揚孝道就是參政。「孝」是道德的基礎，是決定家庭和諧、國家穩定的最基本的道德規範。《孝經・天子章》載：「愛親者，不敢惡於人，敬親者，不敢慢於人。」〔註96〕孝是帝王治理國家的綱紀之本，《呂覽》云：「夫孝，三皇、五帝之本務，萬事之綱紀也。執一術而百善至，百邪去，天下順者，其唯孝乎！」〔註97〕「孝」不僅是一切道德規範的宗本，而且是強制性的政治規範、法律規範。《論語・學而》載：「其爲人也孝弟，而好犯上者，鮮矣；不好犯上，而好作亂者，未之有也。」〔註98〕天子與庶民「尊卑貴賤有殊，而奉親之道無二。」在這個意義上，孝的規範具有普適性，天子與臣民都應恪守孝道。通達的皇帝、英明的君主在四海之內施行它，「則與天地合其德，與日月齊其明。」諸侯卿大夫在藩國領地施行它，「則永保其宗社，長守其

〔註91〕《舊唐書》卷三《太宗紀下》，第42頁。
〔註92〕《舊唐書》卷七七《楊元享傳》，第2675頁。
〔註93〕李學勤：《孝經注疏》卷三《三才章第七》，北京：北京大學出版社，1999年，第19頁。
〔註94〕程樹德：《論語集釋》卷一《學而上》，第13頁。
〔註95〕程樹德：《論語集釋》卷四《爲政下》，第121頁。
〔註96〕李學勤：《孝經注疏》卷一《天子章第二》，第5～8頁。
〔註97〕《隋書》卷七二《孝義傳》序，第1661頁。
〔註98〕程樹德：《論語集釋》卷一《學而上》，第10頁。

祿位。」平民百姓在民間里巷施行它，則「播徽烈於當年，揚休名於千載。」
〔註99〕以孝治天下，「不言之化，人神通感。」普天之下的人都遵從效法，
如此國家也就會長治久安了。

### 2.2.2.1 隋朝的孝道思想

#### 2.2.2.1.1 隋朝孝道思想的宣傳

「以孝治天下」歷來被視為治國之大綱，推行孝道成為臣民政治社會化
的主要途徑。《大學》稱：「孝者，所以事君也；弟者，所以事長也；慈者，
所以使眾也。」《忠經序》對此作了進一步的說明：「仲尼說孝者所以事君之
義，則知孝者，俟忠而成之，所以答君親之恩，明臣子之分。」惟有完成事
君之孝，才能立身成人，全忠全孝。

隋朝統治者「以孝治天下」，隋文帝稱：「君子立身，雖云百行，唯誠與
孝，最為其首。」〔註100〕在他看來，「唯讀《孝經》一卷，足可立身治國，何
用多為。」〔註101〕隋煬帝也認為：「夫孝悌有聞，人倫之本，德行敦厚，立身
之基。」〔註102〕文帝鼓勵學者對《孝經》進行討論：開皇五年（585），隋文
帝親臨釋奠，命「國子祭酒元善講《孝經》，王頍與相論難，詞義鋒起，善往
往見屈。」〔註103〕最高統治者對《孝經》的偏好，很快引起了社會的重視，
一時著書立說風起雲湧，如宇文敩著《孝經》行於時。明克讓著《孝經義疏》
一部。何妥撰《孝經義疏》三卷。劉炫著《孝經述議》五卷。蕭歸著《孝經》
行於世。

隋朝還利用佛教來宣傳孝道思想。如智顗將佛教「五戒」（去殺、盜、淫、
妄言、飲酒）等同於儒家的「五常」（仁、義、禮、智、信），將佛教的戒律
儀規、禮儀制度與儒家思想進一步結合，以因果報應等來影響廣大信徒的政
治觀念，號召人們作忠臣孝子，起到勉勵忠孝、輔助王化的作用。

#### 2.2.2.1.2 天子之孝的主要內容

隋朝孝的內涵廣泛，對於皇帝而言，其孝不僅要尊重宗祖配享於天，還
要祭祀天帝。如盧道衡上《高祖文皇帝頌》，曰：「禋祀上帝，尊極配天，大孝

---

〔註99〕　《隋書》卷七二《孝義傳》序，第 1661 頁。
〔註100〕　《隋書》卷二《高祖紀下》，第 46 頁。
〔註101〕　《隋書》卷七五《何妥傳》，第 1710 頁。
〔註102〕　《隋書》卷三《煬帝紀上》，第 68 頁。
〔註103〕　《隋書》卷七六《王頍傳》，第 1732 頁。

也。」〔註 104〕在祭天的祝文中，皇帝對昊天上帝自稱「嗣天子臣某」，對祖宗的祭祀中，皇帝自稱「孝（曾）孫皇帝臣某」，這些都是皇帝孝行的實踐形式。

天子作爲天下最大的家長，其職責便是使天下百姓安居樂業。「愛敬盡於事親，而德教加於百姓，刑於四海，蓋天子之孝也。」〔註 105〕所以「孝道」也是隋朝立嗣時衡量的標準之一。隋煬帝廢長立幼陰謀的得逞，與其以「仁孝」著稱極爲密切，「尤自矯飾，當時稱爲仁孝」〔註 106〕，「婢僕往來者，無不稱其仁孝」〔註 107〕，楊素揣皇后對太子楊勇的態度，「微稱晉王孝悌恭儉。」皇后泣曰：「公言是也。我兒大孝順，每聞至尊及我遣內使到，必迎於境首。」〔註 108〕楊廣向宇文述求計，述曰：「皇太子失愛已久，令德不聞於天下。大王仁孝著稱，才能蓋世，數經將領，深有大功。」〔註 109〕

### 2.2.2.1.3 臣僚之孝的主要內容

孝體現在生活的方方面面，如飲食起居、行爲禮儀等等，對隋朝而言，除了這些基本的孝道外，還包括以下幾個方面：

「大孝在於安親」，爲孝的前提是保護自身不受傷害。令狐熙母親去世後，殆不勝喪。其父以「吾今見存，汝又隻立，何得過爾毀頓，貽吾憂也」進行勸解，熙自是稍加饘粥〔註 110〕。田德懋爲父守喪悲傷異常，文帝聞後降璽書勸誡：「宜自抑割，以禮自存也」〔註 111〕，認爲太過悲傷，傷及自身，有違孝道。

「孝」還體現在父母守喪期間要「守禮」，不得婚娶，否則雙方都要受到懲罰。應州刺史唐君明，在守母喪期期間，娶雍州長史庫狄士文之從父妹。柳彧對其彈劾，認爲此舉「違六禮之軌儀。請禁錮終身，以懲風俗。」結果唐君明和庫狄士文二人因此獲罪〔註 112〕。

「三年無改，方稱爲孝」，爲父母守喪，至少要三年的時間。李諤見禮教凋敝，公卿死亡後，他們的愛妾侍婢每每被子孫們或嫁或賣，一時形成風俗。

〔註 104〕《隋書》卷五七《薛道衡傳》，第 1411 頁。
〔註 105〕李學勤：《孝經注疏》卷一《天子章第二》，第 5 頁。
〔註 106〕《隋書》卷三《煬帝紀上》，第 59 頁。
〔註 107〕《隋書》卷四《煬帝紀下》，第 93 頁。
〔註 108〕《隋書》卷四五《房陵王勇傳》，第 1232 頁。
〔註 109〕《隋書》卷六一《宇文述傳》，第 1464 頁。
〔註 110〕《隋書》卷五六《令狐熙傳》，第 1385 頁。
〔註 111〕《隋書》卷七二《田德懋傳》，第 1663 頁。
〔註 112〕《隋書》卷六二《柳彧傳》，第 1482 頁。

李諤認為此有損風化，上書「妾雖微賤，親承衣履，服斬三年，古今通式」，文帝覽而嘉之。自此之後，五品以上妻妾不得改醮〔註113〕。

如果孝子在外不幸身亡，要入土為安，如殞身王事，甚至要列入祠廟祭祀。如開皇間，隋文帝詔曰：「致命戎旅，不入兆域，虧孝子之意，傷人臣之心……且入廟祭祀，並不廢闕，何止墳塋，獨在其外。自今已後，戰亡之徒，宜入墓域。」〔註114〕

### 2.2.2.2 隋朝的孝治政策

為了保障孝的實行，隋朝將孝作為官私教育的重要內容。除了通過《孝經》的傳道授業外，隋朝對身體力行孝道的個人及家庭採取各種措施進行表彰，以推行孝化。具體說來，主要有以下幾種形式：

1. 旌表門閭。在《隋書‧孝義傳》所記的14例孝子順孫當中，就有8位受到此旌表。表彰方式有皇帝親自表彰，也有派遣官吏表彰。表彰範圍不僅惠及孝子本人，其鄉里有時也會沐其恩澤，如文帝歎紐回、紐士雄父子至孝，下詔褒揚，號其所居為累德里〔註115〕。李德饒性至孝，納言楊達巡省河北，詣其廬弔慰之，因改所居村名孝敬村，里為和順里〔註116〕。

2. 賞賜財物。「（文）帝聞（薛）濬事母至孝，以其母老，賜輿服机杖，四時珍味，當時榮之。」〔註117〕郭儁「家門雍睦，七葉共居……漢王諒為并州總管，聞而嘉歎，賜兄弟二十餘人衣各一襲。」〔註118〕賞賜財物，往往伴著表其門閭之類的其他獎賞。煬帝五年（609）庚午，「有司言，武功男子史永遵與從父昆弟同居。上嘉之，賜物一百段，米二百石，表其門閭。」〔註119〕孝婦覃氏者，「夫死，時年十八。事後姑以孝聞。」不幸的是，數年之間，姑及伯叔皆相繼而死，因覃氏家貧，無法為其下葬。於是覃氏躬自節儉，晝夜紡績，「蓄財十年，而葬八喪，為州里所敬。上聞而賜米百石，表其門閭。」〔註120〕

〔註113〕《隋書》卷六六《李諤傳》，第1544頁。
〔註114〕《隋書》卷二《高祖紀下》，第46頁。
〔註115〕《隋書》卷七二《紐回傳》，第1668頁。
〔註116〕《隋書》卷七二《李德饒傳》，第1670頁。
〔註117〕《隋書》卷七二《薛濬傳》，第1664頁。
〔註118〕《隋書》卷七二《郭儁傳》，第1667頁。
〔註119〕《隋書》卷三《煬帝紀上》，第72頁。
〔註120〕《隋書》卷八十《孝婦覃氏傳》，第1810頁。

3. 擢授官職。詔舉孝悌廉潔也是隋朝任官的主要依據之一，隋朝設司隸臺大夫，掌諸巡察。其所掌六條，其中之一即爲「德行孝悌，茂才異行，隱不貢者」〔註121〕。如翟普林以性仁孝，大業中，爲司隸巡察所得，「奏其孝感，擢授孝陽令」〔註122〕。

4. 下詔慰問。對於孝行行爲，帝王有時還會降璽書予以表彰，然後派人慰問加以宣傳。如田德懋爲父守喪悲傷異常，並於墳前構築茅廬，負土成墳。皇上聽後嘉許了他，派員外散騎侍郎元志前去問候。復降璽書……並賜縑二百匹，米百石。復下詔表其門閭〔註123〕。郭儁「家門雍睦，七葉共居，犬豕同乳，烏鵲通巢」，當時人都認爲這是他的孝義感動了天的應徵。州縣將此事上報朝廷，文帝遣平昌公宇文弒詣其家勞問之。〔註124〕

5. 免除課役。文、煬二帝均有詔書爲孝悌者免除徭役和賦稅。隋文帝詔曰：「有品爵及孝子順孫義夫節婦，並免課役。」〔註125〕煬帝下詔：「孝悌力田，給以優復，」〔註126〕煬帝將孝悌行爲與致力農業的行爲相提並論，一方面反映了對孝悌的重視，另一方面也是隋代重農主義思想的體現。

6. 樹碑立傳：開皇初，文帝下詔，「若隱淪道素，孝義著聞者，雖無爵，奏，聽立碣。」〔註127〕

7. 尊老養老。尊老養老是孝文化的重要組成部份，也是以孝治天下的重要措施。如文帝開皇七年（587）十月丙寅，「宴父老」，許善心作《神雀頌》，贊文帝「上庠養老，躬問百年，下土字民，心爲百姓。」〔註128〕煬帝大業五年（609）二月丙辰，「宴耆舊四百人於武德殿，頒賜各有差；」〔註129〕大業六年（609）四月丁未，「宴江淮已南父老，頒賜各有差；」〔註130〕不但如此，隋帝還鼓勵大臣宴請老者：大業六年（610）煬帝「敕廬江郡設三千人會，賜（樊子蓋）米麥六千石，使謁墳墓，宴故老。當時

〔註121〕《隋書》卷二八《百官志下》，第797頁。
〔註122〕《隋書》卷七二《翟普林傳》，第1669頁。
〔註123〕《隋書》卷七二《田德懋傳》，第1663頁。
〔註124〕《隋書》卷七二《郭儁傳》，第1667頁。
〔註125〕《隋書》卷二四《食貨志》，第681頁。
〔註126〕《隋書》卷三《煬帝紀上》，第62頁。
〔註127〕《隋書》卷八《禮儀志三》，第157頁。
〔註128〕《隋書》卷五八《許善心傳》，第1425頁。
〔註129〕《隋書》卷三《煬帝紀下》，第72頁。
〔註130〕《隋書》卷三《煬帝紀下》，第75頁。

榮之。」〔註131〕同年，來護兒從駕江都，煬帝「賜物千段，令上先人冢，宴父老，州里榮之。」〔註132〕王冑也作詞贊煬帝「詔問百年老，恩隆五日酺。」〔註133〕

隋朝還將「尚老、敬老」制度化，不但對高齡社會成員在物質上給予保證，而且還給予制度上的特殊禮遇。如隋對長壽者授予官職。「河北諸郡及山西、山東年九十已上者，版授太守。八十者，授縣令。」〔註134〕隋對老年的政府官員「年七十以上，疾患沉滯，不堪居職，即給賜帛，送還本郡。其官至七品已上者，量給廩，以終厥身。」〔註135〕對民間老者「年五十，免役收庸。」〔註136〕「鰥寡孤獨不能自存者，量加振濟……高年之老……賜以粟帛。」〔註137〕隋朝還規定每年在各州郡縣舉行鄉飲酒禮，這實際上也是養老敬老的一種方式。根據《禮記‧鄉飲酒禮》的記載，在鄉飲酒禮儀式中，嚴格將年齡大小安排座次和區別飲食好壞，其目的是使長幼有序，製造一種尊老尚幼的氛圍。相反，如果發現地方上有「蠹政害人，不便於時者」，將「具錄奏聞」，進行處罰。這些無疑大大促進了隋朝的尊老、敬老的孝友風氣，這為隋以孝治國，以德化民培養忠君順民起了推動作用。

隋王朝還將「以孝治天下」納入法治，以此保障這一治國原則的實施。在懲治不孝時一貫採取重刑主義，集中體現在《開皇律》規定的「十惡」（謀反、謀大逆、謀叛、惡逆、不道、大不敬、不孝、不睦、不義、內亂）之罪中，「不孝」被列為「十惡之七」，並規定「十惡」雖遇赦，亦不免刑。據此，常對社會上的「不孝」行為進行不遺餘力的打擊。鄭譯與楊堅有同學之舊，楊堅為相時，已「傾心相結」。「出入臥內，言無不從，」「逾加親禮」，「進位上柱國，恕以十死。」後鄭譯與母別居，為憲司所劾，楊堅對其除名，並賜以《孝經》，令其熟讀。「仍遣與母共居」〔註138〕。劉昶「數為將帥，位望隆顯。與高祖有舊。及受禪，甚親任」，可以說是貴幸一時。後來，劉昶受其子的牽連入獄，楊堅念及舊情沒有對他進行立刻懲處，但因「憲司又奏昶事母不孝」，楊堅大怒，劉昶被

〔註131〕《隋書》卷六三《樊子蓋傳》，第1491頁。
〔註132〕《隋書》卷六四《來護兒傳》，第1515頁。
〔註133〕《隋書》卷七六《王冑傳》，第1741頁。
〔註134〕《隋書》卷三《煬帝紀上》，第76頁。
〔註135〕《隋書》卷三《煬帝紀上》，第74頁。
〔註136〕《隋書》卷二《高祖紀下》，第35頁。
〔註137〕《隋書》卷三《煬帝紀上》，第62～63頁。
〔註138〕《隋書》卷三八《鄭譯傳》，第1137頁。

處以死刑〔註139〕。再如應州刺史唐君明，在母喪期間，娶雍州長史庫狄士文之從父妹，這一事情被揭發之後，文帝將其作爲不孝的典型，「禁錮終身」〔註140〕。

當「孝治」與法治出現衝突時，隋朝一般以孝枉法，屈法循孝。對因孝犯法之人則給予寬恕和減免，甚至還對其授予官職進行任用。王頒聽說其父爲陳武帝所殺，「及大舉伐陳，頒自請行」，滅陳後，「夜發其（陳武帝）陵，剖棺……，焚骨取灰，投水而飲之，既而自縛，歸罪於晉王。」晉王將其行爲表奏文帝，文帝曰：「王頒所爲，亦孝義之道也，朕何忍罪之！」竟捨而不問〔註141〕。又如王舜爲趙郡王子春之女。子春因與堂兄忻不協，被長忻與其妻同謀殺害，王舜姐妹長大後，將長忻夫妻殺死，然後到縣衙請罪，「爭爲謀首，州縣不能決。高祖聞而嘉歎，特原其罪。」〔註142〕這些都體現了將儒孝與王法發生矛盾時，隋帝毫不猶豫地站在了儒孝一邊，也體現了隋朝力推親情教化，以德化民的思想。

### 2.2.3 忠孝合一與忠孝難兩全

忠與孝之間並無清晰界限與不可逾越的道德分野，其實質是「資父事君，忠孝道一。」在宗法觀念中，君即父，父即君，君臣與父子屬於同一支配模式。《孝經‧聖治章》曰：「父子之道，天性也，君臣之義也。」父之於子，「有父之親，有君之尊。……既有天性之恩，又有君臣之義，厚重莫過於此也。」〔註143〕如果說父兼備父子恩、君臣義，那麼君則兼備君臣義、父子恩。孝是忠的基礎，忠是孝的延伸。《孝經》認爲：「身體髮膚，受之父母，不敢毀傷，孝之始也；立身行道，揚名於後世，以顯父母，孝之終也。」〔註144〕孝就要光大門楣，揚名顯親。「君子之事親孝，故忠可移於君；事兄悌，故順可移於長；居家理，故治可移於官。是以行成於內，而名立於後世矣。」〔註145〕將孝放大而爲忠，將家庭倫理之孝發展提升爲社會政治之孝，實現了「移孝作忠」的政治化，忠是孝在政治領域的延伸，能孝於親，則必能忠於君，故求忠臣必於孝子之門。《禮記‧

〔註139〕《隋書》卷八十《劉昶女傳》，第 1808 頁。
〔註140〕《隋書》卷六二《柳彧傳》，第 1481 頁。
〔註141〕《隋書》卷七二《王頒傳》，第 1666 頁。
〔註142〕《隋書》卷八十《孝女王舜傳》，第 1806 頁。
〔註143〕李學勤：《孝經注疏》卷五《聖治章第九》，第 34 頁。
〔註144〕李學勤：《孝經注疏》卷一《開宗明義章第一》，第 3～4 頁。
〔註145〕李學勤：《孝經注疏》卷七《廣揚名章第十四》，第 46 頁。

祭義》引用曾子的話，曰：「事君不忠，非孝也。涖官不敬，非孝也。朋友不信，非孝也。戰陣無勇，非孝也。」〔註146〕曾子將忠君、官吏的任事、朋友的信任、作戰的勇敢都基於孝的道德感。守孝則從政，問孔子為何不從政，孔子答道「書云『孝乎惟孝，友于兄弟，施於有政』。是亦為政，奚其為為政。」〔註147〕將家之孝擴展到國之忠。忠君是至高無上的孝，不忠就是不孝，而不孝則是最大的罪行，「五刑之屬三千，而罪莫大於不孝。」〔註148〕亂臣賊子則是大逆不道，罪在十惡不赦之列。東漢靈帝時，傅燮上疏靈帝曰：「臣聞忠臣之事君，猶孝子之事父也。子之事父，焉得不盡其情？」〔註149〕道破了國家推動忠孝相通說的目的。

皇帝為君為父，在《隋書》中多次提及。開皇初，隋文帝對相繼來隋朝貢的靺鞨使者說：「朕視爾等如子，爾等宜敬朕如父。」〔註150〕文帝在遺詔中評論到百官為朝廷的盡心竭力時說：「王公卿士，每日闕庭，刺史以下，三時朝集，何嘗不罄竭心府，誠敕殷勤。義乃君臣，情兼父子。」〔註151〕在談到與長孫覽的關係時說：「朕之於公，義則君臣，恩猶父子。」〔註152〕郭衍常常揣摩煬帝旨意，阿諛順從，煬帝稱其孝順〔註153〕。統治者正是以「忠孝合一」的思想，加強了整個集團的向心力和感召力，也促使了臣僚的忠心為主。

君臣關係的父子化使君主與臣僚之間所建立起更為密切的人倫關係，也使在政治行動上結合更緊密。有些臣僚實際上已被作為皇帝的家人來看待，一些官員可以對皇帝不稱名，甚至可以享受天子宗廟配享之制。如楊堅稱高熲為「獨孤公」，「每呼為獨孤而不名也」〔註154〕，李景「誠直天然」，「（煬）帝每呼李大將軍而不名，其見重如此。」〔註155〕唐代規定有制度化的功臣配享之禮，其意義在於表示這些人已是真正的皇家成員，是皇帝的家人，即使死後，仍可於其君主共食〔註156〕。

〔註146〕楊天宇：《禮記譯注・祭義第二十四》，第 621 頁。
〔註147〕程樹德：《論語集釋》卷四《為政下》，第 121 頁。
〔註148〕李學勤：《孝經注疏》卷六《五刑章第十一》，第 40 頁。
〔註149〕范曄：《後漢書》卷五八《傅燮傳》，第 1874 頁。
〔註150〕《隋書》卷八一《靺鞨傳》，第 1822 頁。
〔註151〕《隋書》卷二《高祖紀下》，第 52 頁。
〔註152〕《隋書》卷五一《長孫覽傳》，第 1328 頁。
〔註153〕《隋書》卷六一《郭衍傳》，第 1470 頁。
〔註154〕《隋書》卷四一《高熲傳》，第 1180 頁。
〔註155〕《隋書》卷六五《李景傳》，第 1531 頁。
〔註156〕甘懷真：《中國中古時期的君臣關係》，引自氏著《皇權、禮儀與經典詮釋：中國古代政治史研究》，上海：華東師範大學出版社，2008 年，第 188～224 頁。

　　忠孝合一雖然不斷臻於完善和精緻，但是理論規定和實際操作總有一定差距，在政治實踐中，二者不斷發生衝突，以至官吏屢屢發出「忠孝不兩立」之類感歎。忠孝選擇的矛盾體現了臣子的選擇性困境。

　　如尉遲迥起兵，高熲遣人辭母，「云忠孝不可兩兼，歔欷就路。」〔註157〕楊堅爲丞相時，李安與其弟李悊爲隨從，當時李安叔父李璋與周趙王謀害楊堅，引誘李悊爲內應。李悊對安曰：「寢之則不忠，言之則不義，失忠與義，何以立身？」道出了他們面對著忠與義、忠與孝的難以抉擇，李安兄弟最後選擇背棄孝義出賣叔父，忠於楊堅。而當李璋等人伏法被誅，楊堅將對李安兄弟加官賞時，李安頓首而言曰：「承蒙可以保全叔父首領，已屬萬幸，豈可將叔父之命以求官賞？於是俯伏流涕，悲不自勝。」楊堅爲其所感，破例留下李璋之子。楊堅登基後，常常想起其忠心盡節，便嘉許讚歎不已，想要再次重用封賞，但每每「以事涉其親，猶有疑惑」。爲了使李安等在禮教倫常方面不至於無地自容，楊堅還曾詳細考察聖賢舊典，曰：「父子天性，誠孝猶不並立，況復叔侄恩輕，情禮本有差降，忘私奉國，深得正理，宜錄舊勳，重弘賞命。」於是拜安、悊俱爲柱國，賜縑各五千匹，馬百匹，羊千口。復以悊爲備身將軍，進封順陽郡公。可見，李安兄弟雖救楊堅有功，但他們出賣的是叔叔，事關倫理綱常，所以在嘉賞時楊堅還破費了一番周折，後來，李安對親族說：「雖家門獲全，而叔父遭禍，今奉此詔，悲愧交懷。」因歔欷悲感，不能自勝。先患水病，後疾甚而卒。可見李安雖然獲得了忠，也得到了榮譽，且楊堅爲其倫理方面辯護，但他依然因道德問題而心受譴責以致身亡。史臣曰：「安、悊之於高祖，未有君臣之分，陷其骨肉，使就誅夷，大義滅親，所聞異於此矣。雖有悲悼，何損於譽，」〔註158〕並不贊同李安的做法，認爲雖然李安等心有悲傷，卻不能減輕其過失。

　　起復和丁憂是忠孝衝突的典型事例。隋朝規定，當父母年老時，中央大臣可以解職奉養，開皇初，盧思道以母老，表請解職，優詔許之〔註159〕。地方官員則可以請求減少入朝次數，如燕榮以母老，請每歲入朝，上許之〔註160〕。如果父母過世，官員需要離職守喪三年，但很多時候，當皇帝需要他在朝廷供職時，會爲其「免喪」，即在喪期未滿的情況下，「奪情起復」，這樣官

〔註157〕《隋書》卷四一《高熲傳》，第1180頁。
〔註158〕《隋書》卷五十《李安傳》，第1322～1324頁。
〔註159〕《隋書》卷五七《盧思道傳》，第1400頁。
〔註160〕《隋書》卷七四《燕榮傳》，第1695頁。

僚接受了皇帝的旨意就是盡忠，同時又不失爲一個孝子，從而做到了忠孝兩全。但此舉一般爲孝子所難以接受，往往「抗表固辭」，結果又常常是「優詔不許」。如高潁守母喪離職，二十天後便起用他主持政務，高潁哭泣堅決辭讓，皇上下詔安撫不准許〔註161〕。李德林守母喪去職，才滿百日，奪情起復，德林以羸病屬疾，請急罷歸〔註162〕。柳彧以母憂去職，未幾，起爲屯田侍郎，固讓弗許〔註163〕。張煚爲父守喪去職，未期，起令視事，固讓不許〔註164〕。賀婁子幹以母憂去職，但「朝廷以榆關重鎭，非子幹不可，尋起視事」〔註165〕。守喪期滿或奪情起復後均可以繼續任官，如韋沖以母憂去職，俄而起爲南寧州總管，並持節撫慰〔註166〕。陳孝意因父喪離職，不到一年，起授雁門郡丞〔註167〕。長孫覽以母憂去職，歲餘，起令復位〔註168〕。于宣道守父喪，一年以後，朝廷令他起家到任，免除守喪，拜爲車騎將軍，兼左衛長史，仍舊任內史舍人〔註169〕。趙綽爲父守喪。既免喪，又爲掌教中士〔註170〕。可見隋朝官員起復之頻，也可知隋朝並非是嚴格遵守丁憂制度。爲了體現了皇帝「君父」的身份，也爲了籠絡人心，皇帝有時候還會令鴻臚寺爲大臣監護喪事，如薛濬母去世後，皇上詔鴻臚監護喪事，歸葬夏陽〔註171〕，體現了對大臣較高的禮遇。

---

〔註161〕《隋書》卷四一《高潁傳》，第1180頁。
〔註162〕《隋書》卷四二《李德林傳》，第1195頁。
〔註163〕《隋書》卷六二《柳彧傳》，第1481頁。
〔註164〕《隋書》卷四六《張煚傳》，第1262頁。
〔註165〕《隋書》卷五三《賀婁子幹傳》，第1353頁。
〔註166〕《隋書》卷四七《韋世康附弟沖傳》，第1270頁。
〔註167〕《隋書》卷七一《陳孝意傳》，第1656頁。
〔註168〕《隋書》卷五一《長孫覽傳》，第1328頁。
〔註169〕《隋書》卷三九《於義附子宣道傳》，第1146頁。
〔註170〕《隋書》卷六二《趙綽傳》，第1485頁。
〔註171〕《隋書》卷七二《薛濬傳》，第1664頁。

# 第三章　影響君臣關係的制度性因素

　　制度是指在一定歷史條件下形成的法令、習俗等規範。君尊臣卑、君主臣從，這是古代政治文化最基本的君臣定位與規範。從制度上確立君臣社會等級秩序，確立君臣角色、地位、職權，是維護君臣關係的穩定，使君安君職，臣安臣職最為有效的手段。

## 第一節　影響君臣關係制度性因素的幾個層面

### 3.1.1　政治稱謂

　　在君主制度和等級制度中，政治稱謂標識著一個人的等級名分和政治角色。「尊者取尊號，卑者取卑號。」〔註1〕「親者重，疏者輕，尊者文，卑者質。」〔註2〕人們為不同的政治稱謂規定了不同的行為規範和行為模式，尊卑貴賤一目了然。

　　體現帝王之尊的稱謂名目繁多、字眼尊貴：諸如著重體現宗法地位的君父、宗主；著重體現政治權勢的王、辟、民主、元首、太上；著重體現神格或神權的天子、天王、真龍天子；著重體現聖化人格的君師、聖人等。帝王的權勢、尊嚴、美德、才智等皆無與匹敵〔註3〕。這些文化符號都昭示了帝王的至尊之位以及其所享有的一切特權。相比而行，臣民則相形見絀。「君」為

---

〔註1〕董仲舒：《春秋繁露》卷十五《順命第七十》，北京：中華書局，1975年，第518頁。

〔註2〕董仲舒：《春秋繁露》卷十七《天道施第八十二》，第604頁。

〔註3〕張分田：《亦主亦奴——中國古代官僚的社會人格》，杭州：浙江人民出版社，2000年，第53頁。

發號施令者之形，「臣」為屈服順從者之形。據史籍記載，隋朝迫令突厥稱臣，沙鉢略可汗謂左右曰：「何謂臣？」左右曰：「隋言臣，猶此云奴耳。」〔註4〕體現了臣的卑賤地位。

相對於君、臣，民更為卑賤。「民者，萌也。」萌，即氓，愚昧無知之意。在各種文獻中，經常可以看到「民者，冥也」，「下民難與圖始」之類的說法。民的稱謂即謂之冥頑不靈，庸碌無知。對民「小人」、「野人」、「庶人」、「黔首」、「蔬食者」等的稱謂與君臣「大人」、「君子」、「肉食者」相對應，生動形象地顯示出了君臣關係的等級關係。

### 3.1.2 權力分配

戰國以降，君、臣、民政治等級正式形成。在這種權力分配體系中，帝王壟斷最高權力，官僚則協助帝王行使權力，庶民順從於帝王和官僚的支配。自秦始皇創立皇帝制度以來，皇帝實行獨裁統治，總攬一切大權。在行政上，從中央到地方的一切政務均集中在皇帝一人手中，「事無大小皆決於上」；皇帝所發出的詔令、口令等文件，均具有絕對的權威性，不允許有任何的異議，否則以抗旨論處。此外，皇帝還掌握著全國軍隊的最高指揮權和將帥的任免權，對官吏的選拔與任免也無不體現出其獨斷的權力。這就是說：在君臨天下的帝王面前，臣民永遠是被統治者。

### 3.1.3 禮制內容

儒家認為：「禮與天地同節」，天地尚有尊卑、高低之分，人間必有君臣、等級之分。三綱五常是世人在處理人倫關係的過程中必須遵守的道德準則。董仲舒從天人關係出發，根據「天尊地卑」的思想，又以「陰陽五行說」，確立了「綱常」理論，「君臣、父子、夫婦之義皆取諸陰陽之道，君為陽，臣為陰；父為陽，子為陰；夫為陽，婦為陰。」〔註5〕從而奠定了古代社會化神權、君權、族權、夫權的神聖不可侵犯性的基本社會倫理體系。「君為臣綱」確立了單向的以人身依附和服從為原則的君臣絕對關係，君是君、臣是臣，在處理君臣關係時，臣要絕對尊重和服從君，為君效忠。此外，在君臣各等級職責行為及服飾儀仗、冊命皇后、太子、諸侯王禮儀，以及喪葬、朝拜、冊封、娶親、立學、

---

〔註4〕《資治通鑑》卷一七六，長城公至德二年十月條，第5477頁。
〔註5〕董仲舒：《春秋繁露》卷十二《基義第三十一》，第321頁。

養老等，甚至掛飾、車輦、打獵、吃飯等均有嚴格的禮儀規定，考其根由，無非是以外在的形式迫使官僚士大夫從心理上接受君臣有別的道理。

### 3.1.4　法令內容

在朕即國家，法自君出的社會，皇帝的權力高於法律，凌駕於法律之上，在大多數情況下，皇帝不僅不受法律的制約，更不受法律的制裁。隋朝建立後，針對北周的行政苛酷，頒佈《開皇律》雖尚寬平，但到了文帝統治後期則立法毀法，用法以峻，「以文法自矜，明察臨下。恒令左右覘視內外，有小過失，則加以重罪，」制定「盜一錢已上棄市」，「盜邊糧一升已上斬」的苛刻刑律〔註6〕，甚至詔頒「其諸司論屬官，若有愆犯，聽於律外斟酌決杖」〔註7〕。雖煬帝重修《大業律》，但不久便再施酷刑，楊玄感起兵後，更立「罪及九族」之法。此外，從皇位制度、繼承制度到宗室制度、官吏選拔等方面，都有嚴格的朝規和管理體制，形成了一套等級森嚴而又相互制約，有明確分工的官僚體系，以充分確立和維護皇帝至高無上的地位。

法律的頒佈還要求臣依法律行事，將國家利益置於個人利益之上。雍州別駕元肇對皇上說：「有一州吏，受人餽錢三百文，依律合杖一百。然臣下車之始，與其為約。此吏故違，請加徒一年。」劉行本駁之曰：「律令之行，並發明詔，與民約束。今肇乃敢重其教命，輕忽憲章。欲申己言之必行，忘朝廷之大信，虧法取威，非人臣之禮。」〔註8〕認為元肇將自己的教令看的重於國家法律，想讓自己言出必行的威信得到伸張而導致國家的法令受到虧損，這並非是臣子的禮法，這種觀念為文帝所贊同，賜劉行本絹百匹作為賞賜。

### 3.1.5　君臣之喻

華夏先民注重從相對關係與人際互動的角度認識人與人之間的身份差別、功能差別和價值差別，由此而形成一批為等級制度中的相對關係定位的文字符號，如尊與卑、主與從、貴與賤等〔註9〕。這些頗具抽象性的文字集中

---

〔註6〕《隋書》卷二五《刑法志》，第 713 頁。
〔註7〕《隋書》卷二《高祖紀下》，第 41 頁。
〔註8〕《隋書》卷六二《劉行本傳》，第 1478 頁。
〔註9〕張鴻：《〈太平經〉政治思想研究》，天津：南開大學博士論文，2009 年，第 162 頁。

反映了君臣關係的一般屬性，所以成爲人們常用的文化符號和政治概念。如君爲元首與臣爲股肱、君爲腹心與臣爲九竅、帝王爲御者與臣民爲車馬、君爲舟與民爲水，再如把帝王比作龍虎，臣民比作風雲；把帝王比作北極星，臣民比作群星等等，都說明了君主的主導與臣民的從屬地位，揭示著臣民在帝王面前的卑下地位與工具屬性。

## 第二節　君權與中樞權力的博弈

### 3.2.1　君主強權下的治臣方略

#### 3.2.1.1　加強對官吏的管理

##### 3.2.1.1.1　對官吏的選拔、任用與考核

《隋書・柳儉傳》曰：「高祖初有天下，勵精思政，妙簡良能，出爲牧宰，」〔註 10〕爲了使官吏能夠恪職盡守，隋朝制定了一整套的選官、用官、督官制度，加強對官吏的管理。隋文帝針對當時官吏的各種腐敗現象，進行了全面的整頓和徹底改革。一方面實行嚴厲的打擊，另一方面建立了比較健全的政治制度，實現了隋朝的政治穩定和經濟繁榮。

首先，精減機構。北周層次多、效率低、財政負擔大、辦事效率不高，隋文帝精簡機構，裁汰冗員，廢除了郡一級的行政建制，由州直接轄縣，將原來的州、郡、縣三級體制改爲州、縣兩級體制，隋煬帝時期改州爲郡，提高了行政效率，大大減少了政府行政開支。

其次，建立了比較健全的官吏選拔制度。隋文帝接受了北周「選無清濁」的做法，取消了魏晉以來依靠門第入仕的九品中正制，依據才學標準推薦官吏的做法得到普及，並逐漸過渡到科舉考試選拔官吏的制度。開皇十五年（595），文帝下令廢止州縣鄉官，取消了州刺史和其他地方官員的任命權，將官吏的選舉權集中到吏部，「別置品官，皆吏部除授。」〔註 11〕「當時之制，尚書舉其大者，侍郎銓其小者，則六品以下官吏，咸吏部所掌，自是，海內一命以上之官，州郡無復辟署矣，」〔註 12〕地方豪強大族勢力受到嚴重打擊，

---

〔註 10〕《隋書》卷七三《柳儉傳》，第 1683 頁。
〔註 11〕《隋書》卷二八《百官志下》，第 792 頁。
〔註 12〕杜佑：《通典》卷一四《選舉典》，北京：中華書局，1988 年，第 342 頁。

一般地主分子得以順利參政。

　　第三，建立了比較完善的官吏任職制度。隋朝加強對官吏的管理與考核。規定地方長官不得在其原籍任職，不許長期任職一地，開任職迴避制度之先河。「刺史、縣令三年一遷。」「州縣佐吏，三年一代，不得重任。」開皇十六年（596）又重申「諸州縣佐史，三年一代，經任者不得重居之。」「外官九品已上，父母及子年十五已上，不得將之官。」

　　第四，加強官吏的考課制度。周代開我國歷史上的官吏考課制度之先河，依周制：三年一小考，九年一大考，「黜無職而賞有功也。」開皇三年（583），隋文帝規定「別置品官，皆吏部除授，每歲考殿最。」可見隋朝的考課是每年都舉行的。

　　第五，隋朝統治者通過朝會群臣的方式加強統治。隋文帝開皇六年（586）二月丙戌，「制刺史、上佐每歲暮，更入朝，上考課」，成為朝集制之始創〔註13〕。隋制規定皇帝每年正月初一朝見群臣，成為「元正朝會」，煬帝時改為「冬正朝會」，此外，每月初一、十五朔望日，也要舉行朝會，凡是九品以上的在京執事官以及地方州長官及上佐（長史、司馬）等均赴參加，有時錄事參軍亦可充使。朝會除了具有一些禮儀性質外，通常還要討論政事和進行決策，以及對各級地方官吏進行考課。如開皇九年（589），房彥謙任秦州總管錄事參軍，「嘗因朝集，時左僕射高頻定考課……因歷問河西、隴右官人景行，彥謙對之如響，頻顧謂諸州總管、刺史曰：『與公言，不如獨與秦州考使語』」〔註14〕。朝會上也提供了考核地方行政和官員的表現機會，一次，隋文帝對諸州朝集使曰：「如房恭懿志存體國，愛養我百姓，此乃上天宗廟之所祐助，豈朕寡薄能致之乎！朕即拜為刺史。豈止為一州而已，當令天下模範之，卿等宜師敦也，」〔註15〕於是提升他為州刺史。為了監察百官，督促官員的盡職盡責，百姓也可到朝堂直接上奏，如隋煬帝大業元年（605）下詔，如果官員在考課中不認真負責，考課殿最名不符實，百姓可以「詣朝堂封奏」，百姓不但可以彈劾違法官員，而且可以對皇帝或監察官員的行為進行彈劾。這些制度對官吏起著限制和監督的作用，是切實可行的有效措施。

〔註13〕雷聞：《隋唐朝集制度研究——兼論其與兩漢上計制之異同》，選自榮新江：《唐研究》卷七，北京：北京大學出版社，2001年，第289頁。

〔註14〕《隋書》卷六六《房彥謙傳》，第1562頁。

〔註15〕《隋書》卷七三《房恭懿傳》，第1679頁。

朝集使入京，有著強烈的政治意義。大業十二年（616），「朝集使不至者二十餘郡」〔註16〕，預示著隋王朝的政治統治已是岌岌可危，果然，幾年後隋王朝便在農民起義的戰火中土崩瓦解了。

### 3.2.1.1.2 加強對官吏的法律約束

開皇元年（581）二月楊堅禪周，下令編撰《開皇律》。在新律製成頒行時，隋文帝下詔，首先申明立法的目的在於「先施法令，欲人無犯之心，國有常刑，誅而不怒之義。」〔註17〕同時又考慮新律剛開始實行，下級官吏多受北周濫施苛刑環境的影響，動輒加罪於人。為此，文帝「申敕四方，敦理辭訟」，為防止刑法的濫用，規定各曹審判案件，都具體寫明法律條文判決，並將最終的判決權收歸中央。此外，隋文帝還在每個季節親自審閱囚犯案卷，「常以秋分之前，省閱諸州申奏罪狀，」〔註18〕對官吏的用法情況進行督察。文帝還經常派人偵察京內外百官，以察訪掌握各級官吏的實際情況，發現罪狀便加以重罰。對於失職將領，予以無情的打擊：開皇七年（587）十一月甲午，「父老對詔失旨，上大怒，免其縣官而去。」開皇十二年（592），文帝又因執行法律的人雜亂無章以致於罪名相同而判決不同，規定「詔諸州死罪不得便決，悉移大理案覆，事盡然後上省奏裁。」文帝還下詔讓各州長史以下，行參軍以上，學習法律，在會集京城的時候，考試他們是否通曉法律。文帝痛恨官吏的貪污行為，甚至秘密使人給官吏送賄賂，一受賄賂，立即處死刑。到隋文帝晚年，法制逐漸受到破壞，他「用法益峻」，「不復依準科律」。這種現象暴露了君主制度的法制的弊端。

隋文帝不僅十分重視國家的立法活動，而且非常注意建立比較健全的司法程序和審判制度。他多次下詔「申敕四方，敦理辭訟。」為了避免濫用刑法，他限制刑訊犯人，規定訊囚不得超過杖二百，杖的大小皆有定制，且行杖中途不得換人。為了確保刑法的公正，文帝還允許犯人上訴，「有枉屈縣不理者，令以次經郡及州，至省仍不理，乃詣闕申訴。」對於不能直接處理的案件，可以擊鼓鳴冤，有專門機構記錄並奏告皇帝。同時還規定：「斷決大獄，皆先牒明法，定其罪名，然後依斷」〔註19〕。對於死刑的判決，由於各地執

---

〔註16〕《資治通鑑》卷一八三，煬帝大業十二年正月條，第5702頁。
〔註17〕《隋書》卷二五《刑法志》，第712頁。
〔註18〕《隋書》卷二五《刑法志》，第712頁。
〔註19〕《隋書》卷二五《刑法志》，第712頁。

行律法的尺度不一，經常出現同罪異判的現象，隋文帝開皇十二年（592）規定：「諸州死罪，不得輒決，悉移大理案覆，事盡然後上省奏裁。」開皇十五年（595）又規定，凡已判死刑者，要對案情認眞核對，上奏三次，批准後方可執行。

在嚴行法治和堅決打擊的同時，隋朝大力表彰良優，以倡廉潔之風。文帝公開宣稱：「帝王做法，仁信爲先，有善必賞，有惡必罰，四海之內，具聞朕旨。」〔註20〕像房恭懿、梁彥光等均是表彰的典範，以此帶動全體，發揚風尚，對吏治的好轉起了積極的作用。

### 3.2.1.1.3 加強對官吏的行政監察

隋朝建立後，依漢、魏舊制，在中央設立御史臺，掌「糾不當者，兼糾彈之。」隋代監察彈劾制度有兩大特色，一是設立了固定的御史臺，提高了御史臺的地位，其中最高行政機關是三省，與御史臺相併列。二是對百官的糾察、彈劾權力，不僅限於御史，百姓也可以到朝堂直接上奏。

隋代監察之風盛行，平陳後，文帝大宴百官，虞慶則和楊素相互爭功揭短，御史當場就要加以彈劾，被文帝制止，「今日計功爲樂，宜不須劾。」文帝讓群臣宴射行樂，虞慶則進言說：「臣蒙賚酒食，令盡樂，御史在側，恐醉而被彈。」於是文帝賜御史酒，並將他們遣出〔註21〕。虞慶則等人才敢奉觴上壽，極歡，可見當時彈劾之風之盛。

隋朝監察對象範圍很廣，不但一般政治失職要受到監察彈劾，甚至連官員修身齊家等問題也要監察彈劾。如鄭譯與母別居，爲憲司所劾，由是除名。應州刺史唐君明母喪期間，娶雍州長史庫狄士文之從父妹。柳彧劾其無禮無儀，請求禁錮終身，以懲風俗。二人竟坐得罪。

隋代監察彈劾不避權貴。如楊俊任并州總管時，驕奢腐敗，違犯制度，出錢求息，當地百姓和官吏深受其害。文帝遣使暗察其事，免楊俊官職並徵還京師，與相連坐者百餘人。楊暕爲河南尹，頗驕縱，昵小人，違背縣令無故不得出境的規定，私自帶伊闕縣令皇甫詡到汾陽宮，被御史彈劾，暕竟得罪，百僚震慄。楊玄感在黎陽起兵作亂時，左翊衛大將軍宇文述帶兵征討，到河陽，修書給楊浩，楊浩又到宇文述營帳訪問，兵卒也互有往來。有司劾浩，以諸侯交通內臣，浩竟坐廢免。楊俊、楊暕、楊浩均爲皇室成員，身份

---

〔註20〕《隋書》卷八一《高麗傳》，第 1816 頁。
〔註21〕《隋書》卷四十《虞慶則傳》，第 1175 頁。

高貴，但都沒有超越法律之外的特權，均給予了相應的懲罰，可見當時法律具有一定的普遍性和公平性。

隋代設御史監察百官，但是如果御史有所不當，也要受到彈劾，而如果被彈劾，御史可能會因此而被殺頭。如御史監帥於元正日沒有彈劾穿戴不整齊或者沒有帶劍的武官，有人將此事報告給文帝，文帝大怒，曰：「爾爲御史，何縱捨自由」，御史監帥因此被殺。再如蕭摩訶妻病重將死，蕭奏請遣子回江南收其家產，這本是違背禮儀之道，但御史不加彈劾。尙書左丞元壽便彈劾御史，「親所聞見，竟不彈糾」，並請求將御史交給大理懲治。御史也可彈劾御史，在實際運作過程中，起到互相牽制的作用。如蘇威兼御史大夫時，治書侍御史梁毗「以威領五職，安繁戀劇，無舉賢自代之心，抗表劾威。」文帝常對有彈劾監察行爲者予以厚賞，以激勵監察之風。如文帝以柳彧「正直」，敕有司爲之築宅。以梁毗「婞直」，賜錢十萬，米百石。

監察機構作爲「天子耳目風紀之司」，一方面有效地監察了從中央到地方的各級官署和大小官員，另一方面帝王也通過各級監察御史獲取信息，有效地糾正和減少了決策與法令失誤。到隋朝末年，煬帝「心逾驕奢，自矜諸己，臣下不復敢言，政道因茲弛紊，」〔註22〕他「志在無厭，惟好奢侈，所司每有供奉營造，小不稱意，則有峻罰嚴刑。」〔註23〕並製造冤獄，大殺功臣，黜除異己，於是一些趨炎附勢的官員「候帝所不快，則案以重抵。」隋監察體制及其他有效的典章制度均遭破壞，御史大夫裴蘊「善侯伺人主微意，若欲罪者，則曲法順情，鍛成其罪。所欲宥者，則附從輕典，因而釋之。是後大小之獄皆以付蘊，憲部大理莫敢與奪，必稟承進止，然後決斷。蘊亦機辯，所論法理，言若懸河，或重或輕，皆由其口，剖析明敏，時人不能致詰。」〔註24〕裴蘊把朝廷以外的地方監察權又統統收攬到御史臺，這使煬帝「後又罷司隸臺，而留司隸從事之名，不爲常員。臨時選京官清明者，權攝以行，」〔註25〕司隸臺實際上被罷廢而不能發揮地方監察作用。在這種情況下，隋朝統治者尤爲注重刑賞制度。

### 3.2.1.2 加強對官吏的刑賞

君主要臣民的畏懼和服從，所依賴的是刑賞二柄。「世之人有不求富貴利

〔註22〕吳兢：《貞觀政要》卷一《政體第二》，第23頁。
〔註23〕吳兢：《貞觀政要》卷六《儉約第十八》，第186頁。
〔註24〕《隋書》卷六七《裴蘊傳》，第1575頁。
〔註25〕《隋書》卷二八《百官志下》，第797頁。

達者乎？有衣食已足，不願贏餘者乎？有素位自守，不希進取者乎……有不
貪生畏死，擇利避害者乎？有不喜諛惡謗，黨同伐異者乎？有不上人求勝，
悅不若己者乎……有見錢不吝，見色不迷著乎？有一於此，足以稱善士矣！
吾未之見也，」〔註 26〕在世人趨利避害心理的趨勢下，對其誘之以利，施之
以法，正是統治者駕馭官僚機器的有效手段。按照有功必賞、有過必罰的原
則，隋朝對各級官吏，採取了不同的刑賞措施。

### 3.2.1.2.1 懲處的方式

隋朝對官員的刑罰，主要是發生在在職官吏中有違反政紀法紀、綱常倫
理等方面的罪行和過失時，統治者為了維護自己的利益，頒佈法律，具體規
定官吏違規的規章條例，視情節之輕重，給予政治、經濟、法律等方面的處
罰。常見的手段如奪爵、罰金、降職、免官、除名、賜死、誅殺、流配等。

降職又稱左遷、左轉，有的降低職位，有的被削去職位，保留爵位，還
有的全部削去，罷職為民。如許善心為宇文述所譖，左遷給事郎，降品二等。
獨孤陀因貓鬼事，左轉遷州刺史。

免官是解除現有的官職，但保持既有的君臣關係，其懲罰範圍很廣。如
宇文化及以受納貨賄被免官。楊俊以奢縱被免官。賀若弼以怨望朝廷被免官。
許善心以忤旨被免官。衛王爽以勳簿不實被免官。趙仲卿以恣意酷暴被免官。
李圓通、侯莫陳穎以與秦王俊交通被免官。高熲、賀若弼等被誅後，蘇威因
與相連被免官。元褒以受金縱賊被免官等。

除名是將官員之名從名籍中去除，不存在君臣關係。

賜死是皇帝對大臣實施死刑的一種特殊形式，是實現「君臣一體」、「禮
遇大臣」的一種鞏固皇權的統治工具。《漢書・賈誼傳》指出，如果貴族大臣
同平民百姓直接受刑戮之辱，則可使大臣「廉恥不行」，心懷怨恨，甚至造成
對君主的離心離德，而賜死制度「上設廉恥禮儀以遇大臣」，這樣如果「臣不
以節行報其上者，則非人類也」。一旦賜死制度「約定成俗」，則能使「為人
臣者，主而忘身，國而忘家，公而忘私。」〔註 27〕可見「賜死」既體現了皇
帝「禮遇大臣」，也是大臣為君主服務的一種渠道。

除名、賜死和誅殺的執行，還往往伴隨著流配、抄家、子孫充邊、族株、

〔註26〕謝肇淛：《五雜俎》卷之十三《事部一》，上海：上海書店，2001 年，第 256
　　　　～257 頁。
〔註27〕班固：《漢書》卷四八《賈誼傳》，第 2257 頁。

連坐等附加刑。其中，族誅是指因一人犯罪而誅滅其親族的刑罰制度，一般來說，有夷三族、五族、七族、九族、十族等分。隋朝「唯大逆謀反叛者，父子兄弟皆斬，家口沒官」，可見，隋朝族誅刑罰較輕，其一僅限於「大逆謀反叛者」，其二族誅的範圍僅限父子、兄弟二族，而不誅及母族、妻族等，但隋煬帝「猜忌臣下，無所專任，朝臣有不合意者，必構其罪而族滅之，」〔註28〕「殺右驍衛大將軍、光祿大夫、郕公李渾，將作監、光祿大夫李敏，並族滅其家。」〔註29〕「及楊玄感反，帝誅之，罪及九族，」〔註30〕可見，隋朝後期的族誅制度也是非常殘酷的。

連坐是一人犯罪而株連他人的刑罰制度。連坐分很多種。

連及家人者。如梁士彥、宇文忻、劉昉等謀反，文帝下詔其三人「兄弟叔侄，特恕其命，有官者除名。」〔註31〕蘇威在高陽典選，濫授人官，畏怯突厥，結果「父子及孫三世並除名」〔註32〕。

連及下級者。如楊勇被廢時，太子左庶子唐令則，太子家令鄒文騰，左衛率司馬夏侯福，典膳監元淹，前吏部侍郎蕭子寶，前主璽下士何竦，處斬，妻妾子孫皆悉沒官〔註33〕。劉居士因「謀為不軌」被斬，公卿子弟「坐居士除名者甚眾」〔註34〕。

連及相關人等。如高潁、賀若弼等被誅，蘇威坐與相連，免官。尒朱勣以謀反伏誅，史萬歲頗相關涉，坐除名，配敦煌為戍卒〔註35〕。因楊勇事，雲定興被除名配少府〔註36〕。

在以上的懲處中，以除名、賜死和誅殺最為嚴重，故下面主要圍繞這三種懲處方式分析隋朝懲處的發生情況。

### 3.2.1.2.2 懲處發生的情況

隋朝的懲處規制，涉及到社會的方方面面，凡是侵犯到統治階級利益的行為，幾乎包羅淨盡。這一方面反映了隋朝統治者特別強調以法制手段來治

〔註28〕《隋書》卷四《煬帝紀下》，第94頁。
〔註29〕《隋書》卷四《煬帝紀下》，第89頁。
〔註30〕《隋書》卷二五《刑法志》，第717頁。
〔註31〕《隋書》卷三八《劉昉傳》，第1134頁。
〔註32〕《隋書》卷六七《裴蘊傳》，第1576頁。
〔註33〕《隋書》卷四五《房陵王勇傳》，第1238頁。
〔註34〕《資治通鑒》卷一七八，文帝開皇十七年二月條，第5536頁。
〔註35〕《隋書》卷五三《史萬歲傳》，第1354頁。
〔註36〕《隋書》卷六一《雲定興傳》，第1467頁。

理國家，另一方面也說明隋朝刑事立法的高度發展。

### 3.2.1.2.2.1 侵犯皇權罪

在古代社會，皇帝享有至高無上的權力，其地位是神聖不可侵犯的，皇帝的一切權益，都受到了法律的嚴格保護，侵犯皇權，必將受到嚴屬的懲罰。

#### 1. 謀反與同謀者

謀反直接威脅到政權的安定，隋文帝定置十惡之條，其中第一條便是「謀反」，凡犯「謀反」罪者，一律都要處以死刑。如開皇二年（582），隋文帝爲李穆下詔：「自今已後，雖有愆罪，但非謀逆，縱有百死，終不推問。」〔註37〕李穆雖被下詔有免死權，但前提是「但非謀逆」。然在執行過程中，也會隨著帝王的意志而作相應的變動，如開皇二十年（600），漢王楊諒發兵反，百僚奏諒「罪當死」，帝曰：「終鮮兄弟，情不忍言，欲屈法恕諒一死。」於是除名爲民，絕其屬籍〔註38〕。

#### 2. 謀劃國事者

開皇初，盧賁、劉昉、元諧、李詢、張賓謀黜高熲、蘇威，建立五人輔政的局面，又謀行廢立太子之事，謀泄，文帝以龍潛之舊，不忍加誅，並除名爲民〔註39〕。

#### 3. 對皇帝不敬者

皇權是至高無上的，任何侵犯皇帝尊嚴與權威的行爲均被視爲犯罪行爲。「十惡」條之惡逆、大不敬即爲侵犯皇權的表現。如史萬歲見文帝，「言將士有功，爲朝廷所抑，詞氣憤厲，忤於上。」文帝大怒，令左右暴殺史萬歲〔註40〕。再如大業五年（609），隋煬帝征吐谷渾，郡濱西境，民苦勞役，當時天水太守乞伏慧，「坐爲道不整，獻食疏薄」，隋煬帝大怒，命左右斬之。因「見其無髮，乃釋，除名爲民。」〔註41〕

對皇帝不敬還表現爲欺騙皇帝。如隋文帝時，牛弘奏請購求天下遺逸之書，結果劉炫「遂僞造書百餘卷，題爲《連山易》、《魯史記》等，錄上送官，取賞而去」，後被人告發，雖然赦免死罪，也得到了除名的處罰〔註42〕。隋煬

---

〔註37〕《隋書》卷三七《李穆傳》，第1118頁。
〔註38〕《隋書》卷四五《庶人諒傳》，第1246頁。
〔註39〕《隋書》卷三八《盧賁傳》，第1142頁。
〔註40〕《隋書》卷五三《史萬歲傳》，第1356頁。
〔註41〕《隋書》卷五五《乞伏慧傳》，第1378頁。
〔註42〕《隋書》卷七五《劉炫傳》，第1720頁。

帝時問蘇威以討遼之策，蘇威不願煬帝再次出行，也不想讓煬帝知道天下多賊的情形，便回答曰：「今者之役，不願發兵，但詔赦群盜，自可得數十萬」，結果蘇威離開後，裴蘊奏蘇威謊報情況，按律蘇威本應被處死，但因煬帝「未忍便殺」，「遂父子及孫三世並除名」〔註43〕。

私議皇帝也是不敬的表現。大業三年（607），賀若弼從駕北巡，至榆林。「帝時為大帳，其下可坐數千人，召突厥啓民可汗饗之。弼以為太侈，與高熲、宇文弼等私議得失，為人所奏，竟坐誅。」〔註44〕又如「時（煬）帝漸好聲色，尤勤遠略，（宇文）弼謂高熲曰：『昔周天元好聲色而國亡，以今方之，不亦甚乎？』又言：『長城之役，幸非急務』。有人奏之，竟坐誅死。」〔註45〕

## 4. 議論、怨望、誹謗政事者

沙門真覺曾對高熲云：「明年國有大喪。」尼令暉復云：「十七、十八年，皇帝有大厄。十九年不可過。」文帝聞而益怒，有司請斬高熲。文帝曰：「去年殺虞慶則，今茲斬王世積，如更誅熲，天下其謂我何？」於是除名為民〔註46〕。賀若弼自認為功名大，對楊素、高熲地位比他高而常有怨語，公卿奏弼怨望，罪當死。文帝惜其功，於是除名為民〔註47〕。盧賁對詔失旨，又自敘功績，有怨言。文帝大怒，後被廢於家〔註48〕。李徹因高熲事被疏忌，不復任使。後出怨言，皇上聞知後召他入宮，在寢室內賜予飲宴，當日賜鴆毒死去〔註49〕。張衡因事被除名為民，衡妾言衡怨望，謗訕朝政，張衡被賜盡於家〔註50〕。高熲謂觀王雄曰：「近來朝廷殊無綱紀。」有人奏之，文帝以為謗訕朝政，於是下詔誅之，諸子徙邊〔註51〕。

## 5. 使主受辱者

開皇二年（582）六月陳宣帝崩後，楊堅遣楊素赴弔，楊堅給陳後主的信中自稱姓名，並寫有「楊堅頓首」之語，陳後主的回信越發高傲，書末云：「想彼統內如宜，此宇宙清泰。」楊堅看了很不高興，並把它傳示朝臣，「上柱國

〔註43〕《隋書》卷六七《裴蘊傳》，第 1576 頁。

〔註44〕《隋書》卷五二《賀若弼傳》，第 1346 頁。

〔註45〕《隋書》卷五六《宇文弼傳》，第 1391 頁。

〔註46〕《隋書》卷四一《高熲傳》，第 1183 頁。

〔註47〕《隋書》卷五二《賀若弼傳》，第 1346 頁。

〔註48〕《隋書》卷三八《盧賁傳》，第 1143 頁。

〔註49〕《隋書》卷五四《李徹傳》，第 1368 頁。

〔註50〕《隋書》卷五六《張衡傳》，第 1396 頁。

〔註51〕《隋書》卷四一《高熲傳》，第 1184 頁。

楊素以為主辱臣死，再拜請罪」，雖然楊素最後只是降職處分，但「主辱臣死」無疑按律當死。

### 6. 行厭蠱、圖讖者

誣蠱左道屬於迷信思想，很多人甚至據此而迷信自己獲得天命，因而此舉往往為專制政權所禁忌。隋文帝曾下詔：「畜貓鬼、蠱毒、厭魅、野道之家，投於四裔。」〔註52〕因「左道厭蠱」事而被除名甚至處死之事也不在少數。如鄭譯為隋文帝所疏遠，便「陰呼道士章醮以祈福助，其婢奏譯厭蠱左道。」後「譯又與母別居，為憲司所劾，由是除名。」〔註53〕雖然鄭譯被除名與不孝有關，但根由還是「厭蠱左道」。獨孤陀因「以貓鬼巫蠱，呪詛於后」，將賜死於家，後經陀弟司勳侍中獨孤整詣闕求哀，「於是免陀死，除名為民，以其妻楊氏為尼。」〔註54〕煬帝時，王弘奏邵國公楊綸「厭蠱惡逆，坐當死」，煬帝以「公族不忍，除名為民。」〔註55〕衛王楊集被疏忌，「憂懼不知所為，乃呼術者俞普明章醮以祈福助。」有人告集呪詛，奏集惡逆，坐當死。但因煬帝不忍加誅，於是除名為民，遠徙邊郡〔註56〕。

讖緯也是如此。文帝鑒於讖緯對皇權的威脅，於開皇十三年（593）下令：「私家不得隱藏緯候圖讖。」〔註57〕煬帝時「發使四出，搜天下書籍與讖緯相涉者，皆焚之，為吏所糾者至死。」〔註58〕因讖緯而被處死的大臣如李敏、梁士彥、劉昉、王誼、元諧、王世積、楊綸等。

### 3.2.1.2.2.2 破壞政權罪

### 1. 內外交通者

交通罪是古代官員私下串通的一種犯罪形式，此罪名很大。

元冑在朝廷「素有威名」，楊堅與他「親顧益密」，但及蜀王秀之得罪，元冑「坐與交通」，除名〔註59〕。柳彧嘗得博陵李文博所撰《治道集》十卷，蜀王秀遣人求之。柳彧將其送之於秀，秀賜柳彧奴婢十口作為回贈。及楊秀

---

〔註52〕《隋書》卷二《高祖紀下》，第43頁。
〔註53〕《隋書》卷三八《鄭譯傳》，第1137頁。
〔註54〕《隋書》卷七九《獨孤羅附弟陀傳》，第1791頁。
〔註55〕《隋書》卷四四《滕穆王瓚附嗣王綸傳》，第1222頁。
〔註56〕《隋書》卷四四《衛昭王爽附嗣王集傳》，第1224頁。
〔註57〕《隋書》卷二《高祖紀下》，第38頁。
〔註58〕《隋書》卷三二《經籍志一》，第931頁。
〔註59〕《隋書》卷四十《元冑傳》，第1177頁。

得罪，楊素奏或以內臣交通諸侯，除名爲民，配戍懷遠鎮〔註60〕。魚俱羅爲趙郡太守，因朝集到東都時，與將軍梁伯隱有舊，數相往來。又從趙郡帶來多種物品進貢朝廷，送於權貴。御史劾俱羅以郡將交通內臣，煬帝大怒，魚俱羅與梁伯隱俱坐除名〔註61〕。

### 2. 結爲朋黨者

「朋黨小人，自古帝王所必誅」，朋黨嚴重威脅著皇權，歷來爲帝王所痛絕，正如唐人李絳所云：「臣歷觀自古及今，帝王最惡者是朋黨。」〔註62〕因此，凡涉嫌朋黨者，必遭嚴懲。因朋黨而被除名的典型爲蘇威案。蘇威子夔與國子博士何妥議論樂律一事時各有所持。因爲蘇威的權勢，所以贊同蘇夔者十八九，被何妥以朋黨罪上奏，上令蜀王秀、上柱國虞慶則等雜治之，事皆驗。於是「免威官爵，以開府就第。知名之士坐威得罪者百餘人。」〔註63〕

### 3.2.1.2.2.3 職務犯罪

### 1. 失職者

隋文帝令頒布新曆，但劉暉等與張冑玄互相駁難，久不能成。後文帝決定行張冑玄曆法，便下詔稱劉暉等曆法錯誤很多，並將劉暉爲首的四位要員除名，取消官職〔註64〕。隋文帝「詣武庫，見署中蕪穢不治，於是執武庫令……出開遠門外，親自臨決，死者數十人。」〔註65〕

包庇、失察也屬於失職的罪狀。齊王楊暕「擅寵，左右放縱，喬令則之徒，深見昵狎。」長史柳謇之雖「知其罪失，不能匡正。」及王得罪，謇之竟坐除名〔註66〕。薛摩兒知梁士彥等謀反，仍相應和，並未向皇帝告發，被除名〔註67〕。李密起義失敗後，逃到他的妹夫雍丘縣縣令丘君明處，君明以包庇罪竟被處死〔註68〕。

---

〔註60〕《隋書》卷六二《柳彧傳》，第1484頁。

〔註61〕《隋書》卷六四《魚俱羅傳》，第1518頁。

〔註62〕周紹良：《全唐文新編》卷六四五《對憲宗論朋黨》，長春：吉林文史出版社，2000年，第7275頁。

〔註63〕《隋書》卷四一《蘇威傳》，第1187頁。

〔註64〕《隋書》卷一七《律曆志中》，第435頁。

〔註65〕《隋書》卷二《高祖紀下》，第55頁。

〔註66〕《隋書》卷四七《柳肅附從子謇之傳》，第1276頁。

〔註67〕《隋書》卷三八《劉昉傳》，第1134頁。

〔註68〕《隋書》卷七十《李密傳》，第1627頁。

處理方式過暴也是失職的表現之一。如田式任襄州總管，「僚吏奸贓，部內劫盜者，無問輕重，悉禁地牢中，寢處糞穢，令其苦毒，自非身死，終不得出」。田式因處理方式過於刻暴，被除名為民。燕榮過暴，又贓穢狼藉，被賜死。王文同暴戾，被斬首。庫狄士文暴戾，「過於猛獸」，被坐免。

### 2. 不稱職者

李孝貞在職而不理朝政，被御史所彈劾，由是被降職。

### 3. 濫用職權者

煬帝時，納言蘇威在高陽主持選舉，「濫授人官」，御史大夫裴蘊得到旨意，讓白衣張行本奏之，結果蘇威被除名為民。左衛大將軍宇文述每天借本部兵數十人以供自家役使，經常工作半日而止。攝御史大夫梁毗奏劾之，宇文述被除名為民。

### 4. 不舉賢能者

蘇威一人兼任五職，治書侍御史梁毗認為蘇威安於繁忙喜歡多事，「無舉賢自代之心」上表彈劾蘇威。後因文帝對蘇威的重用而免於受罰。

### 5. 疏於朝政者

仁壽二年（602），隋煬帝到仁壽宮修養，委任蘇威代理朝政，但蘇威沒有很好地履行職責，「及上還，御史奏威職事多不理，請推之。」文帝大怒，蘇威竟以獲罪。

### 6. 外交失詞者

新羅派遣使者朝貢，楊子雄問使者帽制的由來。使者曰：「皮弁遺象。安有大國君子而不識皮弁也！」子雄因曰：「中國無禮，求諸四夷。」憲司認為楊子雄失詞，奏劾其事，楊子雄竟坐免〔註69〕。

### 3.2.1.2.2.4 不法行為

### 1. 受賄索賄者

隋文帝「往往潛令人賂遺令史府史，有受者必死，無所寬貸。」〔註70〕開皇十三年（593），晉州刺史、南陽郡公賈悉達，顯州總管、撫寧郡公韓延等以賄伏誅〔註71〕。劉士龍奏燕榮暴虐，貪污受賄名聲敗壞，遂徵還京

---

〔註69〕《隋書》卷七十《李子雄傳》，第 1620 頁。
〔註70〕《隋書》卷二《高祖紀下》，第 55 頁。
〔註71〕《隋書》卷二《高祖紀下》，第 38 頁。

師，賜死。文帝仁壽中，陸讓爲番州刺史，「數有聚斂，贓貨狼籍」，爲司馬所奏，罪當死。因陸讓母的慈愛有德，文帝下詔「讓減死，仍除名爲民。」〔註72〕

### 2. 侵擾百姓者

盧賁在民饑，穀米踴貴的情況下，禁止別人出售穀米而自己出售，由是被除名爲民〔註73〕。張威在青州「頗治產業，遣家奴於民間鬻蘆菔根，其奴緣此侵擾百姓。上深加譴責，坐廢於家。」〔註74〕

### 3. 以權謀私者

開皇十五年（595），隋文帝「敕盜邊糧一升已上皆斬，並籍沒其家。」〔註75〕十六年（596），有司奏合川倉的糧食少了七千石，文帝命斛律孝卿查問此事，得知是主管官盜竊後，文帝命人將其處斬，家屬沒官爲奴〔註76〕。隋文帝在廢楊勇爲庶人後，又下詔，認爲晉文建、元衡，在預算之外，私自支付供給財物，假報壯丁人數，擅自割取園地，全部處以自盡〔註77〕。隋文帝要諫議大夫王達爲其覓一好左丞，王達私下對楊汪說：「我當薦君爲左丞，若事果當以良田相報也。」楊汪將王達所言奏之文帝，王達竟以獲罪。

### 3.2.1.2.2.5 軍事犯罪

### 1. 投降者

大業十年（614）三月，煬帝「次臨渝宮，親御戎服，禡祭黃帝，斬叛軍者以釁鼓。」〔註78〕「釁」，血祭也。其本義是指古代殺牲，將其血塗於器物縫隙中來祭祀新制的器物。這裡體現了對叛軍懲罰的嚴厲性。

### 2. 怯敵者

漢王諒作亂，刺史上官政請援於薛冑，冑「畏諒兵鋒，不敢拒……鎖詣大理。」薛冑因此除名，並配防嶺南〔註79〕。劉元進作亂江南，據建安，帝令吐萬緒討之，緒以「士卒疲敝，請息甲待至來春。」帝不悅，有司「奏緒

---

〔註72〕《隋書》卷八十《陸讓母傳》，第1807頁。
〔註73〕《隋書》卷三八《盧賁傳》，第1143頁。
〔註74〕《隋書》卷五五《張威傳》，第1379頁。
〔註75〕《隋書》卷二《高祖紀下》，第40頁。
〔註76〕《隋書》卷二五《刑法志》，第714頁。
〔註77〕《隋書》卷四五《房陵王勇傳》，第1237頁。
〔註78〕《隋書》卷四《煬帝紀下》，第87頁。
〔註79〕《隋書》卷五六《薛冑傳》，第1388頁。

怯懦違詔」，於是除名爲民，配防建安〔註80〕。董純在隋末戰亂的情況下，被譖怯懦，不能平賊，帝大怒，遣使鎖純詣東都。有司見帝怒甚，遂希旨致純死罪，董純竟被殺〔註81〕。

### 3. 兵敗者

仁壽初，段文振率軍擊獠，「師徒喪敗」，坐是除名〔註82〕。仁壽元年（601），突厥達頭可汗犯塞，柱國、代州總管韓洪率蔚州刺史劉隆、大將軍李藥王拒之。「遇虜於恒安，眾寡不敵……死者大半，殺虜亦倍。」洪及藥王除名爲民，劉隆被處死〔註83〕。史祥從征遼東之役，不利而還。由是除名爲民〔註84〕。宇文述帶兵追擊乙支文德大潰，「初，渡遼九軍三十萬五千人，及還至遼東城，唯二千七百人。帝大怒，以述等屬吏。至東都，除名爲民。」〔註85〕

### 4. 放縱士兵犯罪者

南寧州總管韋沖之侄韋伯仁，「隨沖在府，掠人之妻，士卒縱暴，邊人失望。」文帝聞而大怒，認爲韋沖責無寬貸，於是韋沖被坐免〔註86〕。

### 3.2.1.2.2.6 違背封建禮教

鄭譯與母別居，爲憲司所劾，由是除名。應州刺史唐君明母喪期間，娶雍州長史庫狄士文之從父妹。柳彧劾其無禮無儀，請求禁錮終身，以懲風俗。二人竟坐得罪。

### 3.2.1.2.2.7 其他原因

煬帝即位後爲防止廢太子楊勇勢力的反抗，矯文帝遺詔將楊勇賜死。

隋朝執法不避親屬，從被除名或處死的對象來說，有隋朝宗室，如漢王楊諒，有皇親國戚，如駙馬柳述，還有身世顯赫的功臣名將，如楊素、高熲、史萬歲、賀若弼等，也有所謂的「反覆子」劉昉、鄭譯及盧賁、柳裘、皇甫績等，可見，隋朝此項制度所涉及的是一個很大的官僚群體。

懲惡揚善是對立統一的孿生兄弟，且在一定程度上說，獎勵所起的鞭策

---

〔註80〕《隋書》卷六五《吐萬緒傳》，第1539頁。
〔註81〕《隋書》卷六五《董純傳》，第1540頁。
〔註82〕《隋書》卷六十《段文振傳》，第1459頁。
〔註83〕《隋書》卷五二《韓擒虎傳》，第1343頁。
〔註84〕《隋書》卷六三《史祥傳》，第1496頁。
〔註85〕《隋書》卷六一《宇文述傳》，第1466頁。
〔註86〕《隋書》卷四七《韋世康附弟沖傳》，第1270頁。

作用，往往比懲罰更容易見到實效。隋朝統治者採取了一系列獎賞措施籠絡人心，文帝「賁旌帛以禮之，設好爵以縻之」，明確賞罰制度，以「行仁蹈義」、「厲俗敦風」作爲獎勵功臣的條件，大力提倡「天官不妄加，王爵不虛授」〔註87〕，「立功立事，爵賞仍行」，積極籠絡了一批人心，成爲隋朝強盛的關鍵。

### 3.2.1.2.3 獎勵的方式和發生的情況

隋朝的獎勵方式很多，最常見的如賜物、升遷、加爵等。宇文述以平尉遲迥有功，「超拜上柱國，進爵褒國公，賜縑三千匹。」又因平陳，「以功拜一子開府，賜物三千段，拜安州總管。」賞賜可以轉讓，名曰「回授」，即將賞賜轉贈予子孫。唐朝規定，「賜爵勳階與國公者，累至郡公外，餘爵聽回授子孫」〔註88〕。可見，回授的範圍主要適用於爵位至郡、公者，「唐承隋制」，隋應與此相類。如虞慶則在出使突厥方面做出了貢獻，「上以慶則勳高，皆無所問。授上柱國，封魯國公，食任城縣千戶。詔以彭城公回授第二子義。」〔註89〕再如達奚長儒在抵禦突厥方面做出了貢獻，文帝下詔封達奚長儒「上柱國」，「餘勳回授一子」〔註90〕。

對於有功勳的官員，可以恩蔭子孫。文帝開皇十七年（597）四月壬午，陞用功臣子孫詔，「申明公穆、郇襄公孝寬、廣平王雄、蔣國公睿、楚國公勣、齊國公頴、越國公素、魯國公慶則、新寧公長叉、宜陽公世積、趙國公羅雲、隴西公詢、廣業公景、眞昌公振、沛國公譯、項城公子相、鉅鹿公子乾等，登庸納揆之時，草昧經綸之日，丹誠大節，心盡帝圖，茂績殊勳，力宣王府。宜弘其門緒，與國同休。其世子世孫未經州任者，宜量才升用，庶享榮位，世祿無窮。」〔註91〕蔭任子孫的獎勵政策，一方面可以羈縻官吏及其後代之心，另一方面也是爲朝廷儲備人才的方法之一，但也爲朝政帶來了腐敗。煬帝大業六年（610），改爲只恩蔭賜封，而不蔭官職，曰：「自今已後，唯有功勳乃得賜封，仍令子孫承襲。」〔註92〕

除了長輩恩蔭子孫外，還有以晚輩功勞封贈長輩的獎勵措施。因李德林「皇運初啓，策名委質，參贊經綸，專掌文翰，實稟遺訓，克成美業。」故

〔註87〕《周書》卷二《文帝紀下》，第30頁。
〔註88〕王溥：《唐會要》卷八一《勳》，北京：中華書局，1995年，第1491頁。
〔註89〕《隋書》卷四十《虞慶則傳》，第1175頁。
〔註90〕《隋書》卷五三《達奚長儒傳》，第1350頁。
〔註91〕《隋書》卷二《高祖紀下》，第41～42頁。
〔註92〕《隋書》卷三《煬帝紀上》，第75頁。

而加贈其父李敬族「使持節、開皇儀同三司，定、瀛、易、并前四州諸軍事、定州刺史，封定州安縣開國公，邑一千戶，諡曰孝。」〔註93〕

此外，隋朝還對有功之臣頒賜鐵券，獲得鐵券的勳貴重臣可以在皇帝允諾的範圍內免死若干次。如李穆曾被周太祖賜以鐵券，恕其十死。隋朝雖未明確提出鐵券制度，但也有恕其死罪之規定。如文帝對李穆的詔書「自今已後，雖有愆罪，但非謀逆，縱有百死，終不推問，」〔註94〕對長孫覽，「朕當與公共享終吉，罪非謀逆，一無所問。」〔註95〕

如要員病故，皇帝為其罷朝數日，甚至贈封諡號，是為特殊榮典。如開皇六年（586）竇榮定卒，「上為之廢朝」〔註96〕。龐晃在仁壽年間卒，「高祖為之廢朝，贈物三百段，米三百石，諡曰敬。」〔註97〕大業年間觀德王雄卒，「帝為之廢朝，鴻臚監護喪事……賜諡曰德。」〔註98〕郭榮卒，「（煬）帝為之廢朝，贈兵部尚書，諡曰恭，贈物千段。」〔註99〕宇文述卒，「（煬）帝為之廢朝，贈司徒、尚書令、十郡太守，班劍四十人，輼輬車，前後部鼓吹，諡曰恭。」〔註100〕大業十年（614）啟民可汗疾終，「上為之廢朝三日。」〔註101〕

按照禮儀，大臣在皇帝面前稱名，但皇帝可根據不同的情況，對臣下的一部份賞賜以「不名」或「不稱名」的禮儀，以顯示對其的厚遇。如楊堅被拜大臣相後，周靜帝下詔賜楊堅「贊拜不名」。楊堅受禪後，李穆來拜，楊堅「降坐禮之，拜太師，贊拜不名。」開皇初年，楊堅拜高熲為尚書左僕射，兼納言，進封渤海郡公，「朝臣莫與為比，上每呼為獨孤而不名也。」大業三年（607）啟民可汗入朝參拜，煬帝「詔啟民贊拜不名，位在諸侯王上。」大業末，李景忠良，「（煬）帝每呼李大將軍而不名，其見重如此。」這些記載說明，大臣在向皇帝奏事、參拜的時候，採用「不名」的形式作為特殊待遇的一個賞賜。

〔註93〕 韓理洲：《全隋文補遺》卷一《楊堅·重贈李敬族定州刺史詔》，西安：三秦出版社，2004年，第3頁。

〔註94〕 《隋書》卷三七《李穆傳》，第1118頁。

〔註95〕 《隋書》卷五一《長孫覽傳》，第1328頁。

〔註96〕 《隋書》卷三九《竇榮定傳》，第1151頁。

〔註97〕 《隋書》卷五十《龐晃傳》，第1322頁。

〔註98〕 《隋書》卷四三《觀德王雄傳》，第1217頁。

〔註99〕 《隋書》卷五十《郭榮傳》，第1321頁。

〔註100〕《隋書》卷六一《宇文述傳》，第1467頁。

〔註101〕《隋書》卷八四《突厥傳》，第1876頁。

皇帝賜姓，視同族人，亦爲榮譽。楊義臣本姓尉遲，因尉遲迴反時，其父背迴歸隋，又在與突厥的戰役中力戰而死，文帝故而賜義臣楊姓，養在宮中，「編之屬籍，爲皇從孫。」〔註102〕

得以陪祀也是賞賜的一種手段。自永嘉亂後，明堂廢絕，隋朝統一天下後，將復古制，當時議者紛然，皆不能決。宇文愷博考群籍，奏《明堂議表》曰：「……元始四年八月，起明堂、辟雍長安城南門，制度如儀……五年正月六日辛未，始郊太祖高皇帝以配天。二十二日丁亥，宗祀孝文皇帝於明堂以配上帝，及先賢、百辟、卿士有益者，於是秩而祭之……帝可其奏。」〔註103〕隋朝雖未明確列出得以陪祀先帝的大臣，但從中可以看出，這種獎勵方法得到了皇帝的許可。

縱觀隋朝獎勵措施施行的原因，主要圍繞以下幾個方面。

第一，對官吏的功績進行獎勵。

對政治功績的考核，往往與考課相結合，對考課中成績優異者給予重獎。如韋世康在任數年，有惠政，奏課連最，擢爲禮部尚書。仁壽中，文帝令持節使者巡行州縣，察長吏政績，以彥謙爲天下第一，超授郐州司馬。相州刺史樊叔略「在州數年，甚有聲譽……政爲當時第一」，隋文帝「降璽書褒美之。」

對軍事功績的獎勵，如李崇破尉悖，拜大將軍，既平尉遲迴，授徐州總管，尋進位上柱國。王謙作亂，豆盧績嬰城固守，授持節、上柱國。高頻伐陳，以功加授上柱國，進爵齊國公。李德林大破突厥，賜物二千段，出拜寧州總管，進位上柱國。

對特殊功績進行獎勵，如劉昉等人助楊堅矯詔執政，楊堅以昉有定策之功，拜下大將軍，封黃國公。尉遲迴叛亂時，李渾勸李穆、韋孝寬歸順，適遇平鄴，以功授上儀同三司，封安武郡公。

第二，對官員的道德操守進行獎勵。

忠誠事國也會被作爲節操的典範而得以獎勵。隋煬帝大業二年（606）下五月乙卯詔曰：「自古已來賢人君子，有能樹聲立德、佐世匡時、博利殊功、有益於人者，並宜營立祠宇，以時致祭。墳塋之處，不得侵踐。有司量爲條式，稱朕意焉。」〔註104〕七月庚申制正常的考績制度中百官不能計考升級，

---

〔註102〕《隋書》卷六三《楊義臣傳》，第1499頁。
〔註103〕《隋書》卷六八《宇文愷傳》，第1591～1593頁。
〔註104〕《隋書》卷三《煬帝紀上》，第66頁。

但「德行、功能灼然顯著者」，需特別申報，予以升遷。

第三，對爲國捐軀者進行獎勵。

如果殞身王事，統治者會給予尊榮，作爲垂示後世的典範。如楊諒謀反時，皇甫誕因堅守臣節而遇害，文帝爲此下詔「可贈柱國，封弘義公，諡曰明。」〔註105〕麥鐵杖作仗勇猛，屢立戰功，爲國捐軀，大業八年（612）煬帝贈諡麥鐵杖詔：「可贈光祿大夫、宿國公。諡曰武烈。」〔註106〕

「賞罰之設，功過所歸」，「賞者所以勸善，刑者所以懲惡，故疏賤之人，有善必賞，尊貴之戚，犯惡必刑，未有罰則避親，賞則遺賤者也。」〔註107〕將賞罰相結合，防止政治腐敗，有利於國家的吏治清明，增強國家的統治機能。在獎勵的過程中，統治者一般都大張旗鼓，下璽昭告全國，以使這種褒揚勸善功能發揮出最大效能。但在賞罰過程中，要「循名責實，錄過計功，必使賞罰不濫，功過無隱」，如果濫賞濫罰，也必將引起朝廷的動亂，政治的腐敗。

## 3.2.2 中樞機構對君權的制約

隋朝中央機構的職責主要在於協助皇帝處理政務，對君權具有一定的制約作用。皇帝頒佈詔令，凡涉及國家政治、經濟領域中的重要決策，皇帝都要指定公卿大臣集體討論，提出初步的解決方案，如開皇三年（583）廢郡和開皇九年（589）置鄉正處理民間訴訟，文帝「敕令內外群官，就東宮會議」，最後把集體討論的結果上報批准，「由是高祖盡依（蘇）威議」〔註108〕。隋煬帝時令群臣擬議新法令，結果「久不能決」〔註109〕。

隋朝設中書、門下、內史三省爲中央機構的主幹。三省長官都是宰相，同秉大政，又各有分工，尚書「事無不總」，掌行政；內史省「專典機密」，掌制令；門下省「多所駁正」，掌封駁，他們互相制約共同向皇帝負責，而皇帝也必須依賴三省才能運行。如開皇九年（589），隋滅陳實現全國統一，內史令李德林因向文帝獻平陳方略，論功行賞時，授其柱國郡公，實封八百戶，賞物三千段。晉王楊廣已宣敕訖，由於遭到尚書左僕射兼納言高熲等大臣的

---

〔註105〕《隋書》卷三九《豆盧勣附子毓傳》，第1158頁。
〔註106〕《隋書》卷六四《麥鐵杖傳》，第1512頁。
〔註107〕《隋書》卷六六《房彥謙傳》，第1563頁。
〔註108〕《隋書》卷四二《李德林傳》，第1200頁。
〔註109〕《隋書》卷五七《薛道衡傳》，第1413頁。

反對，「高祖乃止。」〔註110〕可見，即使皇帝同意，並已宣敕，但如果有三省長官不同意，仍然不能生效。開皇末年，文帝有廢立太子之意，謂高熲曰：「『晉王妃有神憑之，言王必有天下，若之何？』高熲長跪曰：『長幼有序，其可廢乎！』上默然而止。」〔註111〕直到高熲在獨孤皇后、楊素、楊廣等的唆擺下，受到文帝的疏忌而被罷免相位後，文帝才廢太子勇，另立楊廣爲太子。對皇權的制約性顯而易見。

燸帝大業六年（610）逐步形成了由指定參與朝政的若干大臣參掌朝政的新格局。楊素於大業二年（606）七月病死，蘇威在大業三年（607）被免官後，尚書省長官都沒有委派大臣出任。後蘇威復爲納言，與左翊衛大將軍宇文述、黃門侍郎裴矩、御史大夫裴蘊、內史侍郎虞世基參掌朝政，時人稱爲「五貴」。其中又以虞世基最受重用，《虞世基傳》載：當時「天下多事，四方表奏日有百數。帝方凝重，事部庭決，入閣之後，始召世基口授節度。」〔註112〕可見，燸帝決政並不在朝堂，而在閣內。燸帝形成了次一級的官員與三省官員參掌朝政的新格局，開啓了唐代知政事官與政事堂制度的先聲〔註113〕。

此外，像天人感應、倫理道德、諫議制度、祖宗家法等均對皇權形成一定的制約作用，正是在這些措施的實施下，隋朝既加強了中央集權，又充分發揮了國家的統治職能，調整了統治集團的內部矛盾，緩和了階級矛盾。隋朝出現了「二十年間，天下無事，區宇之內晏如也」的繁盛局面。

---

〔註110〕《隋書》卷四二《李德林傳》，第 1207 頁。
〔註111〕《隋書》卷四一《高熲傳》，第 1182 頁。
〔註112〕《隋書》卷六七《虞世基傳》，第 1572 頁。
〔註113〕吳宗國：《中國封建王朝興亡史‧隋唐卷》，南寧：廣西人民出版社，1996 年，第 20～22 頁。

# 第四章　影響君臣關係的利益性因素

　　利益是人類生存的需要，是政治的根源和歸宿。而政治則是調控利益的機制與方式，利益政治的目的和任務在於調控和處理好利益秩序和利益關係。《中國大百科全書》哲學卷中，利益被解釋爲「人們通過社會關係表現出來的不同的需要。」〔註1〕這說明利益起源於人們的需要，即人的需要產生利益。在我國歷史上，關於利益與政治的關係，早在西周之前就萌芽了。夏禹曾言：「德莫高於博愛人，政莫高於博利人。」〔註2〕西周姜太公呂尚在談論治國經驗時說：「賢君治國，不以私害公。」〔註3〕春秋戰國百家爭鳴，孔子、墨子、老子、荀子、韓非子等均提出了利益與政治的關係，韓非、商鞅等法家思想認爲君臣之間是以「利」爲中介而結成統一體的，他們清楚地指出，君主角逐霸王，臣則謀求官爵財富，君臣各自追逐自己的利益，這樣的君臣關係，顯然不是什麼志同道合的政治結合或者道義之交，而是以利相計的買賣關係：「臣盡死力以與君市，君垂爵祿以與臣市。君臣之際，非父子之親也，計數之所出也。」〔註4〕故利是君和臣最本質的聯繫，爲此強調用「法」的嚴酷來治理政治。西漢董仲舒認爲「天之生人也，使人生義與利。利以養其體，義以養其心。心不得義不能樂，體不得利不能安，」〔註5〕要求統治者「正其

---

〔註1〕轉引自張國鈞：《鄧小平的利益觀》，北京：北京出版社，1998年，第2頁。

〔註2〕賈誼：《新書校注》卷第九《修正語上》，閻振益、鍾夏校注，新編諸子集成本，北京：中華書局，2000年，第360頁。

〔註3〕魏徵：《群書治要》卷三一《六韜·陰謀》，呂效祖點校，福州：鷺江出版社，2004年，第494頁。

〔註4〕王先愼：《韓非子集解》卷十五《難一》，新編諸子集成本，北京：中華書局，1998年，第352頁。

〔註5〕董仲舒：《春秋繁露》卷九《身之養重於義第三十一》，第321頁。

誼不謀其利，明其道不計其功」，以此教化民眾，「爾好誼，則民向仁而俗善；
爾好利，則民好邪而俗敗。」〔註6〕依然將利益與政治的關係作為主要的統治
之術加以重視。故而協調利益與政治的關係，是研究君主與臣民關係的重要
方面。

# 第一節　影響君臣關係利益性因素的幾個層面

## 4.1.1 政治功名

　　對政治功名的追求是影響君臣關係的一個重要因素。建功立業、獲取功
名是臣僚至高無上的榮耀。賀婁子幹討尉遲迥之亂時，隋文帝手詔曰：「丈夫
富貴之秋，正在今日，善建功名，以副朝望也。」〔註7〕史祥隨軍伐陳時，文
帝下詔曰：「驃騎高才壯志，是朕所知，善為經略，以取大賞，使富貴功名永
垂竹帛也。」〔註8〕可見建立功名對臣僚的激勵作用。隋煬帝曾對秘書郎虞世
南說：「我性不欲人諫，若位望通顯而諫以求名，彌所不耐」〔註9〕，隋煬帝
的話雖然說的有些絕對，但說明以諫諍求功名的現象確實存在。在隋朝，爭
取建立功名者大有人在，如長孫晟「好奇計，務功名」〔註10〕。薛冑「性慷
慨，志立功名」〔註11〕。沈光「常慕立功名」，大業中，隨煬帝伐遼左，酹酒
而誓曰：「是行也，若不能建立功名，當死於高麗，不復與諸君相見矣。」〔註
12〕功名又常常是臣僚炫耀的資本，也會因此而生爭端，如楊素常「以功名自
許」〔註13〕。賀若弼「自謂功名出朝臣之右，每以宰相自許」，然當時「楊素
為右僕射，弼仍為將軍，甚不平，形於言色」〔註14〕。梁士彥平定尉遲迥時，
「自恃元功，甚懷怨望」〔註15〕。

---

〔註 6〕《漢書》卷五六《董仲舒傳》，第 2521 頁。
〔註 7〕《隋書》卷五三《賀婁子幹傳》，第 1351 頁。
〔註 8〕《隋書》卷六三《史祥傳》，第 1493 頁。
〔註 9〕《隋書》卷二二《五行志上》，第 634 頁。
〔註 10〕《隋書》卷五一《長孫晟傳》，第 1336 頁。
〔註 11〕《隋書》卷五六《薛冑傳》，第 1387 頁。
〔註 12〕《隋書》卷六四《沈光傳》，第 1513～1514 頁。
〔註 13〕《隋書》卷四八，史臣曰，第 1296 頁。
〔註 14〕《隋書》卷五二《賀若弼傳》，第 1345 頁。
〔註 15〕《隋書》卷四十《梁士彥傳》，第 1164 頁。

## 4.1.2 政治權力

對權力的角逐一般發生在朝政動亂或朝政不穩的情況下，很容易引起臣僚的反叛。如北周末年因宣帝的暴政，已造成政局的恐怖不安，而面對宣帝的暴亡，靜帝的年幼，楊堅的強行輔政，這種突如其來的變局，朝臣十分困惑，在這種情況下，北周官僚乘機角逐權力者大致有三種。

第一種是以尉遲迥等的直接起兵為代表。尉遲迥反時，自稱大總管，承制署置官司，以討伐楊堅匡扶周室為由起兵，此時周朝的皇帝宇文闡稱帝已兩年，而尉遲迥卻另立趙王宇文招之少子為帝，其意圖不言而喻，難怪王夫之評價曰：「曹操所不敢奉劉虞以叛獻帝者，而迥為之不忌，迥之志可知矣。」認為尉遲迥只是利用北周變局參與角逐權力而已。

司馬消難「既聞蜀公迥不受代，欲與尉遲迥合勢，亦舉兵應之」，王謙也舉兵相應，「初謀舉兵，咸以有江山之險，進可以立功，退可以自守」，顯然含有割據自守的意圖，無怪乎王夫之評價曰：「迥亦一堅也，司馬消難亦一迥也，王謙亦一消難也。」他們與楊堅「無功而欲奪人之國」如出一輒，只是「志相若，事相競，則以勢之強弱、謀之工拙、所與之多寡分勝敗矣。」〔註16〕尉遲迥等人的起兵，充其量不過是在匡扶周室的口號下謀求自己的利益罷了。

第二種是以劉昉、鄭譯等矯詔輔政者為代表，他們雖不是直接奪取政權，但他們欲與楊堅「比肩共攬朝權」也是角逐權利的另一種典型。如劉昉所言「公若為，當速為之；如不為，昉自為也」，「鄭譯、劉昉議，欲授高祖冢宰，鄭譯自攝大司馬，劉昉又求小冢宰。」鄭譯雖未曾參與劉昉的謀反，但這只能說明鄭譯在角逐權力失敗後，便隨遇而安，沒有太大野心，但並不能否認他最初角逐權力的野心。隋朝建立後，劉昉聯同盧賁等謀奪政治權位。《隋書·盧賁傳》載：「時高熲、蘇威共掌朝政，賁甚不平之。柱國劉昉時被疏忌，賁因諷昉及上柱國元諧、李詢、華州刺史張賓等，謀黜熲、威，五人相與輔政。」〔註17〕結果謀泄，楊堅窮治此事，劉昉將此罪推到盧賁、張賓身上，二人被除名為民。而在個人利益得不到滿足時，甚至起而謀反。楊堅受禪後，劉昉「進位柱國，改封舒國公，閑居無事，不復任使。」劉昉「自以佐命元功，中被疏遠，甚不自安」，鬱鬱不得志。當時柱國梁士彥、宇文忻俱「自恃元功，

---

〔註16〕 王夫之：《讀通鑑論》卷一八《宣帝》，北京：中華書局，1975年，第620頁。
〔註17〕 《隋書》卷三八《盧賁傳》，第1142頁。

甚懷怨望」，劉昉和他們交往，數相來往，三人於是相與謀反〔註18〕。

第三種是以楊堅爲代表的強行輔政，最後奪得政權，代周立隋者爲代表。

### 4.1.3 政治形勢

由於君權的至上性，很多臣僚在選擇政治動向時超越了物質、功名等因素，往往爲形式所迫。如楊堅以外戚身份初受顧命、位居相位之時，「眾情未一」。楊堅欲攜公卿大臣同赴丞相府上任，以正彼此名分，百官皆不知所去。於是楊堅動用軟硬兩手，一方面封官許願，聲言：「欲求富貴者，當相隨來。」另一方面令盧賁布置兵馬仗衛，以武力相脅。公卿「往往偶語，欲有去就。賁嚴兵而至，眾莫敢動。」〔註19〕最後迫於無奈，而與楊堅正君臣之名。

在人治社會，帝王的賢愚，好惡都直接關係到官吏的職位甚至性命。在煬帝的自負與嫉賢妒能下，很多正直之臣被殺被貶，而一些臣僚爲了保住自己的權位，不惜放棄原則，阿諛奉承。如裴矩在大業年間「承風望旨，與時消息」，爲隋煬帝出了不少壞主意，他鼓動煬帝頻頻發動戰爭，「諷帝大徵四方奇技，作魚龍曼延角觝於洛邑，以誇諸戎狄，終月而罷。」但他在貞觀年間能當廷諫諍，唐太宗曾爲了懲治行賄受賂而故意設置「陷阱」，結果「有司門令史受饋絹一匹，太宗怒，將殺之，矩進諫曰：『此人受賂，誠合重誅。但陛下以物試之，即行極法，所謂陷人以罪，恐非導德齊禮之義。』太宗納其言，因召百僚謂曰：『裴矩遂能廷折，不肯面從，每事如此，天下何憂不治』」〔註20〕。司馬光爲此感歎道：「裴矩佞於隋而忠於唐，非其性之有變也。」〔註21〕裴矩還是那個裴矩，但在不同的時代，不同的環境，所作所爲在性質上是迥然相異的。

### 4.1.4 物質利益

孔子宣稱：「吾豈匏瓜也哉，焉能繫而不食，」〔註22〕追求利祿是出仕的重要動機。豐厚的利祿也是籠絡人心的重要手段。楊堅稱帝後，「雖吝於財，至於賞賜有功，亦無所愛吝。」〔註23〕「朝臣出征，上皆宴別，禮賜

〔註18〕《隋書》卷三《劉昉傳》，第 1132 頁。
〔註19〕《隋書》卷三八《盧賁傳》，第 1141 頁。
〔註20〕《舊唐書》卷六三《裴矩傳》，第 2407～2409 頁。
〔註21〕《資治通鑒》卷一九二，高祖武德九年十二月條，第 6029 頁。
〔註22〕程樹德：《論語集釋》卷三四《陽貨上》，第 1206 頁。
〔註23〕《隋書》卷二《高祖紀下》，第 54 頁。

遣之。」〔註24〕「百官祿賜及賞功臣，皆出於豐厚焉……出師命賞，亦莫不優隆。」〔註25〕

在平陳戰役中，賀若弼違反軍命，先期決戰，晉王廣將其扣押。隋文帝聞訊，立即召之進京，大加慰勞曰：「克定三吳，公之功也」，並「命登御坐，賜物八千段，加位上柱國，進爵宋國公，眞食襄邑三千戶，加以寶劍、寶帶、金甕、金盤各一，並雉尾扇、曲蓋，雜綵二千段，女樂二部，又賜陳叔寶妹爲妾。拜右領軍大將軍，尋轉右武候大將軍。」〔註26〕仁壽年間，趙仲卿羅織罪名，爲楊秀賓客定罪，結果文帝非但不查，還認爲他很能幹，賞賜「婢奴五十口，黃金二百兩，米粟五千石，奇寶雜物稱是。」〔註27〕而如果物質賞賜不厚或不公，很容易引起朝臣的「怨望」，如隋文帝時，對王誼「恩禮稍薄」，結果「誼頗怨望」。

## 4.1.5 生計問題

生計問題突出體現在老百姓方面，主要有：

1. 百姓因苦役而爲群盜：隋煬帝即位後，廣建宮室，大興土木。在長安至江都，沿路又「置離宮四十餘所」。此外，他開鑿運河、通馳道、築長城，三征高麗，給社會帶來極大的破壞，「百姓困窮，財力俱竭。安居則不勝凍餒，死期交急，剽掠則猶得延生」，於是始相聚爲群盜〔註28〕。裴宜理強調，農民只是出於地方性利益才在迫不得已的情況下起來造反的，農民叛亂與農民革命之間與其說具有連續性，毋寧說是斷裂性〔註29〕。

2. 吏治不清，貪官爲害：官吏治理狀況如何，直接關係到國家機器的效率。清朝唐甄認爲天下難治的原因「非民也，官也」。韓非提出了「聖人治吏不治民」的觀點，認爲君主不必直接管理百姓，只需選拔好的官吏去執行即可。抓住吏治也就抓住了治國的關鍵，故而對於歷代統治者來說，吏治建設都是不可忽視的。官吏的貪贓枉法，巧取豪奪，政治苛刻，背公循私等給社

〔註24〕　《隋書》卷四十《虞慶則傳》，第 1175 頁。
〔註25〕　《隋書》卷二四《食貨志》，第 682 頁。
〔註26〕　《隋書》卷五二《賀若弼傳》，第 1345 頁。
〔註27〕　《隋書》卷七四《趙仲卿傳》，第 1696～1697 頁。
〔註28〕　《資治通鑑》卷一八二，煬帝大業七年二月條，第 5655～5656 頁。
〔註29〕　裴宜理：《華北的叛亂者與革命者（1845～1945）》，北京：商務印書館，1980年。轉引自周祖文《叛亂與革命：如何理解農民起義》，《中國圖書評論》2010年第 4 期，第 48～51 頁。

會帶來嚴重的社會危機，最終激化了社會矛盾，農民起義一觸即發。如內史侍郎虞世基「鬻官賣獄，賄賂公行，其門如市，金寶盈積。」〔註30〕御史大夫裴蘊「善候伺人主微意……曲法順情……引致姦黠，共爲朋黨。」〔註31〕楊素結黨營私，陷害忠良，常常隨著心意而判定罪名輕重。那些臨死被押赴刑場的人，沒有不在途中高呼怨望，仰天痛哭者。以致於隋末「于時朝政漸亂濁，貨賂公行，凡當樞要之職，無問貴賤，並家累金寶。天下士大夫莫不變節。」〔註32〕在這種情況下，農民叛亂已成爲不可避免的事情。

# 第二節　實現政治利益的方式

## 4.2.1　無爲而治的統治方式

「無爲而治」是中華帝制統治思想的重要組成部份，是君主實現君臣和諧發展的有效手段和理想境界。「無爲」的創始人是老子，他認爲「天下多忌諱，而民彌貧；民多利器，國家滋昏；人多技巧，奇物滋起；法令滋彰，盜賊多有。」〔註33〕如果統治者政令繁苛，朝令夕改，結果將使老百姓無所適從，社會動亂。在老子看來，無爲就要遵循自然法則，任人民自己去處理，「我無爲而民自化，我好靜而民自正；我無事而民自富；我無欲而民自樸。」〔註34〕要求君主處理君臣關係時，要「絕聖棄智」、「絕仁棄義」、「絕巧棄利」，使賢者盡其才能。

史稱隋文帝勤於政務，「每旦聽朝，日昃忘倦」，「上勤於聽受，百僚奏請，多有煩碎」，柳彧上疏進諫，指出如果君主過多地管理瑣事，不但「憂勞聖躬」，而且會使「群官懼罪，不能自決，取判天旨」，指出聖明的君主只是求取並任用賢才，然後「垂拱無爲」，隋文帝聽了後很高興地表揚了他。楊尚希見隋文帝「每旦臨朝，日側不倦」，也以「繁碎之務，非人主所宜親也」相勸諫，文帝很高興地說：「公愛我者。」〔註35〕楊玄感書信與樊子蓋論起兵理由時也提到文帝的「無爲而治」：「高祖文皇帝……無爲而至化流，垂拱而天下治，」〔註36〕與煬帝「自

---

〔註30〕《隋書》卷六七《虞世基傳》，第1573頁。
〔註31〕《隋書》卷六七《裴蘊傳》，第1575～1576頁。
〔註32〕《隋書》卷三九《骨儀傳》，第1149頁。
〔註33〕王弼注：《老子》五十七章，諸子集成本，北京：中華書局，1954年，第35頁。
〔註34〕王弼注：《老子》三章，諸子集成本，第2頁。
〔註35〕《隋書》卷四六《楊尚希傳》，第1253頁。
〔註36〕《隋書》卷七十《楊玄感傳》，第1617頁。

絕於天，殄民敗德」相對應。其實在史書中，隋煬帝也有「無為而治」思想的記載：大業三年（607）下詔讚揚樊子蓋時曰：「設官之道，必在用賢，安人之術，莫如善政……（樊）子蓋……撫道有方，寬猛得所……凡厥在位，莫匪王臣，若能人思奉職，各展其効，朕將冕旒垂拱，何憂不治哉！」〔註37〕

　　唐太宗曾談到事必躬親時說：隋文帝「每事皆自決斷，雖則勞神苦形，未能盡合於理。朝臣既知其意，亦不敢直言，宰相以下唯即承順而已。」〔註38〕在他看來，隋文帝的事必躬親壓抑朝臣智慧的發揮，違棄了為君之道，君主什麼事都包攬起來，實際上把自己降到臣子的地位。故而范祖禹評價隋文帝「務察而多疑」，「欲以一人之身代百官之所為」，「勤而無功」〔註39〕，張玄素說：「向使君虛受於上，臣弼違於下，豈至於此？且萬乘之重，又欲自專庶務，日斷十事而五條不中，中者信善，其如不中者何？況一日萬機，已多虧失，以日繼月，乃至累年，乖謬既多，不亡何待！如其廣任賢良，高居深視，百司奉職，誰敢犯之？」〔註40〕對文帝的猜忌群臣與獨斷專行做出了批判。

## 4.2.2　「武有七德，先之以安民」

　　《易》曰：「利者，義之和也。」〔註41〕《說文解字》曰：「利，和然後利。」〔註42〕可見，「利」是以「和」為前提的，和諧才會有利。晏子曰：「政

---

〔註37〕《隋書》卷六三《樊子蓋傳》，第1490頁。

〔註38〕《貞觀政要》卷一《政體第二》，第15頁。

〔註39〕佚名：《歷代名賢確論》卷六八《論隋文帝不委任臣下》，影印文淵閣四庫全書，第687冊，第565頁，范祖禹曰：「書曰：『元首明哉，股肱良哉，庶事康哉』！又曰：『元首叢脞哉，股肱惰哉，萬事墮哉』！此舜皋陶所以賡歌而相戒也。夫君以知人為明，臣以任職為良，君知人則賢者得行其所學，臣任職則不賢者不得苟容於朝，此庶事所以康也。若夫君行臣職，則叢脞矣；臣不任君之事，則惰矣。此萬事所以墮也。……君人者，如天運於上，而四時寒暑各司其序，則不勞而萬物生矣。君不可以不逸也，所治者大所司者要也，臣不可以不勞也，所治者寡所職者詳也。不明之君不能知人，故務察而多疑，欲以一人之身代百官之所為，則雖聖智亦日力不足矣，故其臣下事無大小皆歸之君，政有得失不任其患，賢者不得行其志，而持祿之士得以保其位，此天下所以不治也。是以隋文勤而無功，太宗逸而有成，彼不得其道而此得其道故也」。

〔註40〕《舊唐書》卷七五《張玄素傳》，第2639頁。

〔註41〕王弼：《周易注》，引自樓宇烈校釋：《王弼集校釋》，北京：中華書局，1980年，第214頁。

〔註42〕許慎：《說文解字注》，段玉裁注，第178頁。

尚相利，故上下不以相害爲行；教尚相愛，故民不以相惡爲名；刑罰中於法，廢置順於民。是以……四海之內，社稷之中，粒食之民，一意欲同，若夫私家之政。生有厚利，死有遺教，此盛君之行也。」〔註43〕即政治統治的最高標準是君主與臣民之間要保持和諧的利益關係。

如何安定民生，實現君臣民的和睦親善？晏子曰：「儉以藉斂，節以貨財……不專其利，領民治民。」〔註44〕「儉」是利民的基本措施。史載隋文帝「每旦聽朝，日昃忘倦，居處服玩，務從節儉。」「開皇、仁壽間，丈夫不衣綾綺，而無金玉之飾，常服率多布帛，裝帶不過以銅鐵骨角而已。」〔註45〕隋文帝不但「儉」而且「簡」。禪代之日，「有司請備法駕，高祖不許，改服紗帽、黃袍，入幸臨光殿。就閣內服袞冕，乘小輿，出自西序。」〔註46〕「元正朝會，方御通天服，郊丘宗廟，盡用龍袞衣，大裘氅褥，皆未能備。至平陳，得其器物，衣冠法服，始依禮具。然皆藏御府，弗服用焉。」〔註47〕大典之時尚且如此，平時之簡樸可想而知。「象輅已下，旐及就數，各依爵品，雖依禮制名，未及創造。開皇三年（583）閏十二月，並詔停造，而盡用舊物。」〔註48〕「駕出親耕，則乘木輅。」〔註49〕君主如此，百官自然起效。「百官常服，同於匹庶，皆著黃袍，出入殿省。高祖朝服亦如之，唯帶加十三環，以爲差異。蓋取於便事。」〔註50〕

隋文帝用簡樸的思想來教育皇子。楊勇嘗文飾蜀鎧，文帝見了之後很不高興，因戒之曰：「歷觀前代帝王，未有奢華而得長久者……吾昔日衣服，各留一物，時復看之，以自警戒。今以刀子賜汝，宜識我心。」〔註51〕秦王楊俊「漸奢侈，違犯制度，出錢求息，民吏苦之。」文帝遣使調查此事，與相連坐者達百人之多，但楊俊依然「盛治宮室，窮極侈麗」，文帝「以其奢縱，免官，以王就第。」〔註52〕文帝提倡儉約，不遺餘力。「相州刺史豆盧通貢綾

〔註43〕李萬壽：《晏子春秋全譯》，貴陽：貴州人民出版社，1993年，第142頁。
〔註44〕李萬壽：《晏子春秋全譯》，第167頁。
〔註45〕《隋書》卷二《高祖紀下》，第54頁。
〔註46〕《隋書》卷九《禮儀志四》，第174頁。
〔註47〕《隋書》卷一二《禮儀志七》，第262頁。
〔註48〕《隋書》卷一十《禮儀志五》，第203頁。
〔註49〕《隋書》卷一十《禮儀志五》，第209頁。
〔註50〕《隋書》卷一二《禮儀志七》，第262頁。
〔註51〕《隋書》卷四五《房陵王勇傳》，第1230頁。
〔註52〕《隋書》卷四五《秦孝王俊傳》，第1239～1240頁。

文布，命焚之於朝堂，」〔註53〕以示懲戒。「京師饑，上令禁酒」，規定郊祀「止用梨棗橘栗四種之果，薑蒲葵韭四種之菹，粳稻黍粱四種之米。自此以外，郊所無者，請並從省除。」〔註54〕甚至在遺詔中也一再聲稱「務從節儉，不得勞人。諸州總管、刺史已下，宜各率其職，不須奔赴。」〔註55〕隋文帝這種節儉的思想，在古代帝王中實屬少見。

隋文帝推行重民政策，作爲安國定邦的手段。他取得帝位在於他「眾望所歸」，「億兆宅心」，得到了老百姓的擁護，而這與他一改「法令煩苛」而爲「法令清簡」，並「大崇惠政」，「愛萬物其如己，任兆庶以爲憂」〔註56〕的政策密不可分。隋文帝在遺詔中自我評價到：「所以昧旦臨朝，不敢逸豫，一日萬機，留心親覽，晦明寒暑，不憚劬勞，匪日朕躬，蓋爲百姓故也。」〔註57〕隋文帝盡畢生之精力，做到「恤獄緩刑，生靈皆遂其性，輕繇薄賦，比屋各安其業。」〔註58〕

隋煬帝也深深懂得「以民爲本」、「天下爲公」的道理，他說：「武有七德，先之以安民。」又說：「昔者哲王之治天下也，其在愛民乎？既富而教，家給人足，故能風淳俗厚，遠至邇安。治定功成，率由斯道。」他宣稱：「非天下以奉一人，乃一人以主天下。民惟國本，本固邦寧，百姓足，孰與不足」！他認爲，「聽採輿頌，謀及庶民，故能審政刑之得失」，並要「建立東京，躬親存問」，「巡歷淮海，觀省風俗」，同時，他多次「分遣使人，巡省方俗，宣揚風化，薦拔淹滯，申達幽枉」，還下令：「其民下有知州縣官人政治苛刻，侵害百姓，背公徇私，不便於民者，宜聽詣朝堂封奏」，以達到「四聰以達，天下無冤」〔註59〕的目的。

隋帝在直接實習惠民政策的同時，也加強督促官員對民的治理。主要的體現爲遣使巡省風俗。文帝受禪後「遣八使巡省風俗」，又授長孫熾左領軍長史、持節，「使於東南道三十六州，廢置州郡，巡省風俗」，開皇三年（583）「發使巡省風俗」，仁壽元年（601）「遣十六使巡省風俗」。煬帝大業元年（605）

〔註53〕《隋書》卷二《高祖紀下》，第40頁。
〔註54〕《隋書》卷六《禮儀志一》，第119頁。
〔註55〕《隋書》卷二《高祖紀下》，第53頁。
〔註56〕《隋書》卷一《高祖紀上》，第11頁。
〔註57〕《隋書》卷二《高祖紀下》，第52頁。
〔註58〕《隋書》卷三《煬帝紀上》，第69頁。
〔註59〕《隋書》卷三《煬帝紀上》，第61～63頁。

「分遣使人，巡省方俗，宣揚風化，薦拔淹滯，申達幽枉」，「發八使巡省風俗」，將長孫熾「復爲西南道大使，巡省風俗」。此處的「風俗」不僅包括當地的墾殖、徭役，而且地方的「孝悌力田」、「篤疾之徒」等都是考察的重要內容。

在隋朝重民愛民的政策下，出現了一批廉潔惠民的好官，隋朝統治者也及時對這批循吏進行表彰，以作爲天下傚仿的榜樣。如新豐令房恭懿「政爲三輔之最，上聞而嘉之」，文帝超拜其爲澤州司馬，並頒詔天下，令群臣傚仿〔註60〕。梁彥光爲岐州刺史時，甚有惠政，文帝下詔嘉獎〔註61〕。劉曠在職七年，風教大洽，獄中無繫囚，爭訟絕息，文帝召之，慰問並下優詔〔註62〕。韋世康在任數年，有惠政，奏課連最，文帝擢其爲禮部尚書。正是在這種政策下，隋朝才迅速出現了政通人和的局面。可惜煬帝後期「戎車屢動，民亦勞止」，形成了「老弱耕稼，不足以救飢餒，婦工紡績，不足以贍資裝」〔註63〕的局面。

李密舉兵反隋，以民本思想爲依據作爲聲討隋煬帝十大罪狀的檄文，也體現了當時對民本問題的重視。如檄文中指出隋煬帝「其罪三」：驕奢淫逸，荒湎酒色，違背了「平章百姓，一日萬機，未曉求衣，昃晷不食」的爲君之道；「其罪四」：「廣立池臺，多營宮觀」，導致「窮生人之筋力，罄天下之資財，使鬼尚難爲之，勞人固其不可」；「其罪五」：「科稅繁猥」，橫征暴斂，違背「輕繇薄賦，不奪農時，寧積於人，無藏於府」的重民政策原則；「其罪六」：「年年歷覽，處處登臨」，導致「屍骸蔽野，血流成河，積怨滿於山川，號哭動於天地」；「其罪七」：「恃眾怙力，強兵黷武」，違背「示以羈縻，達其聲教，苟欲愛人，非求拓土」的聖王之道。此外，「其罪八」的「愎諫違卜，蠹賢嫉能」，「其罪九」的「彝倫攸斁，政以賄成」，「其罪十」的「志懷翻覆」、「絲綸不行」等也是君道的主要內容，間接地涉及治民政策。最後，這篇檄文依據「皇天無親，惟德是輔」、「國祚將改，必有常期」等湯武革命思想，斷言：「有一於此，未或不亡。況四維不張，三靈總瘁，無小無大，愚夫愚婦，共識殷亡，咸知夏滅。」進而宣稱：魏公李密「屬當期運，伏茲億兆」，「順人

〔註60〕《隋書》卷七三《房恭懿傳》，第1673頁。

〔註61〕《隋書》卷七三《梁彥光傳》，第1657頁。

〔註62〕《隋書》卷七三《劉曠傳》，第1685頁。

〔註63〕《隋書》卷二四《食貨志》，第672頁。

將革，先天不違」，效法武王伐紂，「大誓孟津，陳命景亳」，並號召天下響應，興兵滅隋，「共建功名」〔註64〕。後來唐太宗統治中的勵精圖治，與民休息，開創了政通人和的盛世局面，也與隋末農民起義的衝擊有著莫大的關係。

### 4.2.3 任用酷吏的強化政策

隋朝為了保證自己的統治，還任用了一批酷吏。《隋書》以專傳形式論列之酷吏有七人：庫狄士文、田式、燕榮、趙仲卿、崔弘度、元弘嗣和王文同，當然，隋代的酷吏不止這些，但我們從《隋書》所列之七個典型中即可窺見隋代酷吏的特點。

第一，酷吏產生於文帝時代，貫穿於整個隋朝，這與隋朝建立時特定的社會背景密切相關。隋朝結束了魏晉以來喪亂的局面，但近三百年的亂世遺風並非短期內所能改變的，正如《隋書》所載：「隋承喪亂之後，風俗頹壞」。在這種情況下，隋文帝雖然大刀闊斧地進行了一些變革，以柳彧為代表的一批文士也在積極主張以儒家思想重整社會風俗，但在「仁恩以為情性，禮義以為綱紀，養化以為本，明刑以為助」統治理念行不通時，也急切需要運用暴力手段來維護自己的統治。

第二，從地域上看，酷吏多為關隴人士。如庫狄士文北方代人，田式馮翊下邽人，燕榮華陰弘農人，趙仲卿天水隴西人，崔弘度為博陵安平人，元弘嗣為河南洛陽人，王文同為京兆潁陽人。楊隋之取代宇文周，係長安政權在關隴集團內部的轉移，楊堅「得天下之易」，主要是因為軍事上取得了北周關隴豪族勢力的支持，即如趙翼所言「猶假周之國力，不半載殄滅之」，故而其改朝換代後的執政者必以關隴為主導。

第三，從性格上看，酷吏較一般人而言，大多剛直強硬。如庫狄士文「性孤直，雖鄰里至親莫與通狎」，因其從父妹嫁給尚居母憂的唐君明而受到彈劾，他在獄中氣憤而死。田式「性剛果」，他因為官刻暴而被除名，感到既慚愧又氣憤，甚至幾次想要自殺，他的兒子田信哭著勸他，田式大怒，竟然拔刀砍田信。崔弘度「性嚴酷」，燕榮「性剛嚴」，趙仲卿「性粗暴」等，正是這種性格影響了他們行事的嚴酷和偏執、好走極端。

第四，從身份上看，酷吏多任職地方刺史或總管。如庫狄士文為貝州刺史；趙仲卿為石州刺史；田式為襄州總管；燕榮為青州總管，後轉幽州總管；

---

〔註64〕張分田：《民本思想與中國古代統治思想》，第652～653頁。

崔弘度為襄州總管，後轉江陵總管；元弘嗣為觀州總管長史，後轉幽州總管長史。隋代刺史為州行政長官。「總管」是隋代軍事長官，其職能既管民事，又理軍政，往往兼任本州刺史之職，故酷吏多與罪犯或者違法亂紀者打交道，職務的特點也養成了他們剛直強硬、執法嚴酷的性格。

第五，從執法手段上看，酷吏以嚴酷苛暴而著稱，隋代也不例外。如燕榮鞭撻吏人，「創多見骨」。田式「專以立威為務」，他使犯人「寢處糞穢，令其苦毒，自非身死，終不得出」。元弘嗣審問囚徒時，常用醋灌鼻子，或者用小木樁刺他們的下體，他在東萊海督造船隻時，役夫被鞭打的苦不堪言，因長期站在水中時間勞作，從腰以下沒有不生蛆的地方。王文同命左右將木頭削成銳利的木樁，分別埋於庭堂中和四個角，並露出一尺多的尖頭，他將犯人心口臥在庭中木樁上，四肢分別被綁在四角木樁上。再令吏卒用木棒擊打犯人後背，一時之間，犯人五臟六腑立刻潰爛。在他們的暴虐的政策下，「吏民喪膽，聞其聲，無不發抖」。

第六，從執法特點上看，酷吏執法不避權貴、親屬。如庫狄士文執法「不避貴戚，賓客莫敢至門」，他的兒子曾經偷吃官府廚房的餅，士文「枷之於獄累日，杖之一百，步送還京。」田式為官不留私情，他的女婿京兆杜寧一次從長安來探望他。田式告誡杜寧不要外出，但杜寧因很久不能回家，便偷偷地登上北樓，眺望家鄉，被田式知道後，重打杜寧五十大板。崔弘度一門中出了兩位王妃，但他並未忘乎所以，相反，他更加嚴格地執法與管教家人，他的家人即使是子侄犯錯，也時常實行棍棒懲罰。

第七，從懲治對象看。因酷吏主要為地方官員，故其懲治對象多為官吏、庶民與豪強。如庫狄士文在貝州，懲治奸隱，當地官員即使接受一尺布、一升粟的贓物，也被發配嶺南地區。田式管理襄州，如果屬官不法受賄，或在衙署內部搶劫偷盜的人，不管輕重，全部關押在地牢中，直到死去。恆山有一豪猾，常以守令把柄進行威脅，王文同聽說此事後，馬上召來將其綁在木樁上打死，使得「郡中大駭，吏人相視懾氣。」盧氏為范陽本地的大姓，燕榮為當地總管時，「皆署為吏卒以屈辱之」，起到了在地方上樹立威嚴的震懾作用。

第八，從品質上看，酷吏大多清廉自律。如庫狄士文性清苦，雖然家無餘財，但從不取公家之物，親戚朋友託送禮物也被他嚴詞拒絕。一次入朝之時，恰逢隋文帝擺酒聚會，賞賜公卿入左藏取財物，並准許他們任取多少。結

果，大家都挑選貴重物品，唯獨士文只是口中銜著一匹絹，兩手也各持一匹。文帝覺得很奇怪，便問他爲什麼拿得這麼少。士文義正嚴辭地答道：「臣口手俱滿，餘無所須」。士文還淡化甚至斷絕與親戚友人的交往，以擺脫人情因素的影響，史載他在世時「親舊絕跡，慶弔不通」，死後「家無餘財，有子三人，朝夕不繼，親友無內之者」。田式也是「親故屏跡，請託不行」，「有犯禁者，雖至親昵，無所容貸」。這與隋文帝重視吏治，嚴懲貪官有很大的關係。但也有例外，如燕榮每巡省管內，聞官人及百姓妻女有美色，輒舍其室而淫之。

第九，從政績上看，酷吏大都武將出身，如田式、燕榮、崔弘度等均戰功顯赫，對隋朝的建立有重大貢獻。他們任地方職後，在安定社會秩序、維護地方治安等方面也起了積極的作用。如庫狄士文治理貝州，境內「道不拾遺」；燕榮治理青州，「奸道屏跡，境內肅然」；趙仲卿任石州刺史時，「官人戰慄，無敢違犯，盜賊屏息，皆稱其能」，任朔州總管時，「事多克濟，由是收穫歲廣，邊戍無饋運之憂」；崔弘度任襄州總管，「所在之處，令行禁止，盜賊屏跡」；元弘嗣治理幽州，犯罪分子「無敢隱情，姦僞屏息」。但值得指出的是，因酷吏過於嚴酷，人們往往對酷吏談虎變色，將酷吏稱爲「羅刹政」、「猛獸」，甚至民間還有「寧飲三升酢，不見崔弘度。寧茹三升艾，不逢屈突蓋」之說，正是「苛政猛於虎」之說在酷吏身上的充分體現，在這種恐怖政策下，老百姓也只能戰戰兢兢不敢有一絲違法亂紀行爲。

第十，從死因看，歷代酷吏一般都死於非命，但在《隋書》所舉的七位酷吏中，庫狄士文、崔弘度爲氣憤憂鬱而死。元弘嗣被懷疑謀反，被除名，死於流放路上。田式和趙仲卿死於任上。眞正因暴政得罪而死者只有燕榮和王文同。燕榮因殘暴又贓穢狼籍被文帝賜死，王文同因殘暴異常、濫殺無辜而被煬帝斬首示眾。可見，隋代酷吏屬於「他殺」的情況占少數，且其罪僅止於自身，並未有被滅族的。

第十一，酷吏雖是執法掌法者，但隋代酷吏在治獄時又常常知法犯法，陷人於罪。如庫狄士文執法，凡有小過錯，一定苛細嚴峻地用法律條文加以陷害。田式治獄，每當有赦書到達州里，常常在宣讀之前便召集獄中差役，殺掉重囚犯。趙仲卿治蜀王楊秀之獄，「秀賓客經過之處，仲卿必深文致法，州縣長吏坐者太半」。燕榮爲幽州總管時，文帝派元弘嗣任幽州長史，元弘嗣因懼怕燕榮而堅決推辭，文帝知道後，告誡燕榮曰：「弘嗣杖十已上罪，皆須奏聞。」燕榮憤怒，於是派弘嗣監督納收倉庫的穀子，簸揚到一點糠秕，就

懲罰他。每次鞭打雖然不到十下，但是一天之中，有時打多次。

　　隋代酷吏的橫行，與文、煬帝治國的嚴酷和縱虐有很大的關係。如隋文帝「恆令左右覘視內外，有小過失，則加以重罪。又患令史贓污，因私使人以錢帛遺之，得犯立斬。每於殿廷打人，一日之中，或至數四。嘗怒問事揮楚不甚，即命斬之」。甚至規定「盜一錢已上皆棄市」，「行署取一錢已上，聞見不告言者，坐至死」，「四人共盜一檳榔，三人同竊一瓜，事發即時行決」。煬帝「更立嚴刑，敕天下竊盜已上，罪無輕重，不待聞奏，皆斬。」又「以盜賊不息，乃益肆淫刑。九年，又詔為盜者籍沒其家」。

　　統治者的嚴刑峻法必然助長官員殘暴、虐毒的氣焰，而他們的縱虐更促進了酷吏的苛暴橫行。如趙仲卿在處理案件過程中向來不擇手段，但因他總是能將皇帝布置的任務處理的很好，深受文帝喜愛，所以當有人告趙仲卿殘酷暴虐時，文帝並不懲罰，相反，還親自慰勞說：「知公清正，為下所惡。」並賜帛五百段作為獎賞和勉勵。仁壽年間，趙仲卿羅織罪名，為楊秀賓客定罪，結果文帝非但不查，還認為他很能幹，賞賜「婢奴五十口，黃金二百兩，米粟五千石，奇寶雜物稱是」。燕榮也是如此，因他功勳顯赫，深得隋文帝器重。後來，燕榮進京面聖，隋文帝特別給予慰勞勉勵。燕榮辭行時，隋文帝在內殿賞賜酒宴，並令王公做詩為他送行。

　　酷吏是帝王對臣民進行暴力統治的工具，是強化皇權統治的必然結果。但酷吏作為一個時代的產物。從長遠來看，必然隨著人類文明的進步而逐漸得以根治。

# 第五章　隋朝幾種特殊的君臣關係

## 第一節　君主與前朝宗室的君臣關係

楊堅代周立國時，尚有南方的陳朝和後梁的對立，尤其是陳朝，雖不一定比隋朝強大，但至少是勢均力敵。隋與周、陳、梁三國之間特殊的君臣關係，主要取決於隋朝的國情，國力是否安定，有無內憂外患，老百姓的意願，戰爭是否準備恰當等等，一旦條件成熟，必將起而攻之，一舉消滅。

### 5.1.1 隋與北周：篡周與盡殄之

中國古代講究君臣大義，認為「君臣之分，情均父子，理須同其休戚，勖以終始，」〔註1〕所以伊尹、周公之類的大臣受到歷代的讚賞。但楊堅在宣帝暴亡，「靜帝幼沖，不堪負荷」的情況下，「以后父之故」，「欺孤兒寡婦以得天下」〔註2〕，表面「禪讓」，實則「篡奪」，這種行為無疑會受到當時人和後人的詬病。在這種情況下，如何為自己的統治披上合理和合法的外衣，無疑顯得尤為重要。

張分田教授指出，「一般說來，每逢改朝換代都會有類似的說法與表演。凡以和平形式完成的改朝換代都要履行禪讓程序。新君大多要迫使前朝最後一位皇帝頒佈一道禪位詔書，然後導演一場天與人歸的頗有戲劇性的儀式……並使新的皇帝得以以合法的形式取得統治權，並充任虛擬的大眾利益

---

〔註1〕《舊唐書》卷七十《戴冑傳》，第2531頁。
〔註2〕吳兢：《貞觀政要》卷一《政體第二》，第15頁。

代言人。」〔註3〕可見，禪讓的禮節對政權的合法性取得具有一定的意義，否則將會被視爲篡逆，不得人心，不合正統。

禪讓的程序，一般是先封國，然後「劍履上殿，入朝不趨，參拜不名」，如此，便表示具備了受禪的資格。大象二年（580）十二月甲子，靜帝下詔進楊堅公爵爲王，爲其封國，規定備九錫之禮，加璽紱、遠遊冠、相國印、綠綟綬，位在諸侯王上。楊堅要「再讓，不許」，然後受王爵和封國。之後，再「備九錫之禮」，「建天子旌旗」，楊堅「再讓，不許」，「文武百官詣閣敦勸」，「乃受」。禪代的開始，舊朝皇帝一般要下「禪位詔書」，表明禪位是順天應人之舉，表白本朝氣數已盡，陳述被禪位者的功德，一般都從「五運更始，三正迭代」以及種種符瑞來評論，如靜帝大定元年（581）二月詔曰：「周德將盡，妖孽遞生」，「天祚告窮，天祿永終」，「九區歸往，百靈協贊，人神屬望，我不獨知。」最後要依據「道高者稱帝，錄盡者不王」，表示「仰祇皇靈，俯順人願，今敬以帝位禪於爾躬。」楊堅要「謙讓再三」，靜帝則依據「上則天時，不敢不授，下祇天命，不可不受」而再三推送。大臣「奉皇帝璽紱」，「勸進」，「固請」，乃許。然後，楊堅登基「備禮即皇帝位」，「使者與百官皆北面再拜，擂笏，三稱萬歲。柴燎告天，建廟分封，大赦改元等〔註4〕。

禪讓是「迎新」的開始，新帝還需對前朝帝王及其宗室進行安排。隋文帝對周室安排的史料僅見於《隋書・高祖紀下》：開皇元年（580）二月「以周帝爲介國公，邑五千戶，爲隋室賓。旌旗車服禮樂，一如其舊。上書不爲表，答表不稱詔。」〔註5〕可見，文帝對周靜帝的安排體現出一定的禮遇特權，不但其「旌旗車服禮樂」以其原天子之禮來行事，而且原君主本人對於新朝既是「賓」也不用稱臣。再看介國公的物質待遇「邑五千戶」。考察隋朝，擁有「邑五千戶」的僅有樂平公主女婿李敏、越王楊侗、沛國公鄭譯、觀德王楊雄、滑國公元壽、觀國公田仁恭、山陰縣侯周法尚等，故而文帝此舉應是給予了較高的生活條件。然與滅陳後，「詔購陳叔寶位上柱國、萬戶公」〔註6〕相比，則有一定的差距。

絕大多數前朝遜位皇帝在短期內都難逃死路一條。趙翼《廿二史札記》

〔註3〕張分田：《民本思想與中國古代統治思想》，第701頁。
〔註4〕《隋書》卷一《高祖紀上》，第6～13頁。
〔註5〕《隋書》卷一《高祖紀上》，第13頁。
〔註6〕《隋書》卷二《高祖紀下》，第31頁。

卷七「禪代」條，指出權臣篡位後加害遜位之君的變化曰：

> 丕代漢，封獻帝爲山陽公，未嘗加害也……炎代魏，封帝奐爲
> 陳留王，亦未嘗加害……不特此也，司馬師廢齊王芳爲邵陵公，亦
> 至晉泰始中始薨。司馬倫廢惠帝，猶號爲太上皇，居之於金墉城。
> 桓玄廢安帝爲平固王，遷之於尋陽，又劫至江陵。亦皆未嘗加害，
> 故不久皆得反正。自劉裕篡大位，而即戕故君，以後齊、梁、陳、
> 隋、北齊、後周亦無不皆然，此又一變局也。去古日遠，名義不足
> 以相維。當曹魏假稱禪讓以移國統，猶做唐虞盛事以文其奸，及此
> 例一開，後人即以此例爲例，而並忘此例之所由做，但謂此乃權臣
> 易代之法，益變本而加厲焉。此固世運人心之愈趨愈險者也。〔註7〕

由此可見，在魏晉時期，遜位之君還能得享天年，被以賓禮待之，但自
劉宋之後，新朝皇帝爲了坐穩江山，防止前朝復辟，不惜大殺前朝君主以及
其宗室子孫，以絕後患。楊堅爲相時，五王與明帝長子宇文賢謀亂，楊堅先
斬宇文賢，並殺賢子弘義、恭道、樹孃等。大象二年（580）九月，趙王招邀
楊堅到他住處飲酒，想借機殺楊堅，被元胄發覺，楊堅得以獲免。楊堅於是
斬趙王招和其子員、貫、乾銑、乾鈴、乾鑑，斬越王盛及其子忱、悰、恢、
價、忻。十月，又殺陳王純及其子謙、讓、義。十一月，殺代王達及其子執、
轉，殺滕王逌及其子祐、裕、禮、禧。後又殺宣帝弟漢王贊及其子道德、道
智、道義，殺秦王宇文執及其子靖智、靖仁，殺靜帝弟宇文衍等。楊堅禪代
後，「虞慶則勸高祖盡滅宇文氏，高熲、楊惠亦依違從之。唯德林固爭，以爲
不可。高祖作色怒云：『君讀書人，不足平章此事。』於是遂盡誅之。」〔註8〕
又於開皇元年（581）五月「潛害周靜帝而爲之舉哀，葬於恭陵」〔註9〕。至
此宇文泰之子孫被誅殺殆盡，且無遺種。

### 5.1.2 隋與後梁：廢梁與禮遇之

南梁發生侯景之亂時，西魏趁機樹立傀儡政權，即爲後梁。後梁本爲宇
文泰之藩屬，受宇文泰庇護而幸存，其在南方既是僑姓大族，又是兩朝帝室，
一直具有潛在的影響力，因而，處理好與蕭氏的關係，對拉攏南方人心，具

---

〔註7〕 趙翼，《廿二史劄記校證》，王樹民校證，北京：中華書局，1984年，第144
頁。
〔註8〕 《隋書》卷四二《李德林傳》，第1199頁。
〔註9〕 《資治通鑑》卷一七五，宣帝太建十三年五月條，第5441頁。

有極大的意義。

楊堅輔政時，蕭巋令柳莊奉書朝見楊堅。這時楊堅懼怕蕭巋有異心，在柳莊返回的時候，謂莊曰：「梁主奕葉重光，委誠朝廷，而今已後，方見松筠之節。君還本國，幸申孤此意於梁主也，」〔註 10〕遂執莊手而別。當時是，尉遲迥、王謙、司馬消難叛亂，梁之將帥咸潛請興師，與尉遲迥等為連衡之勢，進可以盡節於周氏，退可以席卷山南。唯巋疑為不可〔註 11〕。正好柳莊到達長安，具申楊堅結託之意，並分析了當前局勢，認為：「以臣料之，迥等終當覆滅，隋公必移周國。未若保境息民，以觀其變。」〔註 12〕巋深以為然，眾議遂止。然而呂思勉認為，柳莊之說乃事後附會之談，指出「梁欲盡節於周，本無此理；即謂欲盡節，在當時，亦豈易辨高祖與尉遲迥等之順逆邪？然使迥等而成，必不能責蕭巋之不協力；巋即與之協力，亦未必能遂據山南；迥等而敗，則禍不旋踵矣。利害明白，中智所知，又豈待莊之決策也。」〔註 13〕筆者並不認同此觀點。周末楊堅輔政時，「挾天子以令諸侯」，兵力、人力均已準備妥當，且又通過一些措施拉攏民心，而尉遲迥雖以反對楊堅擅權為由起兵，卻不得人心。故而後梁未參與三方叛亂的原因，一方面由於楊堅的拉攏態度，但更主要的是蕭巋對局勢的清醒認識。沒過多久，消難奔陳，迥及謙相次就戮，巋謂莊曰：「近者若從眾人之言，社稷已不守矣。」〔註 14〕

在楊堅受禪之時，蕭巋已遣使朝賀，開皇元年（581）三月「丁未，梁主蕭巋使其太宰蕭巖、司空劉義來賀，」〔註 15〕開皇四年（584）正月壬申，蕭巋又親自來朝恭賀，「梁主蕭巋朝于京師，次於郊外……巋服通天冠、絳紗袍、端珽，立於東階下，西面……巋攝內史令柳顧言出門請事……巋出，迎於館門之外，西面再拜。持節者導雄與巋俱入，至於庭下。巋北面再拜受詔訖……巋送於門外，西面再拜。及奉見，高祖冠通天冠，服絳紗袍，御大興殿，如朝儀。巋服遠遊冠，朝服以入，君臣並拜，禮畢而出，」〔註 16〕完全按照外

〔註 10〕《隋書》卷六六《柳莊傳》，第 1551 頁。

〔註 11〕《周書》卷四八《蕭巋傳》，第 865 頁載：「及隋文帝執政，尉遲迥、王謙、司馬消難等各起兵。時巋將帥皆密請興師，與迥等為連衡之勢，進可以盡節於周氏，退可以席卷山南。巋固以為不可」。

〔註 12〕《隋書》卷六六《柳莊傳》，第 1551 頁。

〔註 13〕呂思勉：《兩晉南北朝史》，上海：上海古籍出版社，1983 年，第 782 頁。

〔註 14〕《隋書》卷六六《柳莊傳》，第 1551 頁。

〔註 15〕《隋書》卷一《高祖紀上》，第 14 頁。

〔註 16〕《隋書》卷八《禮儀志三》，第 158 頁。

臣朝見天子的規矩來做。歲餘，蕭巋又來朝，及還時，文帝親執手曰：「梁主久滯荊楚，未復舊都，故鄉之念，良軫懷抱。朕當振旅長江，相送旋反耳」〔註17〕。蕭巋拜謝而去。

　　因梁誠心歸順，隋文帝對梁恩禮彌厚。表現在：楊堅受禪後，「遣使賜金五百兩，銀千兩，布帛萬匹，馬五百匹」，蕭巋來朝時，「上甚敬焉，詔巋位在王公之上」，「賞賜以億計」，蕭巋歸藩，「帝親餞於滻水之上。後備禮納其女爲晉王妃，又欲以其子瑒尚蘭陵公主。」〔註18〕梁巋娶公主配皇子，在臨終時上表中表達了臣屬之禮，表示自己「伏願聖躬與山岳同固，皇基等天日俱永，臣雖九泉，實無遺恨。」並獻所服金裝劍，文帝覽而嗟悼焉〔註19〕。

　　開皇五年（585），蕭巋病逝，蕭琮即位，開皇七年（587），隋文帝徵召蕭琮入朝，封其爲莒公，旋以崔弘度率兵進佔江陵，這件事在後梁引起恐慌，「江陵父老莫不隕涕相謂曰：『吾君其不反矣！』」，於是，蕭瓛、蕭巖等人奔陳，爲陳後主所納〔註20〕。文帝隨即廢梁國，梁享國33年（555～588）。

　　從表面來看，文帝廢梁與蕭氏奔陳有關，其實是早有準備的。楊堅起初對梁主蕭巋產生猜忌之心時，「獻皇后言於上曰：『梁主通家，腹心所寄，何勞猜防也。』上然之，於是罷江陵總管，巋專制其國。」〔註21〕但蕭巋死後，楊堅又立即命崔弘度爲江陵總管，其目的很明顯就是要加強對後梁的控制，爲以後撤藩做準備。

　　在南北朝對峙的形勢下，隋朝立國未穩，梁國的存在對於牽制南方的蕭梁殘餘勢力和陳朝，屏藩北方的宗主國，曾起到一定的作用，但隨著統一因素的不斷增長，隋朝統一全國的條件日益具備，就沒有再保留梁國的必要了，所以隋文帝廢掉梁國已是勢在必然的了。後梁被併後，一部份後梁宗室奔陳。如蕭巖、蕭瓛等奔赴南朝，頗想自立，恢復蕭梁當年獨霸南方的局面，擺脫關中的控制，可惜不久被楊素所擊破。另一部份蕭氏宗室充斥隋廷。大業元年（605），煬帝立蕭氏爲后，蕭氏以外戚的身份出仕隋朝，如蕭琮，「煬帝嗣位，以皇后之故，（琮）甚見親重。拜內史令，改封梁公。琮之宗族，緦麻以

〔註17〕《隋書》卷七九《蕭巋傳》，第1792頁。
〔註18〕《隋書》卷七九《蕭巋傳》，第1792頁。
〔註19〕《隋書》卷七九《蕭巋傳》，第1792頁。
〔註20〕《隋書》卷七九《蕭巋傳》，第1793頁。
〔註21〕《隋書》卷七九《蕭巋傳》，第1792頁。

上，並隨才擢用，於是諸蕭昆弟布列朝廷。」〔註22〕蕭瑀，「姊爲隋晉王妃，從入長安……煬帝爲太子也，授太子右千牛。及踐阼，遷尙衣奉御，檢校左翊衛鷹揚郎將……累加銀青光祿大夫、內史侍郎。既以後弟之親，委之機務。」〔註23〕

### 5.1.3 隋與後陳：併陳與保全之

楊堅即位之初，由於內外多故，所以對南方的陳朝採取防禦的守勢政策，但並未放棄滅陳的計劃。開皇元年（581），「隋主有并吞江南之志，問將帥於高熲，熲薦弼與擒虎，故置於南邊，使潛爲經略。」〔註24〕文帝派賀若弼爲吳州總管，鎮廣陵；韓擒虎爲廬州總管，鎮廬江。期間雖然與陳朝也有小摩擦，但隋文帝予以低調處理。如開皇元年（581）九月，陳將周羅睺取胡墅，蕭摩訶攻江北。隋文帝派高熲節度諸軍，長孫覽、元景山爲行軍元帥拒陳。二年（582）陳宣帝崩，子叔寶立，陳遣使請和，歸還胡墅。高熲以「禮不伐喪」爲由，奏請班師。此次戰役，持續時間短，規模小，起因爲陳先出軍侵佔江北之地，而隋文帝在北方突厥戰亂未定的情況下，也並未給予太多的戰爭，草草收兵。接著文帝遣使於陳，辭意卑謙。開皇三年（583），陳鄖州城主張子譏遣使請降，文帝以隋陳「和好」，不許。四年（584），陳將夏侯苗請降，文帝以隋陳「通合」，不許。四年（584），文帝遣薛道衡、豆盧勣等聘於陳，道衡奏曰：「臣今奉使，請責以稱藩。」文帝云：「朕且含養，置之度外，勿以言辭相折，識朕意焉。」〔註25〕

開皇七年（587）初，蕭巖歸降陳朝後，隋主以此爲藉口決定併陳，於揚州開山陽瀆，以通漕運，並命楊素大量製造戰船。第二年三月戊寅下《伐陳詔》，他在詔書中指責陳朝背信棄義，驕奢淫逸，殺害忠良等罪行，並陳述了其發起滅陳戰役的道德與政治理由以及一些觸犯天怒的自然異常現象。

楊堅滅陳，得到了一大批大臣的贊成，據《隋書》記載，開皇初年向楊堅先後獻平陳計劃者不下十人。

（1）李德林是最早支持楊堅滅陳的，也是主管伐陳方略者。據《隋書》載：開皇八年（588），帝往同州，德林以病不從，帝敕追之，敕書後加注：「伐

---

〔註22〕《隋書》卷七九《蕭巋傳》，第1794頁。
〔註23〕《舊唐書》卷六三《蕭瑀傳》，第2399頁。
〔註24〕《資治通鑒》卷一七五，宣帝太建十三年二月條，第5438頁。
〔註25〕《隋書》卷五七《薛道衡傳》，第1406頁。

陳事宜自隨也。」又命高熲入京，至德林宅取其方略〔註26〕。

（2）開皇元年（581），皇甫績上詔伐陳……上嘉其壯志，勞而遣之〔註27〕。

（3）開皇二年（582），隋文帝問高熲取陳之策，並行其策，由是陳人益敝〔註28〕。

（4）開皇六年（586），杜整密進取陳之策，上善之，於是以行軍總管鎮襄陽〔註29〕。

（5）開皇六年（587），崔仲方上書論取陳之策，並列出了許多應急的對策，「上覽而大悅，轉基州刺史，徵入朝。仲方因面陳經略，上善之」〔註30〕。

（6）開皇七年（587），高勱上取陳五策，又上表，高祖覽表嘉之，答以優詔〔註31〕。

（7）開皇初，王長述復獻平陳之計，修營戰艦，爲上流之師〔註32〕。

（8）開皇初，文帝受禪，梁睿上平陳之策，帝下詔答之。「王者體大，義存遵養，雖陳國來朝，未盡藩節，如公大略，誠須責罪，尚欲且緩其誅，宜知此意」〔註33〕。

（9）開皇初，上方圖江表，楊素數進取陳之計〔註34〕。

（10）盧思道作《爲隋檄陳文》〔註35〕。

隋朝雖經過長期周密的準備，但就雙方兵力而言，隋朝並不具備絕對優勢〔註36〕。在這種情況下，戰略的正確與否，顯得尤爲重要。賀若弼在平陳

〔註26〕　《隋書》卷四二《李德林傳》，第 1206 頁。
〔註27〕　《隋書》卷三八《皇甫績傳》，第 1140 頁。
〔註28〕　《隋書》卷四一《高熲傳》，第 1118 頁。
〔註29〕　《隋書》卷五四《杜整傳》，第 1366 頁。
〔註30〕　《隋書》卷六十《崔仲方傳》，第 1449 頁。
〔註31〕　《隋書》卷五五《高勱傳》，第 1373 頁。
〔註32〕　《隋書》卷五四《王長述傳》，第 1262 頁。
〔註33〕　《隋書》卷三七《梁睿傳》，第 1127 頁。
〔註34〕　《隋書》卷四八《楊素傳》，第 1282 頁。
〔註35〕　《全隋文》卷一六《盧思道傳》，第 178～180 頁。
〔註36〕　《隋書》卷二《高祖紀下》第 31 頁，載平陳時南征大軍「合總管九十，兵五十一萬八千」，卷五七《薛道衡傳》第 1407 頁，載：「量其（陳）甲士，不過十萬。西自巫峽，東至滄海，分之則勢懸而力弱，聚之則守此而失彼。」然李燕捷《隋平陳戰爭淺析》（《中國史研究》1985 年第 2 期，第 125～136 頁）通過計算分析兵力對比，認爲隋陳雙方的兵力不是五十一萬八千與十萬之比，而是近三十萬與約二十五萬之比。

六年（開皇十五年）後，曾將其戰略撰成「御授平陳七策」，詳述其事，曰：「其一，請廣陵頓兵一萬，番代往來。陳人初見設備，後以為常，及大兵南伐，不復疑也。其二，使兵緣江時獵，人馬喧噪。及兵臨江，陳人以為獵也。其三，以老馬多買陳船而匿之，買弊船五六十艘於瀆內。陳人覘以為內國無船。其四，積葦荻於揚子津，其高蔽艦。及大兵將度，乃卒通瀆於江。其五，塗戰船以黃，與枯荻同色，故陳人不預覺之。其六，先取京口倉儲，速據白土岡，置兵死地，故一戰而剋。其七，臣奉敕，兵以義舉。及平京口，俘五千餘人，便悉給糧勞遣，付其敕書，命別道宣喻。是以大兵度江，莫不草偃，十七日之間，南至林邑，東至滄海，西至象林，皆悉平定。」〔註37〕這正和崔仲方的平陳策略不謀而合：「今唯須武昌已下，蘄、和、滁、方、吳、海等州更帖精兵，密營渡計。益、信、襄、荊、基、郢等州速造舟楫，多張形勢，為水戰之具。蜀、漢二江，是其上流，水路衝要，必爭之所。賊雖於流頭、荊門、延州、公安、巴陵、隱磯、夏首、蘄口、盆城置船，然終聚漢口、峽口，以水戰大決。若賊必以上流有軍，令精兵赴援者，下流諸將即須擇便橫渡。如擁眾自衛，上江水軍鼓行以前。雖恃九江五湖之險，非德無以為固，徒有三吳、百越之兵，無恩不能自立。」〔註38〕事實證明，這一策略成功地迷惑了陳叔寶，直接促成了平陳戰役的勝利。

相對於隋的積極備戰，陳叔寶卻是「峻宇雕牆，酗酒荒色，」〔註39〕終日有「婦人美貌麗服，巧態以從者千餘人。」〔註40〕一些權臣不理朝政，宰相江總和都官尚書孔範等十餘人，是後主身邊的「狎客」，長歌酗舞，通夜達旦。隋軍大舉臨江，後主依然認為隋朝新建，無力攻陳，且長江天險，足作屏障。從容謂侍臣曰：「王氣在此，齊兵三來，周師再來，無不摧敗。彼何為者邪！」都官尚書孔範接著說：「長江天塹，古以為限南北。今日虜軍豈能飛渡邪！邊將欲作功勞，妄言事急。臣每患官卑，虜若渡江，臣定作太尉公矣！」帝笑以為然，故不為深備，奏伎、縱酒、賦詩不輟〔註41〕。陳朝不僅君主昏庸，小人當道，而且軍事腐敗，並無戒備。當時太史令章華上書死奏，以越

〔註37〕李延壽：《北史》卷六八《賀若弼傳》，北京：中華書局，1974年，第2381～2382頁。

〔註38〕《隋書》卷六十《崔仲方傳》，第1449頁。

〔註39〕《隋書》卷五七《薛道衡傳》，第1407頁。

〔註40〕李延壽：《南史》卷十《陳本紀》，北京：中華書局，1974年，第306頁。

〔註41〕《資治通鑑》卷一七六，長城公禎明二年十一月條，第5501頁。

國滅吳國的歷史教訓來告諫陳後主，希望他能改弦更張，結果，「書奏，後主大怒，即日命斬之。」王夫之評論曰：「大臣不言，而疏遠之小臣諫，其國必亡……陳後主國垂危而縱欲以敗度，傅縡、章華危言而見殺，陳之亡，遲之十年而猶晚。」〔註42〕表達了對後主斬直言之臣的憤慨之情。

開皇九年（589），賀若弼渡江，陳人不覺。韓擒虎渡江，守軍皆醉。江南父老向來聽說過韓擒虎的威信，前來投靠者晝夜不絕，於是賀若弼自北道，韓擒虎自南道並進，守衛在江邊的將士，看到賀若弼和韓擒虎的大軍，紛紛逃走，韓軍直逼皇宮。此時賀軍夜燒北掖門也攻入城內。陳後主率十餘宮人出後堂景陽殿，惶恐萬狀，乃與張、孔妃嬪自投於井，隋軍「呼之，不應，欲下石，乃聞叫聲，以繩引之，驚其太重。及出，乃與張貴妃、孔貴嬪同束而上。」陳叔寶拜見隨軍主帥韓擒虎，「叔寶惶懼，流汗股慄。」〔註43〕從韓擒虎渡江到攻陷建康城，僅用了十二日，後主遂成為可恥的亡國之君。陳亡以後，晉王楊廣取陳叔寶手書詔長江各地諸將，諸將乃降。次月，隋文帝又命宇文述會合燕榮的舟師，討平蕭巘，同時蕭巖也以會稽降，嶺南地區也相繼歸降，陳國始告完全平定，隋朝實現了全國的再統一。

隋滅陳，若以開皇八年（588）十月揮軍進入建康算起，到開皇九年（589）正月陳後主投降為止，不過三個月的時間，看似容易，但隋的準備過程卻是漫長的。隋文帝建國後，便積極實施中央集權工作，在安頓內部，平服突厥收併後梁，解決了內外諸問題後才積極進行統一戰爭的部署，費時約七、八年的時間，然陳朝一味苟安，不圖振作，看不到隋朝的優點，也沒有引起自身的警覺。關於陳亡和隋朝統一的原因，皇甫績詳細論述了陳有三可滅：「大吞小，一也；以有道伐無道，二也；納叛臣蕭巖，於我有詞，三也。」〔註44〕薛道衡指出隋必勝的原因有四：「以運數而言，其必克一也……主上躬履恭儉，憂勞庶政，叔寶峻宇雕牆，酖酒荒色。上下離心，人神同憤，其必克二也。為國之體，在於任寄，彼之公卿，備員而已。拔小人施文慶委以政事，尚書令江總唯事詩酒，本非經略之才，蕭摩訶、任蠻奴是其大將，一夫之用耳。其必克三也。我有道而大，彼無德而小，量其甲士，不過十萬。西自巫峽，東至滄海，分之則勢懸而力弱，聚之則守此而失彼。其必克四也。」〔註45〕概括而言，隋滅陳原因主

〔註42〕王夫之：《讀通鑒論》卷一八《後主》，第 622～623 頁。
〔註43〕《資治通鑒》卷一九七，文帝開皇九年正月條，第 5506～5510 頁。
〔註44〕《隋書》卷三八《皇甫績傳》，第 1140 頁。
〔註45〕《隋書》卷五七《薛道衡傳》，第 1407 頁。

要有：其一，隋朝勵精圖治，國力增強；其二，陳朝的腐敗，君主昏庸、小人當道，以致喪失民心；其三，民心所向，分合的曆數；其四，隋朝以有道伐無道。當然，隋朝也做了充分的準備。王夫之在論高熲的策略時，曰：「陳之愚而必亡，隋之智而必克」，陶希聖論道：「隋假不伐喪之美名以市陳，實收全師不敗之功，以養威而俟時，故隋智甚也。不伐喪矣，許之和矣，於是（陳）君驕臣怠，解散其憂懼，枵然以自即於安，信使往來，禮文相匹，麋其主於結綺臨春，賦詩行樂之中，則席捲而收之也，易於拾芥。隋之智非陳之所能測也。（陳）自弛於十年而國必亡，姑待之十年而必舉其國，一智一愚，一興一亡，於此決矣。」〔註46〕

回長安後，隋文帝並配陳氏子孫於隴右及河西諸州，各給田業以處之。煬帝大業二年（606），以後主第六女婤爲貴人，「因召陳氏子弟盡還京師，隨才敘用，由是並爲守宰，遍於天下。」〔註47〕相比較於「周室子孫，殆無遺種」，難怪趙翼感慨到：「隋文滅陳，不惟陳後主得善終，凡陳氏子孫，自岳陽王叔慎以抗拒被殺外，其餘無一被害者，皆配往隴右及河西諸州，各給田業以處之。」究其原因，趙翼進一步分析到，隋篡周時，「本不以道，與宇文有不兩立之勢，且恐有尉遲迥等之起兵匡復者，不得不盡絕其根芽」，而到隋取陳時，「隋之基業已固，陳之子孫又皆孱弱不足慮，故不復肆毒也。」〔註48〕

## 5.1.4 小結

本節分析了隋與北周、後梁和後陳三個不同朝代宗室的關係。因隋代周而來，爲防止北周的復辟，周靜帝及其宗室在受到簡短的禮遇之後被殺。而因後梁的誠心歸順，也鑒於隋立國未穩，需要後梁輔助其治理南方並牽制陳朝，故後梁在較長時期內得到了隋的禮遇，但隋實力增強後，便有了併梁的動向，也有了蕭氏等的奔陳。隋朝對奔陳者予以鎮壓剿滅，而對歸順隋朝者則給予了較高的禮遇。蕭氏奔陳也是隋發動並陳戰爭的藉口。陳是隋實行統一全國的重點，隋在羽翼未豐時對陳實施「和好」的麻痺政策，同時暗中準備攻城，費時七、八年的時間，終於在開皇十年（590）藉口攻

---

〔註46〕陶希聖：《中國法制之社會史的考察》，臺北：食貨出版社，1979 年，第 716頁。

〔註47〕《陳書》卷二八《鄱陽王伯山傳》，第 361 頁。

〔註48〕趙翼：《廿二史札記校證》卷一五《隋文帝殺宇文氏子孫》，王樹民校證，第333 頁。

城，僅僅用三個月的時間，陳朝覆亡。而陳氏君臣的昏庸與不思進取，使隋文帝放鬆了對陳後主的管轄，陳後主得以善終，陳氏子孫得以保全。可見，隋文帝與前朝君主的關係主要取決於前朝的政治狀況和君主本人的關係。

爲了籠絡人心，新的王朝建立後，作爲一項政治義務，隋朝爲之「立三代後」。開皇十四年（594）冬閏十月甲寅，隋文帝詔曰：「齊、梁、陳往皆創業一方，綿歷年代。既宗祀廢絕，祭奠無主，興言矜念，良以愴然。莒國公蕭琮及高仁英、陳叔寶等，宜令以時修其祭祀。所須器物，有司給之。」〔註49〕爲高仁英、蕭琮、陳叔寶修宗祀，官給器物，唯獨沒有提及北周。《御批資治通鑒綱目》評價曰：

> 書法：書官給器物何？予隋也。雖予之也，亦傷之也，《綱目》書曰官給，則三族之不能自給可知矣，歷敘三族而不及宇文氏，非以盡滅其族乎？《綱目》言外之意深矣。發明：自南北分裂諸國鼎峙至隋始能一之。今隋祖念其宗祀廢絕，命高仁英等以時修祭，亦可少彷繼絕之意矣。然聖人所謂繼絕世者，必以興滅國爲先，如齊梁陳等國固不可使之復興，若封以一邑，俾食數十里之賦，則不必官給器物，自可修其世祀爲悠久計，此又隋文之所未及者。雖然齊梁陳既祀矣，彼宇文氏自介公殞踣之後竟無所聞，使隋文能廣作賓王家之意，封植其後，亦何不可之有？夫世祀一也，能念齊梁陳而不能念周，是何處心不弘如此？嗚呼！且彼獨不聞牧野之事乎？武王克殷反商，未及下車而封黃帝之後於薊，封帝堯之後於祝，封帝舜之後於陳，下車而封夏后氏之後於杞，殷之後於宋，夫武王剪商未幾即與黃帝堯舜夏后氏並封其後，今隋主得國於周乃反殄絕其祀，何哉？然則《綱目》書詔高仁英，蕭琮、陳叔寶修其宗祀而不及宇文氏。其忌克少恩之意又自見於書法之間矣。可勝嘆哉！〔註50〕

對隋文帝未給北周修祠的「忌克少恩」進行了批評。隋篡周，本是違背君臣大義的不忠之舉，然隋朝建立三十多年後，唐朝以禪讓的形式代隋

---

〔註49〕《隋書》卷二《高祖紀下》，第39頁。
〔註50〕朱熹：《資治通鑒綱目》卷三六《隋文帝開皇十四年十月》，見《御批資治通鑒綱目》，影印文淵閣四庫全書，第690冊，第783頁。

立唐。隋文帝的獨孤皇后，爲李淵的姨母，隋煬帝楊廣與李世民爲表親關係，唐代隋而立，與楊堅代周而立有相似之處，故而唐臣修史罪堅者基本沒有，如楊堅爲相時，尉遲迥等反，《隋書》曰：「時尉迥、王謙、司馬消難等作亂」，「隋文帝於是徵兵討迥」，「韋孝寬破尉遲迥於相州」，「司馬消難舉兵反，高祖以誼爲行軍元帥，率四總管討之」，「王謙作亂，高祖以（張）威爲行軍總管，從元帥梁睿擊之。「征」、「破」、「討」、「擊」等字樣，很明顯就是站在楊堅的立場而言，將對方視爲「賊」。直到朱熹等修《資治通鑑綱目》，才將此事作爲違背君臣之義的例子而給予了有力的批判。如康熙御批《周相州總管蜀公尉遲迥舉兵相州討丞相堅》條，「書法云，『書舉兵討，罪堅也，故迥書官書爵重予之而堅兵止書擊』。發明云，『楊堅爲相，未有可誅之罪，尉遲迥遽爾舉兵，而《綱目》亦亟書而予之，何哉？堅在周朝，位望隆重，相表奇異，人固以大事目之，今既自爲大丞相、假黃鉞，居東宮，又召諸王還長安，則其篡周必矣。迥能舉兵討之，縱兵敗而死，要之爲國討賊，是固不容不予之也。自《北史》《隋史》紀傳能書迥舉兵而不能書迥討堅，皆反以堅遣韋孝寬討迥爲文，至《通鑑》始變文書，迥謀舉兵討堅，然亦不免書堅遣將討迥，故分注，因而述之，較之陳壽志三國以毋丘儉、諸葛誕等爲反者，固已徑庭，然迥堅互謂之討，則其孰是孰非特末定也。今《綱目》之修，盡正前史之失，故上書蜀公迥舉兵討堅，特書其爵而下書堅遣韋孝寬擊迥，不書其官曰討，曰擊，名義始定，而後是非予奪皆判然明白於書法之間矣。噫！一字褒貶非深得春秋之旨者，孰能修之？君子安得不三歎三詠於綱目』」〔註51〕。御批《周司馬消難以鄖州降陳》條，「書法：『不書叛何拒堅，不敵非叛周也，恕司馬所以惡楊氏也』，發明：『消難何以不書叛討堅不克而外投他國，故不得爲叛也』」〔註52〕。御批《周尉遲迥兵敗自殺》條「書法：『書周何迥之舉兵，以爲周也，敗之者，孝寬也，其以自敗爲文何不以逆？加順之辭也，綱目之惡堅甚矣』」〔註53〕，將楊堅作爲篡周的不忠之臣進行了批判。

〔註51〕 朱熹：《資治通鑑綱目》卷三五《北周靜帝大象二年五月》，見《御批資治通鑑綱目》，影印文淵閣四庫全書，第690冊，第749頁。

〔註52〕 朱熹：《資治通鑑綱目》卷三五《北周靜帝大象二年八月》，見《御批資治通鑑綱目》，影印文淵閣四庫全書，第690冊，第751頁。

〔註53〕 朱熹：《資治通鑑綱目》卷三五《北周靜帝大象二年八月》，見《御批資治通鑑綱目》，影印文淵閣四庫全書，第690冊，第752頁。

# 第二節　君主與周邊民族的君臣關係

　　君主與周邊民族的關係不同於君主與國內的君臣關係，國內的臣，爲直接統治的人，而外邦的臣，卻是一個表示服從的團體。隋朝建立之時，周邊的少數民族，北方主要有突厥、鐵勒、奚、契丹等；南方有林邑、赤土、眞臘、婆利等；西方有吐谷渾、党項、康國、高昌、龜茲、疏勒、于闐、波斯等；東方有高麗、百濟、新羅、靺鞨、流求等，他們在與漢族的長期交往中，有的一直保持臣服，有的則很快發展起來，並不斷入侵，給中原朝帶來嚴重的邊患危險。隋朝在處理民族關係的實際情況中，逐漸形成了新的統治思想。

## 5.2.1 君主對周邊民族的統治思想與政策

### 5.2.1.1 君臣一體、混一戎夏

　　隋朝建立後，在總結歷代民族關係經驗教訓的過程中，形成了新的君臣一體思想，其前提是「普天之下，皆是朕臣妾」，要求少數民族「稟訓承風，方當從夏，永爲臣妾，以至太康，」〔註54〕要向隋稱臣、朝貢，形成對中原王朝的依附，從而達到邊境安寧、天下太平。

　　隋文帝君臣一體的思想首先體現在稱呼上。少數民族對隋的稱呼主要有「聖人」、「父」、「天子」、「聖人可汗」等，而隋對少數民族則呼爲「赤子」、「兒」、「人臣」、「良臣」、「純臣」、「臣妾」、「奴」等，體現了雙方依附與被依附、奴役與被奴役的關係。以靺鞨爲例。隋文帝曾對前來朝貢的靺鞨使者曰：「朕聞彼土人庶多能勇捷，今來相見，實副朕懷。朕視爾等如子，爾等宜敬朕如父。」使者連忙回答曰：「臣等僻處一方，道路悠遠，聞內國有聖人，故來朝拜。既蒙勞賜，親奉聖顏，下情不勝歡喜，願得長爲奴僕也，」態度十分卑微。靺鞨西北與契丹相接，經常劫掠契丹。隋文帝便告誡靺鞨曰：「我憐念契丹與爾無異，宜各守土境，豈不安樂？何爲輒相攻擊，甚乖我意！」使者趕緊向文帝謝罪。文帝便厚厚地賞賜了他們，並爲他們設宴。使者受寵若驚，紛紛起舞，「其曲折多戰鬥之容。」文帝非常高興，謂侍臣曰：「天地間乃有此物，常作用兵意，何其甚也！」〔註55〕可見隋朝與靺鞨君臣父子關係非常融洽，靺鞨也唯隋命是從。

---

〔註54〕韓理洲：《全隋文補遺》卷一《楊堅·頒下突厥稱臣詔》，第2頁。
〔註55〕《隋書》卷八一《靺鞨傳》，第1822頁。

隋朝主張「無隔華夷」、「混一戎夏」。文帝開皇三年（583）討突厥詔中指出，「清邊制勝」的目的不是貪功擴張，而在於「臥鼓息烽，暫勞終逸」，如果能夠「息道路之民，務於耕織」，那麼「何用侍子之朝，寧勞渭橋之拜？」〔註56〕煬帝繼位後，裴矩《西域圖記》中明確提出「無隔華夷」、「混一戎夏」的思想，他認為，如此可以做到「率土黔黎，莫不慕化。風行所及，日入以來，職貢皆通，無遠不至」，「皇華遣使，弗動兵車，諸蕃即從，渾、厥可滅。」〔註57〕此思想為煬帝所採納。

### 5.2.1.2 安撫懷柔、恩威並重

隋朝對內附和歸降的少數民族採用安撫懷柔的政策，主要手段有如和親、敕封、撫慰、羈縻等。開皇八年（588），名王拓拔木彌請以千餘家歸化，文帝下詔慰勉安撫，聽任歸附〔註58〕。仁壽初，山獠大亂，文帝任衛玄為資州刺史以鎮撫之。衛玄一個人到達敵營，說以利害，最後山獠渠帥感悅，解兵而去，前後歸附者十餘萬口。〔註59〕大業年間，南海少數民族反叛，煬帝派劉權為南海太守，劉權先不與戰，乘單舸拜訪，「說以利害。群賊感悅，一時降附，帝聞而嘉之。」〔註60〕但當懷柔政策行不通時，隋朝就會起而攻之。如煬帝在位時，吐谷渾「職貢不修」，又阻止西域與隋往來，隋便起兵大破吐谷渾，獲其王公、尚書、將軍二百人，故其地皆為隋有。

### 5.2.1.3 以時喻遣、令出塞外

隋朝為了保護與安置啟民可汗，讓其入住中原。隋文帝妻以公主，賞賜重疊，及大業初，恩澤彌厚。段文振以狼子野心，恐為國患，向煬帝上表，闡述「以時喻遣，令出塞外」的思想觀點。段文振曰：

臣聞古者遠不間近，夷不亂華，周宣外攘戎狄，秦帝築城萬里，蓋遠圖良算，弗可忘也。竊見國家容受啟民，資其兵食，假以地利。如臣愚計，竊又未安。何則？夷狄之性，無親而貪，弱則歸投，強則反噬，蓋其本心也。臣學非博覽，不能遠見，且聞晉朝劉曜，梁代侯景，近事之驗，眾所共知。以臣量之，必為國患。如臣之計，以時喻遣，令出塞外。然後明設烽候，緣

〔註56〕《隋書》卷八四《突厥傳》，第1867頁。
〔註57〕《隋書》卷六七《裴矩傳》，第1579～1580頁。
〔註58〕《隋書》卷八三《吐谷渾傳》，第1843～1844頁。
〔註59〕《隋書》卷六三《衛玄傳》，第1501頁。
〔註60〕《隋書》卷六三《劉權傳》，第1504頁。

邊鎮防，務令嚴重，此乃萬歲之長策也〔註61〕。

煬帝也深知啓民及其部落久居中原的危害，於是在大業初，命令柳謇之強令突厥出塞，爲了防止突厥的進攻，煬帝大業中又挑選善戰武將鎮守邊防。

### 5.2.1.4 以夷制夷、華官遙管

隋朝統一之初，鑒於少數民族地區的特殊情況，實行「以夷制夷」的政策，讓他們自己管理本民族內部事物，取得了一定成效。

開皇元年（581）八月，隋軍大敗吐谷渾，「其名王十三人，各率部投降。」文帝認爲其高寧王甚得其眾，便拜他爲大將軍，封河南王，「以統降眾」。大業年間，吐谷渾王伏允敗逃党項後，隋煬帝立其子順爲主，令回國「統其眾」。東突厥降隋多年，也一直由啓民可汗統領，啓民死後，其子始畢可汗繼任。

突厥突利可汗歸附後，文帝依然允許他們以牧業爲主，並未強迫他們改變風俗。雖然啓民可汗在煬帝時一再請求「乞依大國服飾法用，一同華夏。」然煬帝依然尊重當地風俗，沒有同意，對於邊緣民族，煬帝只是「緣西南邊置諸道總管，以遙管之，」並不加以干預。

### 5.2.1.5 闢土服遠、略定南寧

此思想爲梁睿平定南寧的政策，爲隋文帝所採納。梁睿在平定西川時，夷、獠歸附，唯南寧酋帥爨震恃遠不賓。梁睿在分析了南寧的具體情況後，遂上文帝書，曰：「匡贊聖朝，寧濟區宇，絕後光前，方垂萬代，闢土服遠，今正其時」，爲了將「闢土服遠」的思想變成現實，梁睿主動請纓，希望帶著平蜀士眾，「略定南寧」。這樣既「不煩重興師旅」，也不需要隋朝提供軍糧。然因當時隋朝剛剛建立，文帝擔心用兵南寧會民心不安，故而當時沒有採取梁睿的主張，但在機會成熟後，文帝便「遣史萬歲討平之，並因睿之策也。」〔註62〕史萬歲率大軍擊破南寧三十餘部，虜獲男女二萬餘口。「諸夷大懼，遣使請降，獻明珠徑寸」〔註63〕，南寧遂平。

### 5.2.1.6 以理綏靖、不兵而定

此思想爲韋沖平定西南夷狄的政策，爲隋文帝所採納。文帝統治時期，一次徵發一千多南汾州的胡人到北方修築長城，但這些人在路上都逃走了，

---

〔註61〕《隋書》卷六十《段文振傳》，第1459頁。
〔註62〕《隋書》卷三七《梁睿傳》，第1126～1127頁。
〔註63〕《隋書》卷五三《史萬歲傳》，第1355頁。

文帝找韋沖詢問辦法，韋沖曰：「夷狄之性，易爲反覆，皆由牧宰不稱之所致也。臣請以理綏靖，可不勞兵而定。」文帝於是命韋沖綏靖叛者。一個月後所有逃跑的人都回來了，一起去修長城。韋沖任石州刺史時，甚得當地胡人的歡心。韋沖在南寧時，懷撫靺鞨、契丹，皆能致其死力。

### 5.2.1.7 平一九州、責以稱藩

此思想爲薛道衡的大一統思想，爲隋文帝所採納。開皇四年（584），薛道衡出使陳朝時，就向隋文帝提出了大一統的思想：「江東蕞爾一隅，僭擅逾久，實由永嘉已後，華夏分崩⋯⋯陛下聖德天挺，光膺寶祚，比隆三代，平一九州，豈容使區區之陳，久在天網之外？臣今奉使，請責以稱藩，」〔註64〕只是文帝認爲當時時機不成熟，故暫時作罷。

### 5.2.1.8 遠交近攻、離強合弱

此思想爲長孫晟分化突厥的政策，爲隋文帝所採納。宣帝時，突厥攝圖請婚於北周，宣帝派長孫晟等護送千金公主至突厥，長孫晟因得到攝圖的喜愛，在突厥停留達一年之久。長孫晟因深習突厥內部矛盾，故制定了分化突厥的「遠交而近攻」，「離強而合弱」的政策。開皇初，隋文帝先派太僕元暉出伊吾道，拜見玷厥（達頭可汗），賜以狼頭纛，突厥以狼爲標記，文帝此舉表示願意承認玷厥的領導地位。玷厥派使來，隋朝又厚待使臣，離間與玷厥的關係。同時，文帝授晟車騎將軍，賄賂奚、霫、契丹等少數民族，讓他們做嚮導，聯絡處羅侯誘他歸心，這是隋朝分化政策的開始。其後隋又數次利用突厥可汗與沙鉢略之間的矛盾，進行分化突厥。開皇五年（585），沙鉢略上表稱臣。開皇六年（586），突厥正式接受隋朝宗主國的地位。這種關係一直持續到開皇十三年（593），當時有流人楊欽逃亡到突厥，揚言隋彭國公劉昶將與宇文氏合力恢復北周，希望大義公主支持，都藍可汗遂停止了對隋的朝貢。長孫晟心知問題的關鍵在大義公主，遂前往突厥，將其與所從胡私通之事揭發，又派牛弘送美妓四人給都藍，都藍殺大義公主，兩國關係暫時得到緩和。

爲了防止都藍可汗勢力過大，長孫晟再次主張分化突厥，支持實力較弱的染干可汗，並將宗室女安義公主嫁予染干可汗，以牽制都藍可汗，開皇十九年（599），都藍攻擊染干，染干被逐出突厥，入隋朝請降。隋朝大舉發兵

---

〔註64〕《隋書》卷五七《薛道衡傳》，第 1406 頁。

攻打都藍，都藍爲部下所殺，隋朝拜染干爲意利珍豆啓民可汗，啓民在隋朝的武力支持下，逐漸建立起親隋的突厥政權。

### 5.2.1.9 以計弱之、分裂其國

此思想爲裴矩分化突厥的政策，爲隋煬帝所採納。主要政策是利用了西突厥內部的不和，成功地取得西突厥的依附。大業六年（610），煬帝西巡時，曾派侍御史韋節告訴西突厥處羅可汗到大斗拔谷朝見煬帝。但是處羅可汗以「國人不從」而藉故推辭。煬帝十分憤怒。恰好西突厥酋長射匱向隋求婚，裴矩便乘機提出分化突厥政策。裴矩奏曰：

處羅不朝，恃強大耳。臣請以計弱之，分裂其國，即易制也。射匱者，都六之子，達頭之孫，世爲可汗，君臨西面。今聞其失職，附隸於處羅，故遣使來，以結援耳。願厚禮其使，拜爲大可汗，則突厥勢分，兩從我矣〔註65〕。

煬帝從之，結果射匱率兵襲擊處羅，處羅大敗，棄妻子，將左右數千騎東走。在路又被劫掠，只好「遁於高昌東，保時羅漫山。」裴矩帶著處羅可汗之親信向他說服，一再強調「朝廷弘養之義」，處羅可汗終於於大業六年（610）十二月到長安拜見煬帝，並在次年元會時明確表示「自天以下，地以上，日月所照，唯有聖人可汗。」〔註66〕

### 5.2.1.10 以經貿促進文化交流

隋文帝執政時期，強調對少數民族應「節之以禮，不爲虛費」，主張雙方互利互惠，禁止官吏對當地民族的橫征暴斂。開皇十四年（594），突厥首領遣使朝貢，文帝准許突厥「緣邊置市，與中國貿易」的請求，自此以後，中原的糧食、布帛、突厥的馬匹、牛羊等，雙方互通有無，隋朝的繒絹甚至通過突厥，遠銷東羅馬帝國。只是煬帝即位後，對胡商「誇以富樂，啖以厚利」。在大業六年（610），諸蕃請求進入洛陽豐都市場交易時，煬帝命令豐都整飾店肆，奇貨滿架，盛設帷帳，甚至連樹上都裹滿絲綢，胡商所到之處吃飯分文不取，暴露了煬帝好大喜功的性格，也違背了文帝時「不爲虛費」的邊境貿易政策。

---

〔註65〕《隋書》卷八四《西突厥傳》，第1878頁。
〔註66〕《隋書》卷八四《西突厥傳》，第1878～1879頁。

## 5.2.2 君主與周邊民族之間的關係

### 5.2.2.1 倫理思想中的父子關係

與少數民族關係的父子化，主要是隋王朝利用情感因素對周邊少數民族地區實行統治，其前提是「普天之下，皆是朕臣妾」。和親即是結成倫理關係的主要手段之一，隋朝和親既有隋室公主遠嫁少數民族地區，也有少數民族嫁入隋朝。具體來說，隋朝統治者通過和親的手段而確立與少數民族的君臣關係，主要體現在以下幾次：

1. 西域高昌：

高昌是西域的重要民族政權，隋朝建立後，高昌王有意聯繫隋朝，以提高自己的地位。仁壽末，高昌王曲伯雅來朝，進獻方物，隋朝予以隆重接待，並妻以公主〔註67〕。大業五年（609），伯雅來朝，因從擊高麗，尚宗女華容公主〔註68〕。

2. 西域吐谷渾：

開皇年間，伏允即位，上書隋朝要求按照當地風俗娶公主為妻，朝廷以宗女光化公主妻之，以謇之兼散騎常侍，送公主於西域，雙方關係較為穩定。

3. 北狄突厥：

北周與沙鉢略有較長期的和親關係，隋代周後，賜沙鉢略妻周千金公主，賜姓楊氏，編之屬籍，改封大義公主〔註69〕。開皇十七年（597），突厥染干遣五百騎隨晟來逆女，以宗女封安義公主以妻之〔註70〕。後拜染干為啓民可汗，安義公主死，持節送義城公主，復以妻之〔註71〕。《隋書·蘇威傳》載：開皇年間，突厥都藍可汗屢為邊患，隋文帝復使蘇威至可汗所，與結和親。可汗即遣使獻方物〔註72〕。可見，隋朝也曾與都藍可汗和親。大業時，為分化突厥，煬帝採納裴矩建議，以和親為誘使射匱大敗處羅可汗。後處羅臣服，大業十年（614）春正月甲寅，以宗女為信義公主，嫁突厥處羅，賜錦綵袍千具，綵萬匹〔註73〕。

〔註67〕 《隋書》卷四一《蘇威附子蘷傳》，第1191頁。
〔註68〕 《隋書》卷八三《高昌傳》，第1847頁。
〔註69〕 《隋書》卷八四《突厥傳》，第1870頁。
〔註70〕 《隋書》卷五一《長孫晟傳》，第1333頁。
〔註71〕 《隋書》卷五一《長孫晟傳》，第1334頁。
〔註72〕 《隋書》卷四一《蘇威附子蘷傳》，第1187頁。
〔註73〕 《隋書》卷八四《西突厥傳》，第1879頁。

隋朝還有列公主女婿為皇上兒子的慣例，千金公主遠嫁突厥後，寫信給文帝，「請為一子之例」，隋文帝派徐平和出使，突厥沙鉢略遣使致書曰：「皇帝是婦父，即是翁，此是女夫，即是兒例。兩境雖殊，情義是一。今重疊親舊，子子孫孫，乃至萬世不斷，上天為證，終不違負。此國所有羊馬，都是皇帝畜生，彼有繒綵，都是此物，彼此有何異也！」高祖報書曰：「得書，知大有好心向此也。既是沙鉢略婦翁，今日看沙鉢略共兒子不異。」〔註74〕體現了隋與少數民族之間的父子關係。

和親所產生的作用是不容忽視的。對於隋王朝而言，和親一方面穩定了自己的周邊局勢，另一方面則將少數民族置於自己的統治之下，納入自己的統治範圍，擴大了統治區域；而對少數民族而言，與漢王朝的和親，則可以擴大自己的勢力，在紛爭的各部落之間鞏固自己的統治地位。因而和親作為一種政治聯姻的手段，符合雙方各自的利益，也有利於民族矛盾的緩和，邊疆局勢的安定。

### 5.2.2.2 政治思想中的君臣關係

隋朝建立後，便積極重建以其為中心的天下秩序，要求外邦向隋稱臣、守禮。隋文帝稱帝後，百濟、高麗等隨即向隋朝貢。隋文帝冊封百濟王昌為「上開府、儀同三司、帶方郡公」，高麗王湯為「大將軍、遼東郡公」。開皇三年（583），隋朝大敗突厥。開皇四年（584），突厥沙鉢略可汗「數為隋所敗，乃請和親」，沙鉢略可汗表示「天無二日，土無二王」，願意「屈膝稽顙，永為藩附」。自此，「歲時貢獻不絕」。開皇七年（587），沙鉢略遣其子入貢方物，其後雍虞閭立為突厥頡伽施多那都藍可汗，「遣使詣闕，賜物三千段。每歲遣使朝貢」；八年（588）「遣使貢馬萬匹，羊二萬口，駝牛各五百頭。」開皇十一年（591）二月，「突厥遣使獻七寶碗」，四月，「突厥雍虞閭可汗遣其特勤來朝」。後封東突厥突利可汗為啟民可汗，先後迎娶安義公主和義成公主，成為隋朝的傀儡。西突厥在呂誇死後，其子也開始向隋朝貢。開皇十四年（594），新羅遣使貢方物。開皇十六年（596），党項朝貢不絕。開皇十七年（597）後，吐谷渾朝貢歲至。高麗歲遣使朝貢不絕。開皇十八年（598），百濟使其長史王辯那來獻方物。

煬帝嗣位，天下全盛，朝貢國家有所增多。高昌王、突厥啟民可汗親

---

〔註74〕《隋書》卷八四《突厥傳》，第 1868 頁。

詣闕貢獻。南荒林邑、赤土、眞臘、婆利等朝貢者十餘國。大業年間，赤土遣那邪迦隨駿貢方物，並獻金芙蓉冠、龍腦香。以鑄金爲多羅葉，隱起成文以爲表，金函封之，令婆羅門以香花奏蠡鼓而送之。大業三年（607），百濟遣使者燕文進朝貢。其年，又遣使者王孝鄰入獻。同年，啓民可汗「前後獻馬三千匹，帝大悅，賜物萬二千段。」倭國王多利思北孤遣使朝貢。大業四年（608）年，倭國復令使者來貢方物。同年，高昌遣使貢獻。大業五年（609），安國遣使貢獻。大業十一年（615），隋煬帝大宴百僚。突厥、新羅、靺鞨、畢大辭、訶咄、傳越、烏那曷、波臘、吐火羅、俱慮建、忽論、靺鞨、訶多、沛汗、龜茲、疏勒、于闐、安國、曹國、何國、穆國、畢、衣密、失範延、伽折、契丹等國並遣使朝貢。大業十二年（616），眞臘、婆利遣使貢獻。新羅大業以來，歲遣朝貢。隋煬帝也常派人出使周邊瞭解風情，如派大臣裴炬到河西走廊甘肅張掖瞭解西域情況；派崔君肅出使西突厥；派大將薛世雄和裴炬率部進駐西域東部的伊吾並築城，設置伊吾鎮。隋煬帝還專門設置西域校尉來管理西域各國來內地朝貢的事務，這些都加強了邊疆與內地的聯繫。

少數民族首領在隋天子面前要稱臣。煬帝的巡幸經過突厥境內，啓民可汗親自拔除牙帳中雜草，並自稱「奴」：「奴罪過。奴之骨肉，皆天子賜也，得効筋力，豈敢有辭？特以邊人不知法耳，賴將軍恩澤而教導之。將軍之惠，奴之幸也。」〔註75〕在上表中曰「臣」：「先帝可汗憐臣，賜臣安義公主，種種無乏。臣兄弟嫉妬，共欲殺臣。臣當是時，走無所適，仰視唯天，俯視唯地，奉身委命，依歸先帝。先帝憐臣且死，養而生之，以臣爲大可汗，還撫突厥之民。至尊今御天下，還如先帝養生臣及突厥之民，種種無乏。臣荷戴聖恩，言不能盡。臣今非昔日突厥可汗，乃是至尊臣民，願率部落變改衣服，一如華夏，」〔註76〕言辭十分恭維。隋朝對歸順的政權也極盡優待。平陳之年，有一戰船漂至百濟聃牟羅國，百濟厚加接濟，遣使送回並並奉表賀平陳。對此，文帝專門下詔並進行表彰，免去了百濟藩臣的義務，不用每年朝貢。

少數民族作爲與中原對立政權的存在，當自身力量強大或中原政治混亂時，便會肆機叛亂，獲得獨立。如劉行本認爲党項羌緊臨邊界，歸附卻在最

〔註75〕《隋書》卷五一《長孫晟傳》，第1336頁。
〔註76〕《資治通鑒》卷一八一，煬帝大業三年四月條，第5632頁。

後，於是上表彈劾党項羌的使者曰：「比見西羌鼠竊狗盜，不父不子，無君無臣，異類殊方，於斯爲下，不悟羈縻之惠，詎知含養之恩，狼戾爲心，獨乖正朔。使人近至，請付推科。」〔註77〕而如果外邦不能守禮稱臣，隋則將大舉興師問罪。如開皇二十年（600）夏四月壬戌，突厥犯塞，隋以晉王廣爲行軍元帥，擊破之〔註78〕。再如高麗在臣屬於隋的同時，也向南朝的陳國稱臣納貢。文帝開皇十年（590）給高麗王湯的信中曰：「朕受天命，愛育率土，委王海隅，宣揚朝化……王既人臣，須同朕德……諸藩頓顙，爲我臣妾……朕於蒼生，悉如赤子，賜王土宇，授王官爵……普天之下，皆爲朕臣……有善必賞，有惡必罰，四海之內，具聞朕旨。」帶有一定威脅性的語氣表達了如果高麗執迷不悟，隋朝必將大動干戈。開皇十七年（597）隋文帝賜湯璽書中歷數高麗壓迫靺鞨、契丹，賄誘太府工人，招引弩手，屢派騎兵，殺害別人等事實，並曰「王每遣使人，歲常朝貢，雖稱藩附，誠節未盡。」第二年（598），湯病卒，子元嗣立。文帝遣使拜元爲上開府、儀同三司，襲爵遼東郡公，賜衣一襲。後元率靺鞨之眾萬餘騎寇遼西，隋文帝大怒，「命漢王諒爲元帥，總水陸討之，下詔黜其爵位」，「元亦惶懼，遣使謝罪，上表稱『遼東糞土臣元』云云。上於是罷兵，待之如初，元亦歲遣朝貢。」隋朝保全了顏面，又恢復了高麗原來的待遇〔註79〕。

隋煬帝時代，隋與高麗的關係再度緊張，起因是大業三年（607）煬帝幸啓民可汗帳時，在那裡發現了高麗使者，向使者宣旨道：「爾還日，語高麗王知，宜早來朝……如或不朝，必將啓民巡行彼土」〔註80〕。爲阻止高麗與突厥的聯絡，裴矩向煬帝獻策，曰：「請面詔其使，放還本國，遣語其王，令速朝觀。不然者，當率突厥，即日誅之」，爲煬帝所採納。結果高元不用命，煬帝始建征遼之策〔註81〕。大業八年（612）正月，煬帝帶領113萬大軍浩浩蕩蕩出征高麗。大業九年（613），再征高麗，與此同時，國內各地發生了農民起義，在這種形勢下，大業十年（614）二月，煬帝第三次遠征高麗，期間，叛亂不斷擴大，士兵相繼逃亡，但由於來護兒率軍逼近平壤，高麗王請求議和，煬帝也藉此機會撤軍，同時敦促高麗入朝，無奈此時國內已經大亂，高

〔註77〕《隋書》卷六二《劉行本傳》，第1477頁。
〔註78〕《隋書》卷二《高祖紀下》，第45頁。
〔註79〕《隋書》卷八一《高麗傳》，第1815～1816頁。
〔註80〕《隋書》卷八四《突厥傳》，第1875頁。
〔註81〕《隋書》卷六七《裴矩傳》，第1581頁。

麗也一直未曾入朝。高麗先對隋稱臣後又起兵攻之，唐高祖李淵批評到：「名實之間，理須相副。高麗稱臣於隋，終拒煬帝，此亦何臣之有！」〔註82〕這表明君主與周邊少數民族屬於君臣關係。

　　隋朝對周邊實行以「和」為主的政策是有原因的，首先，隋朝立國之初，一方面國力不夠強大，另一方面複雜的國情不允許對周邊民族實行強硬態度。故而當吐谷渾進犯涼州時，文帝詔令元諧「宜曉示以德，臨之以教」，主張用仁義道德的手段，反對用暴力佔領他們的土地。第二，在經歷了南北朝紛爭的局面後，戰爭的手段無疑是最不合適的統治手段。更何況魏晉南北朝以來，中原王朝與少數民族之間就一直存在著朝貢、冊封等可借鑒的模式。第三，隋朝的實力發展無疑是周邊政權中最強大的，擁有了實力就擁有了在外交事務中縱橫捭闔的能力，所以隋朝文治的政治意義絲毫不亞於武功，而像韋沖、長孫晟等善於處理少數民族關係的能臣，又可有效地避免戰爭，保持了長期的和平。只是到了煬帝統治時期，因國力的逐漸強大，也由於煬帝的急於一統天下，不計代價地對發動了對高麗的三次戰爭，打破了這種以和為主的局面。

## 5.2.3 小結

　　隋朝在建立與發展的過程中，在不斷總結歷代民族關係經驗教訓的過程中，逐漸形成了自己新的少數民族統治思想，體現了因俗、因地、因時而治的特點。如突厥勢力強大，又經常騷擾邊境，隋朝先採取防禦性的修長城、屯兵邊境等措施，在找到合適的時機後，便利用長孫晟「遠交近攻、離強合弱」的政策予以擊敗，迫使突厥稱臣。契丹、奚和霫等三個民族地理顯要，又受到突厥的控制，隋朝採取了以安撫、招慰為主的策略，爭取到他們的向心。靺鞨和契丹很早就向隋朝朝貢，但靺鞨因與契丹相接，經常侵擾契丹，文帝進行批評指導，採取了懷柔羈縻政策，並取得成功，有效治理了東北邊疆。高麗雖對隋稱臣，也派使朝貢，但與陳朝勾結，肆機起兵。隋朝先滅陳，後收降其他少數民族，孤立高麗，並下詔譴責高麗，高麗被迫臣服。文帝時期對高麗主要以和為主，但煬帝統治時，在主戰派的支持下，武力征伐高麗，結果三次戰爭均以隋朝戰敗而告終，不久勞民傷財，而且激化了國內矛盾，引起了隋末農民起義的爆發。隋與周邊少數民族雖有戰有和，但總的來說，以「和」為主，從而保持了較長時期的邊境安寧。

〔註82〕《舊唐書》卷六一《溫彥博傳》，第 2360 頁。

# 第三節　君主與皇室的君臣關係

所謂「自家形國，化成人風」，「家道正則化行天下」，君主與皇室除了傳統的君臣關係外，還有夫婦、父子以及各種親屬關係。論親屬關係他們是家人，但論政治關係他們又是君臣。君主常常爲了加強本宗室的力量而大力封植子嗣，這又往往導致宗室勢力過大而威脅到皇權。故皇室成員既是家族統治的重要補充力量，又是構成威脅君權的主要力量。因此處理好君主與宗室的關係，無疑是維護君主統治的關鍵之所在。

## 5.3.1 君主與皇子的關係

君主相對於皇子，既有君的威嚴，又有父的親情。就親屬關係而言感情因素較濃，就君臣關係而言，他又必須用法律的手段來對待家人，所以在處理的時候很爲難，一旦感情與理智發生衝突，他常常會陷入兩難的境地。分析楊堅與皇子的關係，對研究隋朝的興亡成敗無疑具有重要的意義。

### 5.3.1.1 委以重任與盛選良佐

楊堅能順利代周立隋，與北周宇文贇殘殺公族以致大權旁落，造成「諸侯微弱，以致滅亡」的局面有關，故而楊堅即位後，吸取北周的教訓，「分王諸子，權侔王室，以爲磐石之固。」〔註 83〕他任太子楊勇爲洛州總管，晉王楊廣爲并州總管，孝王楊俊爲秦州總管，蜀王楊秀爲益州總管，漢王楊諒爲并州總管。

隋朝總管是由北周領兵的都督諸州軍事改名而來，管轄其區內諸州的兵事及管轄內的防戍，控有軍權，北周末尉遲迥、司馬消難、王謙就是以地方總管府而起兵，煬帝即位前後漢王楊諒舉兵也是以地方總管府控有軍權，可見楊堅對諸子均委以了大權。爲了鍛鍊諸子從政的能力，在平陳戰爭中，文帝也將重任交給諸子，如他派楊俊出兵襄陽，切斷陳軍後路，要求各路大軍「皆受晉王節度」。伐陳之後，又授楊俊爲揚州總管四十四州諸軍事，鎮廣陵，歲餘，轉并州總管二十四州諸軍事。

由於諸王在年紀很小的時候就被分到封地，爲了加強對諸王的道德培養，楊堅「盛選貞良有重望者爲之僚佐」〔註 84〕，並爲之舉行拜官儀式。如

---

〔註 83〕《隋書》卷六二《元巖傳》，第 1476 頁。
〔註 84〕《隋書》卷六二《元巖傳》，第 1476 頁。

煬帝曾回憶自己當時拜官的情景：「我昔階緣恩寵，啓封晉陽，出藩之初，時年十二。先帝立我於西朝堂，乃令高熲、虞慶則、元旻等，從內送王子相於我。於時誡我曰：『以汝幼沖，未更世事，今令子相作輔於汝，事無大小，皆可委之。無得昵近小人，疏遠子相。若從我言者，有益於社稷，成立汝名行。如不用此言，唯國及身，敗無日矣。」直到爲帝後還一再感慨「微子相之力，吾無今日矣。」後來煬帝爲齊王暕拜柳謇之爲僚佐時，依然舉行了一定的儀式，並分別對齊王和謇之進行宣敕，一再要求齊王「與謇之從事，一如子相也。」〔註85〕

太子是皇位的繼承人，太子作爲未來的皇帝，其品德、才能直接影響到國家的長治久安，這就對太子的德行、能力等提出了很高的要求。隋朝特設太子三師三少教育輔導太子，使太子從小就能受到良好的環境薰陶，以便日後成爲品德高尙之人。爲了提高東宮官員的聲望，提高太子從政的能力，皇上大多派朝廷大臣兼領其職務，如「拜孝慈爲太子右衛率，尙書如故。」〔註86〕此外，還設置有詹事、太子左右衛、宗衛、太子左右庶子、太子洗馬、太子內直監等侍從、護衛人員，傳授知識和「治道」原則。《唐六典》載東宮制度甚詳，「如一小朝廷」，因「唐之官制，亦大率因隋之舊，」〔註87〕隋朝的東宮建置應也是比較齊全，應是文武兼備，功能齊全。

爲培養太子理政的能力，隋文帝還有意識地讓太子參與一些國家大事，如楊勇被立爲皇太子，「軍國政事及尙書奏死罪已下，皆令勇參決之。」〔註88〕再如開皇初，針對修律令的問題，李德林、于翼、蘇威、高熲等意見不一，文帝便「敕令內外群官，就東宮會議。」〔註89〕晉王楊廣被立爲太子時，文帝常去仁壽宮避暑，「恒令上監國，」〔註90〕這是文帝有意訓練太子處理政務的能力。文帝也常派太子出使或作仗，以期培養理想的接班人。如「開皇二年（582）十月癸酉，皇太子勇屯兵咸陽以備胡。」〔註91〕開皇六年（586）

〔註85〕《隋書》卷四七《柳莊附從子謇之傳》，第 1276 頁。
〔註86〕《隋書》卷四六《蘇孝慈傳》，第 1259 頁。
〔註87〕黎靖德：《朱子語類》卷一一二《朱子九‧論官》，北京：中華書局，1986 年，第 2728～2729 頁。
〔註88〕《隋書》卷四五《房陵王勇傳》，第 1229～1230 頁。
〔註89〕《隋書》卷四二《李德林傳》，第 1200 頁。
〔註90〕《隋書》卷三《煬帝紀上》，第 60 頁。
〔註91〕《隋書》卷一《高祖紀上》，第 18 頁。

閏八月「丁卯，皇太子鎮洛陽。」〔註92〕也正因爲如此，開皇末年楊勇的聲望越來越高，引起了楊堅的疑慮，接著便出現了楊勇政治生涯上的一個大轉折。

### 5.3.1.2　溺寵廢嫡與莫終天命

在平陳平江南之前，文帝與諸子相處相對融洽，但在全國實現統一後，由於諸子掌握著一定的軍政大權，文帝漸感不安，再加文帝「猜忌苛察」，以致於「乃至子弟，皆如仇敵」〔註93〕，「畜疑御下，芟夷有功於己者不遺餘力」〔註94〕，他總是不失時機地加以抑制。如文帝本爲太子設置東宮官以培養太子的素質，提高太子的聲望，但當太子勢力擴大後，又引起文帝的猜疑，害怕太子搶班奪權，因而產生了很多限制的措施。冬至時，百官朝勇，勇張樂受賀事，被楊堅指責爲「殊乖禮制」，並加以猜忌，楊勇自此恩寵始衰。文帝又削弱楊勇的護衛力量，不允許其有可觀的武裝力量發展，如文帝令選宗衛侍官，以入上臺宿衛時。高熲奏稱，若盡取強者，恐東宮宿衛太劣。文帝作色曰：「太子毓德東宮，左右何須強武？此極敝法，甚非我意。」〔註95〕開皇六年（586）三月，洛陽男子高德上書，要求「傳位皇太子」〔註96〕。而太子與朝臣的頻頻接觸，再加一些大臣的誇大其辭，如賀若弼曰：「皇太子於己，出口入耳，無所不盡」〔註97〕等，這些都加重了楊堅的猜忌，以至於後來下令自大興宮北門玄武門達至德門量置「候人」，「以伺動靜，皆隨事奏聞」，並下令「東宮宿衛之人，侍官已上，名藉悉令屬諸衛府，有健兒者，咸屏去之」，聲稱「仁壽宮去此不遠，而令我每還京師，嚴備仗衛，如入敵國。」〔註98〕逐漸抽空了東宮的武備系統。廢太子後文帝還曾氣憤地說：「誰非父母生，乃至於此……朕近覽《齊書》，見高歡縱其兒子，不勝忿憤，安可效尤邪！」〔註99〕可見，文帝是吸取了北齊皇室高歡因放縱兒子而導致內部鬥爭的教訓，其意在限制太子的權力。即使是對於剛登上皇太子寶座的楊廣，文帝也是「詔

---

〔註92〕《隋書》卷一《高祖紀上》，第24頁。
〔註93〕《資治通鑑》卷一八０，文帝仁壽四年正月條，第5602頁。
〔註94〕王夫之：《讀通鑑論》卷一九《隋文帝》，第641頁。
〔註95〕《隋書》卷四五《房陵王勇傳》，第1230～1231頁。
〔註96〕《資治通鑑》卷一七九，文帝開皇二十年三月條，第5571頁。
〔註97〕《隋書》卷一《高祖紀上》，第23頁。
〔註98〕《隋書》卷四五《房陵王勇傳》，第1233頁。
〔註99〕《隋書》卷四五《房陵王勇傳》，第1235頁。

東宮官屬不得稱臣於皇太子」。

楊堅對其他諸子也同樣限制，如楊秀曾請兵部侍郎元衡作爲益王府屬官，被文帝所拒絕。後來大將軍劉嚻討伐西爨，楊秀派遣嬖人萬智光爲行軍司馬，楊堅認爲楊秀任非其人，對他大加譴責。因謂群臣曰：「壞我法者，必在子孫乎？譬如猛獸，物不能害，反爲毛間蟲所損食耳。」於是削弱了楊秀的權力。後來「秀漸奢侈，違犯制度，車馬被服，擬於天子，」楊秀最終被幽閉〔註100〕。

所謂「立嫡以長不以賢，立子以貴不以長」，隋朝建立後，以此爲主導思想，確立嫡長子楊勇爲其皇位繼承的繼承者。隋煬帝雖然是靠陰謀而奪取皇位繼承權，但他的繼承人，依然是長子楊昭，楊昭早亡，立長子楊侑爲太子，是爲隋恭帝。

隋文帝後來行廢長立幼之事，一方面是楊廣「矯情飾貌」、「沽名釣譽」的結果，另一方來自獨孤后與一批大臣的陰謀。概括來說，參與策劃廢長立幼者主要有：

1. 晉王楊廣。

2. 獨孤皇后。「竟廢太子，立晉王廣，皆后之謀也。」〔註101〕「獨孤后遂與楊素陰譖太子勇，廢爲庶人。」〔註102〕

3. 楊素。「及爲太子，素之謀也」，「素既知意，因盛言太子不才。皇后遂遣素金，始有廢立之意。」〔註103〕

4. 宣華夫人。「宣華夫人陳氏……晉王廣之在藩也，陰有奪宗之計，規爲內助，每致禮焉。進金蛇、金駝等物，以取媚於陳氏。皇太子廢立之際，頗有力焉。」〔註104〕

5. 盧賁。以晉王上之愛子，謀行廢立。復私謂皇太子曰：「賁將數謁殿下，恐爲上所譴，願察區區之心。」〔註105〕

6. 元冑。「晉王廣每致禮焉。房陵王之廢也，冑豫其謀。」〔註106〕

---

〔註100〕《隋書》卷四五《房陵王勇傳》，第 1242 頁。
〔註101〕《隋書》卷三六《文獻獨孤皇后傳》，第 1109 頁。
〔註102〕《隋書》卷二三《五行志下》，第 665 頁。
〔註103〕《隋書》卷四五《房陵王勇傳》，第 1232 頁。
〔註104〕《隋書》卷三六《宣華夫人陳氏傳》，第 1110 頁。
〔註105〕《隋書》卷三八《盧賁傳》，第 1142 頁。
〔註106〕《隋書》卷四十《元冑傳》，第 1177 頁。

7.張衡。（晉王）「因引張衡定策，遣褒公宇文述深交楊約，令喻旨於越國公素，具言皇后此語。」〔註107〕「奪宗之計，多衡所建也。」「（煬帝）曰：『張衡自謂由其計劃，令我有天下也。』」〔註108〕

8.姬威。晉王又令段達私於東宮幸臣姬威，遺以財貨，令取太子消息，密告楊素……威遂許諾……是時姬威又抗表告太子非法〔註109〕。

9.袁充。進曰：「臣觀天文，皇太子當廢。」上曰：「玄象久見矣，群臣無敢言者。」〔註110〕

10.楊約：時皇太子無寵，而晉王廣規欲奪宗，以素幸於上，而雅信約。於是用張衡計，遣宇文述大以金寶賂遺於約，因通王意，說之……約然之，因以白素……素遂行其策，太子果廢〔註111〕。

11.宇文述：王時陰有奪宗之志，請計於述……述雅知約，請朝京師，與約相見，共圖廢立。」〔註112〕

12.郭衍：王有奪宗之謀，託衍心腹，遣宇文述以情告之。衍大喜……王因召衍，陰共計議〔註113〕。

雖然太子的廢立也得到了一部份大臣的反對，但是在一批陰謀家「舞文巧詆，鍛鍊以成其獄」的情況下，「勇由是遂敗」。諸皇子的悲劇由此開始。

楊堅五男，皆文獻皇后之所生也。楊堅嘗從容謂群臣曰：「前世皇王，溺於嬖幸，廢立之所由生。朕傍無姬侍，五子同母，可謂眞兄弟也。豈若前代多諸內寵，孽子忿諍，爲亡國之道邪！」〔註114〕結果卻事與願違，正是由於楊堅的猜忌，使得家庭內部矛盾升級，直至後來的廢長立幼和兄弟相殘，長子楊勇在文帝崩後被楊廣僞造敕書賜死，二子楊俊於開皇二十年（600）已病薨，三子楊秀被幽閉至死，四子楊諒起兵反叛也被被幽禁而死，「莫有終其天命」。考察楊堅諸子的悲劇，是由以下幾方面造成的。

首先，楊堅好猜忌且執法不公。楊堅爲限制諸子的勢力過大，曾規定鎮守各地的藩王不得結交中央與地方大臣。開皇中，秦王楊俊因與瀛洲刺史侯

〔註107〕《隋書》卷四五《房陵王勇傳》，第1232頁。
〔註108〕《隋書》卷五六《張衡傳》，第1391～1392頁。
〔註109〕《隋書》卷四五《房陵王勇傳》，第1233～1234頁。
〔註110〕《隋書》卷四五《房陵王勇傳》，第1236頁。
〔註111〕《隋書》卷四八《楊素附弟約傳》，第1293頁。
〔註112〕《隋書》卷六一《宇文述傳》，第1464頁。
〔註113〕《隋書》卷六一《郭衍傳》，第1470頁。
〔註114〕《隋書》卷四五《房陵王勇傳》，第1230頁。

莫陳穎來往而獲罪〔註115〕。仁壽間，諫臣柳彧因與蜀王楊秀往來被除名，配戍懷遠鎮。然楊廣在揚州廣納文士、結交權貴，楊堅卻採取了視而不見的態度。如楊廣對宇文述、郭衍的拉攏，就是他奪嫡成功的砝碼之一。再如，楊堅爲防止藩王私設驛站打探中央消息，開皇十五年（595）楊堅下詔「禁河以東無得乘馬」〔註116〕。仁壽二年（602）在《答蜀王敕書》中羅列楊秀的罪狀之一便是「私立關劚，密防行路。盜置邸驛，陰訪京師。睥睨二宮，睒覰災釁，伺察內外，希望艱危。」〔註117〕然楊廣在與楊素兄弟相交後，爲了方便探聽京師消息，在沿途大規模地私設馬坊。《隋書·榮毗傳》載：「時晉王在揚州，每令人密覘京師消息。遣張衡於路次往往置馬坊，以畜牧爲辭，實給私人也。」〔註118〕但在史書中並未見楊堅爲此責罰楊廣的事例。

其次，楊堅教育的失誤。魏徵曾對隋文帝的教子進行過評論：「隋高祖不知禮義，寵樹諸王，使行無禮，尋以罪黜，不可爲法，亦何足道？」〔註119〕可見，楊堅曾驕縱子女，助長了其目無王法。而到楊堅晚年，他又懷疑諸子有僭越野心，矯枉過正，產生了悲劇的結果。

再次，專制主義固有的弊端，過度的集權是加劇隋朝政治矛盾的主要原因。一方面，爲爭奪皇帝寶座，父子相爭、兄弟相殘的發生。仁壽四年（604）七月，「高祖暴崩，秘不發喪。遽收柳述、元巖，繫於大理獄，僞爲高祖敕書，賜庶人死。追封房陵王，不爲立嗣。」〔註120〕另一方面，也助長了皇子養尊處優、驕奢跋扈的本性。「隋文帝擇人以輔其子，可謂用心矣。」然「中人已下之性，束縛之雖急，一縱則不可復收也。」〔註121〕

第四，楊堅權力分配的問題。平陳之後，天下一統，論者都認爲將致太平。房彥謙私下謂李少通曰：「主上性多忌剋，不納諫爭。太子卑弱，諸王擅威，在朝唯行苛酷之政，未施弘大之體。天下雖安，方憂危亂。」〔註122〕楊堅只知道嫡子、庶子之間常發生爭奪，卻不知道諸王勢力過大，也不能避免互相傾軋爭鬥。呂思勉認爲：「太子卑弱，諸王擅威，實乃自啓亂

〔註115〕《隋書》卷五五《侯莫陳穎傳》，第1381頁。
〔註116〕《北史》卷一一《隋本紀上》，第419頁。
〔註117〕韓理洲：《全隋文補遺》卷一《楊堅·答蜀王敕》，第3頁。
〔註118〕《隋書》卷六六《榮毗傳》，第1559頁。
〔註119〕吳兢：《貞觀政要》卷二《納諫第五》，第74頁。
〔註120〕《隋書》卷四五《房陵王勇傳》，第1238頁。
〔註121〕《資治通鑒》卷一七五，宣帝太建十四年正月條，第5455頁。
〔註122〕《隋書》卷六六《房彥謙傳》，第1566頁。

源，」〔註123〕可見，楊堅在權力分配方面的問題也是引起動亂的主要原因，如楊廣利用戰爭征伐和長期鎮守重鎮，培植了大批親信力量，壯大了自己的勢力，而且又把江南地區建成了自己的勢力範圍。有了這樣堅實的基礎，正如其心腹郭衍所說：「若所謀事果，自可爲皇太子，如其不諧，亦須據淮海，復梁、陳之舊。」〔註124〕而後來楊諒造反，也是因其掌有大量精兵所致。

## 5.3.2 君主與后妃的關係

　　后妃是皇宮的重要組成部份，她們或以德行開路，或以色相架橋，或以生育子嗣做賭注，而一旦達到目的，她們就有可能在皇帝與可能左右皇帝的人之間架起一座感情橋，藉以參政、干政之事便屢屢發生，自然，輔佐皇帝、定國安邦者有之，但飛揚跋扈、禍國殃民者也不在少數，因此是研究皇室不可不重視的部份。《隋書‧后妃傳》載文獻獨孤皇后、宣華夫人陳氏、榮華夫人蔡氏和煬帝蕭皇后四人之事蹟。以「陰陽肇分，乾坤定位，君臣之道斯著，夫婦之義存焉」爲序〔註125〕，肯定后妃在恪守本分，增進家庭和諧的作用，批評后妃干預朝政，「傾覆宗社」的弊端。

　　獨孤皇后名伽羅，祖籍雲中（今大同），寄籍洛陽，北周大司馬獨孤信第七女。生於大統十年（543），卒於仁壽二年（602），享年59歲〔註126〕。《隋書》肯定了獨孤后的謙卑自守，對楊堅輔政執政大有裨益。主要體現在以下方面：

　　其一，宣帝在獨孤氏女兒楊皇后之外又並相繼立有四位皇后，還欲逼楊后「自決」，獨孤氏「詣閣陳謝，叩頭流血」，反覆陳情，楊后才得免於賜死

---

〔註123〕呂思勉：《隋唐五代史》，第 25 頁。
〔註124〕《隋書》卷六一《郭衍傳》，第 1470 頁。
〔註125〕《隋書》卷三六《后妃傳》序，第 1105 頁。
〔註126〕關於獨孤皇后的存年，史料記載不一，《隋書》卷三六《文獻獨孤皇后傳》第 1109 頁，記年 50；《北史》卷 14《隋文獻皇后獨孤氏傳》第 533 頁，記年 59。據陶廣峰《隋文獻獨孤皇后存年考辨》（《史學月刊》1987 年第 5 期，第 23～24 頁）、韓昇《隋史考證九則》（《廈門大學學報》1999 年第 1 期，第 96 頁）、王光照《隋文獻獨孤皇后與開皇世政治》（《中國史研究》1988 年第 4 期，第 74～75 頁）等文考證，均認爲皇后應存年 59，然王文逆推孤獨皇后生於大統九年（542），陶文和韓文均認爲是大統十年（543），本文參考謝寶富《北朝婚齡考》（《中國史研究》1998 年第 1 期，第 71～73 頁）以當時年齡多用虛歲的習慣，採納了獨孤皇后生於大統十年（543），卒於仁壽二年（602），享年 59 歲的考證。

之難，楊氏家族也得免於株連，這才有了楊堅禪周的可能性。

第二，獨孤后生性賢明，對朝廷的政事，有很大的助益，「上每臨朝，后輒與上方輦而進，至閣乃止。使宦官伺上，政有所失，隨則匡諫，多所弘益。」「后每與上言及政事，往往意合，宮中稱為二聖。」〔註127〕楊堅曾經一度為了是否廢除北周宇文氏取而代之猶豫不決，獨孤皇后便用「大事已然，騎獸之勢，必不得下。勉之」〔註128〕的話來激勵他。在執法方面，她輔助楊堅公私嚴明。一次，獨孤后的表兄大都督崔長仁因為觸犯刑律將要處斬。楊堅顧及皇后的感受，便想減免崔長仁的罪行。獨孤皇后聽說這件事後，義正言辭地告訴楊堅「國家之事，焉可顧私」，長仁竟坐死。但是當后的異母弟獨孤陀，以貓鬼巫蠱咒詛於她時，本應處死，但獨孤皇后三日不食，為之請命曰：「陀若蠹政害民者，妾不敢言。今坐為妾身，敢請其命。」陀於是減死一等〔註129〕。

第三，獨孤皇后頗仁愛，「每聞大理決囚，未嘗不流涕。」〔註130〕她起居儉樸，不尚華麗。支持楊堅「躬履簡約」的政策。楊堅登基稱帝之後，突厥嘗與隋朝交易，有明珠一篋，價值八百萬，幽州總管陰壽勸她買下。后曰：「非我所須也。當今戎狄屢寇，將士罷勞，未若以八百萬分賞有功者。」百官聽後都深受感動。

第四，獨孤皇后尊禮重道。一次有部門提出，「以《周禮》百官之妻，命於王后，憲章在昔，請依古制。」后曰：「以婦人與政，或從此漸，不可開其源也」，予以拒絕。她常常教育公主曰：「周家公主，類無婦德，失禮於舅姑，離薄人骨肉，此不順事，爾等當誡之。」要求公主守禮孝順。

但據《后傳》載，獨孤皇后「性尤妒忌，後宮莫敢進御。」〔註131〕「後宮罕得進御，尉遲迴女沒入宮，帝私幸之，后伺帝聽朝，即陰殺之，」〔註132〕也體現出了她強勢的性格特徵。受《隋書》「廢太子立晉王廣，皆後之謀也」的影響，史界常因此對獨孤后極盡貶損，認為這是導致隋朝國祚不長的原因。

趙翼曰：「（后）子之厚妾薄妻而母惡之，此猶是家庭之恒情。至于臣下

〔註127〕《隋書》卷三六《文獻獨孤皇后傳》，第1108頁。
〔註128〕《隋書》卷三六《文獻獨孤皇后傳》，第1108頁。
〔註129〕《隋書》卷三六《文獻獨孤皇后傳》，第1108～1109頁。
〔註130〕《隋書》卷三六《文獻獨孤皇后傳》，第1109頁。
〔註131〕《隋書》卷三六《文獻獨孤皇后傳》，第1109頁。
〔註132〕趙翼：《廿二史札記校證》卷一五《隋獨孤后妒及臣子》，王樹民校證，第334頁。

之有妾，亦何與后事？」因此而得出后「豈非奇妒哉！」〔註133〕王世堅曰：
「古來婦人之妒未有如孤獨后者也，不惟妒其夫也，且妒他人。高熲愛妾生
子譖以面欺，諸王朝士有妾孕者必勸帝斥之，是也不惟妒他人也，且妒其子，
太子勇多庶子則廢之，晉王廣唯與蕭妃居處，後庭生子皆不育則立之是也，
此嫗有才智生平贊決文帝，語多可聽，故畏之卒之動搖國本以至於亡，妒與
懼內足以亡國，予與楊氏見之。」〔註134〕實際上，廢立太子與文帝本人有
很大的關係，由於文帝的長期猜忌，漸漸對長子楊勇失去耐心和信任，轉而
選擇了各方面表現出來都比較優秀的次子楊廣，正如《劍橋中國隋唐史》所
言，楊廣「很有才能，很適合鞏固他父親開創的偉業，而他在執政時也確有
此雄心。」〔註135〕至於獨孤后之妒，主要體現在妾的問題上，其行為應屬
於人之常態。在史料記載中，武則天為陰謀奪取皇后地位，親手殺死自己的
女嬰，剁碎王皇后、蕭良娣的骨頭而浸泡，如此無道的行為，史家對其的評
價是「妒婦的常態」〔註136〕，以此來說，「古來宮闈之妒莫有過於隋獨孤后
者」之評價未免太過偏激和苛刻。劉健明也指出，《隋書》編成於唐初，時
人經歷了隋末動亂的紛擾，故《隋書》有強烈追求穩定的心態，因此責怪獨
孤皇后教唆文帝易儲，導致隋煬帝得以專政及勞役百姓，對她的批評似較嚴
苛〔註137〕。

煬帝雖史載寵妃極多，但不見專寵，《隋書》唯列《蕭皇后傳》。煬帝蕭
皇后是梁明帝巋之女。在舅氏張軻家養大，因張軻家十分貧窮，后躬親勞苦。
煬帝為晉王時，被策為王妃。煬帝即位，被立為皇后。據《后傳》載：后性
婉順，有智識，好學解屬文，頗知占候，並無干預朝政的記載。煬帝十分寵
愛敬重她，每次遊幸，蕭后沒有不隨從的。蕭后起初有輔佐煬帝成就大業的
志向，但後來見煬帝失德，「心知不可，不敢厝言」，後宇文氏作亂，蕭后隨
軍到聊城。宇文化及敗，蕭后又陷入竇建德軍中，為突厥處羅可汗迎於突厥，
漂泊異鄉。唐貞觀四年（630），破滅突厥，迎接蕭后回到京師，直到終老。

〔註133〕趙翼：《廿二史札記校證》卷一五《隋獨孤后妒及臣子》，王樹民校證，第334
　　　　頁。
〔註134〕王志堅：《讀史商語》卷三，中國科學院圖書館藏明萬曆刻本，引自四庫全書
　　　　存目，史部第287冊，濟南：齊魯書社，1997年，第338頁。
〔註135〕崔瑞德：《劍橋中國隋唐史》，第147頁。
〔註136〕《舊唐書》卷六，史臣曰，第133頁。
〔註137〕劉健明：《〈隋書・列女傳〉的貞列觀念》，引自榮新江：《唐研究》卷七，第
　　　　250頁。

### 5.3.3 君主與宗親的關係

在王朝建立之初，很多帝王為了穩固自己的統治，都傾向於任用宗親，隋朝剛剛建立，在眾心未歸附的情況下，分封同姓王，以維持城池宗廟，但可能與楊堅以外戚的身份掌握政權有關，他對宗室外戚，並無專寵。

#### 5.3.3.1 樹建藩屏，封植子孫

古代以皇帝叔伯、昆弟、皇子為親王。楊堅家族勢力本就單薄，再加他猜忌心重，雖然在自己立足未穩時，分封了一批同姓王，但並不多。

### 表 5.1 楊堅親王分封表

| 序 | 姓名 | 與楊堅關係 | 楊堅時最高職位 | 死亡時間及原因 |
|---|---|---|---|---|
| 1 | 楊弘 | 楊堅從祖弟 | 河間王，右衛大將軍，上柱國 | 大業六年薨 |
| 2 | 楊處綱 | 楊堅族父 | 義城縣公，開府，大將軍 | 開皇間卒官 |
| 3 | 楊子崇 | 楊堅族弟 | 儀同，司門侍郎 | 大業末為仇家所殺 |
| 4 | 楊雄 | 楊堅族子 | 廣平王，右衛大將軍，司空 | 大業末病逝 |
| 5 | 楊達 | 楊堅族子，楊雄弟 | 工部尚書，上開府 | 大業末卒於師 |
| 6 | 楊瓚 | 楊堅母弟 | 滕王，雍州牧 | 開皇十一年暴薨 |
| 7 | 楊綸 | 楊堅侄，楊瓚子 | 邵國公，邵州刺史，嗣滕王 | 歸大唐 |
| 8 | 楊靜 | 楊堅侄，楊瓚子，出繼叔父嵩 | 道悼王（襲父爵） | 早卒 |
| 9 | 楊爽 | 楊堅異母弟 | 衛王，右領軍大將軍，上柱國 | 開皇初薨 |
| 10 | 楊集 | 楊堅侄，楊爽子 | 嗣衛王 | |
| 11 | 楊智積 | 楊堅弟整之子 | 蔡王，開府儀同三司，同州刺史 | 大業十二年病逝 |

從表中可見，第一，隋初皇親中得以封王者有滕穆王瓚、道悼王靜、衛昭王爽、蔡王智積，他們是楊堅兄弟或侄子，按禮應封王，屬於不得不封之列。楊綸和楊集為襲父爵而王。此外，只有河間王弘和觀德王雄。楊弘在楊堅為丞相時，「常置左右，委以心腹。」隋朝建立後，楊弘也多次出生入死，擊突厥，滅河東，為隋朝的鞏固立下了汗馬功勞，是少數委以重任的王之一。

楊雄也是少數為楊堅所器重的皇親之一，「高祖為丞相，雍州牧畢王賢謀作難，雄時為別駕，知其謀，以告高祖。賢伏誅，以功授柱國（正二品）、雍州牧，仍領相府虞候。周宣帝葬，備諸王有變，令雄率六千騎送至陵所。進位上柱國（從一品）。」「高祖受禪，除左衛將軍，兼宗正卿。俄遷右衛大將軍（從二品），參預朝政。進封廣平王」，「雄時貴寵，冠絕一時，與高熲、虞慶則、蘇威稱為『四貴』」〔註138〕。

隋帝對親王並非專寵，且大多猜忌，如觀德王遭文帝猜忌。「雄寬容下士，朝野傾矚。高祖惡其得眾，陰忌之，不欲其典兵馬。乃下冊書，拜雄為司空……外示優崇，實奪其權也……改封安德王」，楊雄心知肚明，從此「閉門不通賓客」〔註139〕。楊子崇遭煬帝猜忌，屢被罷免、降職。如楊子崇隨煬帝幸汾陽宮，「子崇知突厥必為寇患，屢請早還京師，帝不納。尋有雁門之圍。及賊退，帝怒之曰：『子崇怯懦，妄有陳請，驚動我眾心，不可居爪牙之寄。』出為離石郡太守。」「自是突厥屢寇邊塞，胡賊劉六兒復擁眾劫掠郡境，子崇上表請兵鎮遏。帝復大怒，下書令子崇巡行長城。子崇出百餘里，四面路絕，不得進而歸。」〔註140〕

第二，隋室諸王的結局也往往是死於非命或被流配。楊堅稱帝時，滕穆王瓚並不支持。曰：「作隋國公恐不能保，何乃更為族滅事邪？」「瓚見高祖執政，群情未一，恐為家禍，陰有圖高祖之計。」後開皇十一年（591），隨從皇帝到栗園，暴薨，時年四十二。「人皆言其遇鴆以斃。」子楊綸「當高祖之世，每不自安。煬帝即位，尤被猜忌。」又被人告發「厭蠱惡逆，坐當死」，「帝以公族不忍，除名為民。」〔註141〕衛昭王爽屢立戰功，「高祖於諸弟中特寵愛之」，但楊爽的死很奇怪：「爽寢疾，上使巫者薛榮宗視之，云眾鬼為厲。爽令左右驅逐之。居數日，有鬼物來擊榮宗，榮宗走下階而斃。其夜爽薨，時年二十五。」〔註142〕

楊廣奪宗正是以其晉王的身份，故在他獲得皇太子之後，不但對其弟蜀王楊秀和漢王楊涼加以排斥打擊，而且在繼位後，對宗室諸王疏遠防範，對諸侯王恩禮又薄，猜防日甚，宗室諸王多遠徙邊郡。衛王楊集和穆王楊綸，

〔註138〕《隋書》卷四三《觀德王雄傳》，第1216頁。
〔註139〕《隋書》卷四三《觀德王雄傳》，第1216頁。
〔註140〕《隋書》卷四三《楊子崇傳》，第1215頁。
〔註141〕《隋書》卷四四《滕穆王瓚附嗣王綸傳》，第1221～1222頁。
〔註142〕《隋書》卷四四《衛昭王爽傳》，第1224頁。

均被告發詛咒之罪而被廢爲庶人，遠徙邊郡。文帝侄子蔡王楊智積常懷危懼，每自貶損。「有五男，止教讀《論語》、《孝經》而已，亦不令交通賓客……其意恐兒子有才能，以致禍也。」大業十二年（616），從煬帝駕江都，寢疾。不呼醫。臨終，謂所親曰：「吾今日始知得保首領沒於地矣」，時人哀之〔註143〕。史臣曰：「高祖昆弟之恩，素非篤睦，閨房之隙，又不相容。至於二世承基，其弊愈甚。是以滕穆暴薨，人皆竊議；蔡王將沒，自以爲幸。唯衛王養於獻后，故任遇特隆，而諸子遷流，莫知死所，悲夫！」〔註144〕隋朝短命而亡，與帝王猜忌骨肉並進行政治清洗無疑有著有密切的關係。

### 5.3.3.2 廣結姻親，庇護皇室

廣結姻親也是帝王穩固自己統治常有的方法和手段，因而外戚是皇帝制度的必然產物。外戚由於是皇帝的母族、妻祖，或者公主的夫家，他們通過婚姻與皇室緊密聯繫在一起，依靠皇權的支持和后妃的庇護而得以拜爵封官，既是維護皇室一支不容忽視的政治力量，又是操縱朝綱，甚至篡奪皇位，改朝換代的主要威脅，常常對政治產生很大的影響。據《隋書》記載，與隋室有聯姻關係除了少數民族「和親」外，其家族主要有：

### 表 5.2　隋室聯姻情況表

| | | 地域 | 家族 | 聯姻人 | 皇室成員 | 出處 |
|---|---|---|---|---|---|---|
| 1 | 胡 | 河南洛陽 | 獨孤信 | 信女 | 高祖楊堅 | 卷 36《文獻獨孤皇后傳》 |
| 2 | 漢 | 南朝 | 蕭巋 | 巋女 | 晉王廣 | 卷 36《煬帝蕭皇后》 |
| 3 | 漢 | 隴西狄道 | 李禮成 | 李禮成 | 高祖妹 | 卷 50《李禮成傳》 |
| 4 | 胡 | 扶風平陵 | 竇榮定 | 竇榮定 | 高祖姊安成長公主 | 卷 39《竇榮定傳》 |
| 5 | 胡 | 河南洛陽 | 元孝矩 | 元女 | 房陵王勇 | 卷 50《元孝矩傳》 |
| 6 | 胡 | 河南洛陽 | 長孫覽 | 覽女 | 蜀王秀 | 卷 51《長孫覽傳》 |
| 7 | 胡 | 昌黎徒河 | 豆盧勣 | 勣女 | 漢王諒 | 卷 39《豆盧勣傳》 |
| 8 | | | | 勣兄通 | 高祖妹昌樂長公主 | 卷 39《豆盧勣傳》 |
| 9 | 漢 | | 雲定興 | 定興女 | 皇太子勇 | 卷 61《雲定興傳》 |

〔註143〕《隋書》卷四四《蔡王智積傳》，第 1225～1226 頁。
〔註144〕《隋書》卷四四，史臣曰，第 1226 頁。

| | | 地域 | 家族 | 聯姻人 | 皇室成員 | 出處 |
|---|---|---|---|---|---|---|
| 10 | 漢 | 博陵安平 | 崔弘度 | 弘度妹 | 秦孝王俊 | 卷74《崔弘度傳》 |
| 11 | | | | 弘度弟弘升女 | 河南王昭 | 卷74《崔弘度傳》 |
| 12 | 漢 | 河東解人 | 柳機 | 機子述 | 高祖女蘭陵公主 | 卷47《柳機傳》 |
| 13 | | | | 機弟旦女 | 襄城王恪 | 卷80《襄城王恪妃傳》 |
| 14 | 漢 | 遼東襄平 | 李衍 | 衍弟子長雅 | 高祖女襄國公主 | 卷54《李衍傳》 |
| 15 | 胡 | 河南洛陽 | 宇文慶 | 子靜禮 | 高祖女廣平公主 | 卷50《宇文述傳》 |
| 16 | 漢 | 渤海蓨 | 高熲 | 子表仁 | 房陵王勇女 | 卷41《高熲傳》 |
| 17 | 胡 | 代郡武川 | 宇文述 | 述子士及 | 煬帝女南陽公主 | 卷61《宇文述傳》 |
| 18 | 漢 | 京兆杜陵 | 韋世康 | 康弟沖女 | 豫章王暕 | 卷47《韋沖傳》 |
| 19 | | | | 康從父弟壽女 | 晉王昭 | 卷47《韋壽傳》 |
| 20 | 漢 | 京兆杜陵 | 韋師 | 師女 | 長寧王儼 | 卷46《韋師傳》 |
| 21 | 胡 | 河南洛陽 | 元岩 | 岩女 | 華陽王楷 | 卷80《華陽王楷妃傳》 |

　　在上述二十一個婚姻實例中，從族別來看，楊氏與胡族聯婚者計有：獨孤氏一例、竇氏一例、長孫氏一例、元氏二例、豆盧氏二例、宇文氏二例、凡六族九例。楊氏與漢姓聯婚者計有：蘭陵蕭氏一例、隴西李氏一例、博陵崔氏二例、河東柳氏二例、遼東李氏一例、渤海高氏一例、京兆韋氏三例，另有雲定興女一例，凡八族十二例。說明隋氏的婚姻關係已以漢姓為主。

　　從家族來看，聯姻關係中多為名門望族。隋朝建立後，在選官制度中，隋朝比較注重才學，意在以才學取代門第觀念，但在實際政治生活中，門第觀念依然受到重視。如山東郡姓首望之一的清河崔儦，仕官至員外散騎郎，官職不高，郡望卻為首稱。「越國公楊素時方貴倖，重儦門地，為子玄縱娶其女為妻。聘禮甚厚。親迎之始，公卿滿座，素令騎迎儦，儦故敝其衣冠，騎驢而至。素推令上座，儦有輕素之色，禮甚倨，言又不遜。素忿然，拂衣而起，竟罷座。後數日，儦方來謝，素待之如初。」〔註145〕楊素身居宰相之職，又是當朝貴倖，崔儦卻敢如此無禮，而楊素又屢次受辱而不予計較，其原因

<hr>

〔註145〕《隋書》卷七六《崔儦傳》，第1733～1734頁。

正是楊素在門望地位不如崔儦高。也正因爲如此，很多寒門出身的人，也多以此而自卑。大業末年，巴陵校尉董景珍等謀策反隋，大家都推景珍爲首，景珍卻推辭曰：「吾素寒賤，不爲眾所服。羅川令蕭銑，梁室之後，寬仁大度，請奉之以從眾望，」〔註 146〕反映了當時重門第的風氣。楊堅也正是重元孝矩「門地」，才「娶其女爲房陵王妃。」〔註 147〕而隋文帝與山東高氏、崔氏、李氏的聯姻，對拉攏山東士人起到重要作用，納南梁蕭巋女爲晉王妃，對南北關係的發展影響尤大。

《隋書‧外戚傳》載，高祖外家呂氏「子孫無聞焉」。獨孤家、蕭家雖享有一定的爵位，但享年不長。因楊堅改朝換代就是憑著外戚的身份，再加他生性多疑，故爲避免外戚專權之事重蹈覆轍，楊堅對宗室外戚，並無專寵，「懲周氏之失，不以權任假借外戚，后兄弟不過將軍、刺史。」〔註 148〕開皇五年（585）、六年（586）先後發生了王誼、劉昉、宇文忻、梁士彥等開國功臣的背叛事件，使他對那些貌似忠誠的官僚更加懷疑。平陳之後，蘇威和盧愷因被指謫爲朋黨而免職，隋文帝以此爲契機，將中央權力進一步集中到皇族手中，如吏部的柳述（女婿）、禮部的楊文紀（弘農）、兵部的柳述、刑部的李圓通（家將）、民部的韋沖（皇孫齊王暕岳父）和工部的楊達（皇侄），不但六部全爲皇親國戚所控制，而且，出納帝命的門下、內史二省長官也轉由皇族擔任，特別是在開皇末年，廢立太子的事件造成的強烈衝擊，一代良相高熲失勢，中樞權力完全爲皇室所控制，統治集團內部的權力平衡被打破，中央集權轉爲皇室集權〔註 149〕。

## 5.3.4 小結

本節主要論述了隋朝君主與皇子、后妃和宗親國戚的君臣關係。楊堅立國後，吸取北周的教訓，分王諸子，權侔王室，委以重任。並爲諸子盛選良佐，注重對其的道德教育。然隨著諸子勢力的擴大，文帝漸感不安，總是不失時機地加以抑制苛察，由於文帝的猜忌與執法不公，對諸子教育的失誤，以及專制主義固有的弊端、隋文帝權力分配的問題等等，最終導致了諸皇子

---

〔註 146〕《資治通鑒》卷一八四，恭帝義寧元年八月條，第 5760 頁。
〔註 147〕《隋書》卷五十《元孝矩傳》，第 1317 頁。
〔註 148〕《資治通鑒》卷一七五，宣帝太建十三年十月條，第 5447 頁。
〔註 149〕韓昇：《隋文帝時代中央高級官員成分分析》，《學術月刊》1998 年第 9 期，第 101 頁。

的悲劇命運。

　　對於后妃方面，文帝獨孤皇后乃北周大司馬獨孤信之女，煬帝蕭皇后乃後梁主蕭巋之女，從她們的身份可以看出，隋朝的姻親主要結交於功臣之家和望族之家。而獨孤后對楊堅政治也多有貢獻，隋朝並未出現后妃專權或一帝多后的現象，獨孤后去世後，隋文帝未曾再立后，而隋煬帝死於蕭皇后之前。

　　對於皇親國戚方面，楊堅立國後，出於鞏固政治的需要，分封了本族勢力為王，又廣結豪門貴族，以擴大自己的統治基礎。但由於楊堅的猜忌心，他又時刻提防著王族勢力的強大，以免威脅到他的統治。隨著楊廣的廢長立幼，文帝諸子相繼被害，而皇室其他成員也或被殺或被免，這些都為隋朝的滅亡埋下了隱患。

## 第四節　君主與「不臣者」的君臣關係

　　臣對於君有不稱臣之說，《白虎通義・王者不臣》載「王者所不臣者三」，即有三種人可以不稱臣：「二王之後」、「妻之父母」、「夷狄」。又載「王者有暫不臣者五」，即「祭尸」、「授受之師」、「將帥用兵」、「三老」、「五更」〔註150〕。皇帝與這類人實際仍是君臣，但按照禮節他們可以不臣。隋朝雖不完全像班固所指出的那樣，但是在實際上允許「不臣」的人是存在的。

　　在周隋禪代完成後，隋文帝下詔允許周靜帝實行「天子之禮」，受到了「不臣」的禮遇。曰：「（開皇元年二月）以周帝為介國公，邑五千戶，為隋室賓。旌旗車服禮樂，一如其舊。上書不為表，答表不稱詔。」〔註151〕給予了被廢的周靜帝上書、奏事「不為表」、「不稱詔」等「不臣」的特別優待。再如楊廣為太子時，「奏降章服，宮官請不稱臣」，文帝下詔准許〔註152〕。可見，在隋皇太子有不臣的特權，但前提是得到皇帝的准允。相反，如果未經皇帝允許，而行「不臣」行為，則被視為謀反。煬帝三征高麗，就與高麗「不臣」有直接的關係。

---

〔註150〕班固：《白虎通義》卷下，上海：上海古籍出版社，1992年，第42頁。
〔註151〕《隋書》卷一《文帝紀上》，第13頁。
〔註152〕《隋書》卷九《禮儀志四》，第188頁。

# 第六章　文、煬二帝的用人馭臣思想及其特點

　　君主馭臣思想主要的核心就是用人、治人，而用人、治人必須講究方式方法，在韓非的法、術、勢思想中，其「術」即君主統治臣下的原則與手段。西漢劉向說：「眾人之智，可以測天，兼聽獨斷，唯在一人」。在中國古代社會的君臣關係中，皇帝始終占主導地位，可憑藉君主一人卻無法治理國家，他還需要臣下的鼎力協助，故君主如何知臣、用臣、重臣，是君臣關係和諧相處的關鍵。

## 第一節　文、煬二帝的用人思想

### 6.1.1 人才爲寶的思想

　　用人唯賢，首先要解決的是思想領域對人才的認識問題。如果認識不到人才在建國安邦中的重要作用，就不會產生尚賢舉能的思想，也不會有治國的成功。

　　隋文帝有重視人才、視人才爲寶的思想。他善於運用情感的力量來表達其關愛之心，他降坐禮待李穆，拜太師，「贊拜不名」，穆上表乞骸骨時，答曰，「公年既耆舊，筋力難煩，今勒所司，敬蠲朝集。如有大事，須共謀謨，別遣侍臣，就第詢訪，」〔註1〕態度十分謙卑。在賜元孝矩璽書曰：「若以邊境務煩，即宜徙節涇郡，養德臥治也。」〔註2〕與韋世康語：「朕夙夜庶幾，

〔註1〕《隋書》卷三七《李穆傳》，第1117頁。
〔註2〕《隋書》卷五十《元孝矩傳》，第1317頁。

求賢若渴，冀與公共治天下，以致太平。今之所請，深乖本望，縱令筋骨衰謝，猶屈公臥治一隅。」〔註3〕張羨以年老，致仕於家，文帝慕其才，以書徵之，及謁見，敕令勿拜，扶升殿，上降榻執手，與之同坐，宴語久之，賜以几杖〔註4〕。正是這種愛才、重才、視人才爲寶的思想，才爲隋的繁盛奠定了基礎。

## 6.1.2 德才兼備的思想

　　南北朝後期，隨著門閥政治的腐敗，按德才而不是按門第的薦舉制度再度被提上日程。開皇十八年（598），隋文帝正式廢除九品中正制和地方長官自闢僚屬的制度，下詔京官五品以上，地方官總管、刺史舉人的標準是「志行修謹」（有德）和「清平幹濟」（有才）。牛弘任掌選舉之權時，其所依據的準則是「選舉先德行而後文才，務在審慎。」〔註5〕在獨孤皇后謀劃廢立時，所依據之一便是「愈稱晉王德行。」〔註6〕文帝重德重才，曾以「公德行高人，情寄殊重」來稱讚蘇威，後蘇威被以朋黨罪免官，文帝曰：「蘇威德行者，但爲人所誤耳。」〔註7〕仁壽三年（603），隋文帝在要求地方官舉薦人才的詔令中，對才學的內容進行了新的闡述。具體表述爲「明知今古，通識治亂，究政教之本，達禮樂之源，」〔註8〕即要求被舉薦的人熟悉歷史、瞭解現狀、精通統治理論和統治方法，詔令進一步對門第標準進行否定，要求地方官舉薦的對象主要是「閭閻秀異之士，鄉曲博雅之儒」，而不是貴族高官子弟。打擊了士族世官世祿的特權，爲庶族地主參與朝政打開了方便之門，可見當時對德才的重視。

　　煬帝時期尤其注重「德才」的選拔，大業二年（606）下詔，「制百官不得計考增級，必有德行功能，灼然顯著者，擢之，」〔註9〕大業三年（607）又下詔以十科舉人，強調「德行敦厚，立身之基」〔註10〕。大業五年（609）「制魏、周官不得爲蔭」〔註11〕，大業六年（610）詔「自今已後，唯有功勳

〔註3〕 《隋書》卷四七《韋世康傳》，第1267頁。
〔註4〕 《隋書》卷四六《張羨傳》，第1262頁。
〔註5〕 《隋書》卷四九《牛弘傳》，第1309頁。
〔註6〕 《隋書》卷四五《房陵王勇傳》，第1231頁。
〔註7〕 《隋書》卷四一《蘇威傳》，第1186～1187頁。
〔註8〕 《隋書》卷二《高祖紀下》，第51頁。
〔註9〕 《隋書》卷三《煬帝紀上》，第66頁。
〔註10〕 《隋書》卷三《煬帝紀上》，第68頁。
〔註11〕 《隋書》卷三《煬帝紀上》，第72頁。

乃得賜封」〔註12〕,「舊賜五等爵,非有功者除之」〔註13〕。在大業八年（612）的詔令中,對南北朝時期的任官原則進行清理,指出自北魏滅亡後武功成為選官的主要標準,並因此造成了嚴重的後果。所以進一步規定,「自今已後,諸授勳官者,並不得回授文武職事」,並因此總結出「軍國異容,文武殊用」的用人原則,提出隨著大一統和社會安定局面的出現,要用王道取代霸德,「世屬隆平,經術然後升仕」〔註14〕。選官原則中才學標準不斷被提出和強調。

## 6.1.3 科考選才的思想

隨著官吏的才學標準越來越受到重視,腐朽的九品門第制度已不能適應形勢發展的需要,呼喚著新的選官方式產生。開皇七年（587）文帝定制,每州每歲貢士三人,舉應秀才科,受特別考試。隋煬帝即位,繼續推行分科選舉的辦法。大業三年（607）詔令:「文武有職事者,五品已上,宜令『十科』舉人」,其中有「文才秀美」一科,當即進士科〔註15〕。大業五年（609）六月,隋煬帝又開設了四科,詔令各地按「學業該通,才藝優洽」、「膂力驍壯,超絕等倫」、「在官勤奮,堪理政事」、「立性正直,不避強禦」四科舉人〔註16〕。大業十年（614）五月庚子,詔舉郡孝悌廉潔各十人。中國歷史上的科舉考試由此開始。

隋朝的科舉,初設明經、進士、秀才三科。根據《舊唐書》的記載,唐初一批官僚就是隋代的秀才、明經出身的,如韋雲起「隋開皇中明經舉」,杜正倫「仁壽中與兄正玄、正藏俱以秀才所擢第」,孔穎達「隋大業中舉明經高第」,張行成「大業末察孝廉」。參加選舉者一是由地方州、郡長官如總管、刺史舉送;二是由京五品以上官員舉薦。一般每年一次,「十一月為選始,至春乃畢。」各科舉人被舉薦後,由尚書省吏部機構主持統一考試,按才錄用。在這種選舉制度下,各種社會經濟成分的人均有機會步入仕途,擴大了統治

〔註12〕《隋書》卷三《煬帝紀上》,第75頁。
〔註13〕《資治通鑑》卷一八一,煬帝大業六年二月條,第5650頁。
〔註14〕《隋書》卷四《煬帝紀下》,第83頁。
〔註15〕杜佑:《通典》卷一四《選舉二‧歷代制中》第343頁,載「煬帝始建進士科」;《舊唐書》卷一一九《楊綰傳》第3430頁,載楊綰上疏云:「近煬帝始置進士之科,當時猶試策而已」。關於進士科的設立時間以及進士科設立是否標誌著科舉制的確立等問題,學界有過長期而深入的討論,可參看杜文玉、寧欣的綜述,見《二十世紀唐研究》,北京:中國社會科學出版社,2002年,第109～110頁。
〔註16〕《隋書》卷四《煬帝紀下》,第73頁。

基礎。而隨著高文化素質的優秀人才的加入，優化了官僚隊伍，提高了國家的政治決策水平，對於促進社會歷史發展十分有利。然而，由於隋朝的歷史局限性，科舉制的推行並不徹底，隋代的科舉多通過皇帝的詔令執行，還沒有形成一定的規章制度，只是科舉制度的雛形〔註17〕，但隋朝科舉制度的發展為唐朝科舉制的興盛發展奠定了基礎。

### 6.1.4 唯才是用的思想

隋朝「舉賢尚功」的用人路線，本身就包含了唯才是用的思想。只要有「德」、有「才」，就可以推舉任用，沒有地域、種族、身份的限制。開皇二年（582），隋文帝為擴大統治基礎，下詔選拔山東人士，曰：「必有材用，來即銓敘……彼州如有仕齊七品已上官，及州郡縣鄉望縣功曹已上，不問在任下代，材幹優長堪時事者，仰精選舉之。縱未經仕官，材望灼然，雖鄉望不高，人材卓異，悉在舉限，」〔註18〕表達了文帝唯才是用、求賢若渴的思想。

以隋文帝統治集團為例，李圓通為其父「與家僮黑女私」，其父不認，「由是孤賤」，為楊堅廚房裏的家奴。楊堅「獨善之，以為堪當大任。」初授相國

---

〔註17〕隋朝建立後，在選官制度中，隋朝比較注重才學，意在以才學取代門第觀念，但在實際政治生活中，選官制度中的才學標準，並非在短時間被能夠完全貫徹，門第也不會隨著王朝的更替自動退出歷史舞臺。馬端臨《文獻通考》卷二八《選舉考一》，第269頁載，文帝開皇間「雖有秀才之科，而上本無求才之意，下亦無能應詔之人，間有一二，則反訝之，且嫉之矣」。「杜正元開皇舉秀才，試策高第。時海內惟正元一人舉秀才，餘常貢者隨例銓注，訖正元獨不得進止。曹司以策過楊素，素怒曰：『周、孔更生，尚不得為秀才，刺史何忽妄舉此人！』素志在試退正元，乃手題使擬司馬相如《上林賦》、王褒《聖主得賢臣頌》、班固《燕然山銘》、張載《劍閣銘》、《白鸚鵡賦》，曰：『我不能為君住宿，可至未時令就。』正元及時並了，素大驚曰：『誠好秀才。』其弟正藏亦舉秀才，蘇威監選時，射策甲第者合奏，曹司難為別奏，抑為甲科。正藏訴屈，威怒，改為丙第。正倫亦舉秀才。隋世天下舉秀才不十人，而正元一門三秀才」。故評曰：「蘇威儒者也，亦復沮抑正藏。士生斯時，何其不幸邪！」高明士《隋唐五代史》第46～47頁，認為隋文帝廢九品官人法之舉，不能視為朝廷欲廢止門閥制度，只能視為修正並改良。世襲享有政治權利的門閥子弟人數到了隋代已經過多，沒有那麼多的職位可供他們佔用，故門閥本身也必須制定一套客觀的出身入仕法，隋代的考試制度的主要功能是解決士族之間「圈內競爭」的問題。再就結果而言，由於通過貢舉制而上升的人數在隋代尚屬稀少，還不能看出這項制度對於社會階級的變動有何明顯的影響。但長遠而言，貢舉（即其後的科舉）還是提供了中下層士大夫晉升的管道，到了唐中期以後，中下層士大夫已有取代士族之勢，但此變化是以漸不以驟。

〔註18〕韓理洲：《全隋文補遺》卷一《楊堅·令山東卅四州刺史舉人敕》，第1～2頁。

外兵曹，領左親信，參與政事。後進位大將軍，官至刑部尚書〔註19〕。陳茂「家世寒微」，「高祖爲隋國公，引爲僚佐」，「高祖爲丞相，委以心膂。及受禪，拜給事黃門侍郎，封魏城縣男，每典機密。在官十餘年，轉益州總管司馬，遷太府卿，進爵爲伯。」〔註20〕張定和「少貧賤，初爲侍官。會平陳之役，定和當從征，無以自給」，後以軍功授驃騎將軍、進位柱國，封武安縣侯〔註21〕。麥鐵杖爲盜賊，後被俘，「沒爲官戶，配執御傘」，後帝「惜其勇捷，誠而釋之」，「開皇十六年，徵至京師，除車騎將軍」，從楊素北征突厥，加上開府。煬帝即位，以戰功「進位柱國。尋除萊州刺史……後轉汝南太守……尋除右屯衛大將軍，帝待之逾密」，後以身殉國〔註22〕。長孫晟雖出身官宦家，但「初未知名，人弗之識也，唯高祖一見，深嗟異焉」〔註23〕，隋初，用爲奉車都尉，並多次出使突厥，行分化之計。宇文愷是北周皇族，多技藝。楊堅稱帝後，「誅宇文氏，愷初亦在殺中，以其與周本別，兄忻有功於國，使人馳赦之，僅而得免。」又因其兄宇文忻謀反而被罷官，久不得調。後來，楊堅因看重其巧思和技術，令作檢校將作大監、仁壽宮監，使宇文愷的建築才能得到了發揮〔註24〕。

　　隋文帝用人唯賢，甚至連參加過尉遲迥起兵的房恭懿，在隋初也可出仕。《隋書·房恭懿傳》載：「房恭懿，字愼言，河南洛陽人也……仕齊……並有能名。會齊亡，不得調。尉迥之亂，恭懿預焉，迥敗，廢於家。開皇初，吏部尚書蘇威薦之，授新豐令。」〔註25〕在北周末，于仲文曾言及楊堅之「三善」，其中之一便是「有陳萬敵者，新從賊中來，即令其弟難敵召募鄉曲，從軍討賊」〔註26〕，體現了楊堅的大度和唯才是用的思想。

## 6.1.5 用才不疑的思想

　　在人治原則下，君主主宰一切，要協調君臣關係的和諧發展，首先要建立君臣之間的信任。「君之所保，惟在於誠信，誠信立則下無二心，」君主只

---

〔註19〕　《隋書》卷六四《李圓通傳》，第 1507～1508 頁。
〔註20〕　《隋書》卷六四《陳茂傳》，第 1508～1509 頁。
〔註21〕　《隋書》卷六四《張定和傳》，第 1509～1510 頁。
〔註22〕　《隋書》卷六四《麥鐵杖傳》，第 1511～1512 頁。
〔註23〕　《隋書》卷五一《長孫晟傳》，第 1329 頁。
〔註24〕　《隋書》卷六八《宇文愷傳》，第 1587～1595 頁。
〔註25〕　《隋書》卷七三《房恭懿傳》，第 1679 頁。
〔註26〕　《隋書》卷六十《於仲文傳》，第 1451～1452 頁。

有以誠心待下才能贏得臣下忠誠的回報。

隋文帝統治前期，推心待士，重用舊臣，培養新臣，用人不疑。武賁郎將羅藝與李景有隙，遂誣李景將反。文帝遣其子慰諭之曰：「縱人言公闢天關，據京師，吾無疑也。」〔註27〕在平陳戰爭中，賀若弼違反軍命，先期決戰，破敵甚多，戰功赫赫。戰後，晉王廣將其扣押。文帝聞訊，立即派人召賀進京，大加慰勞。並下詔晉王曰：「此二公（指韓、賀）者，深謀大略，東南遘寇，朕本委之，靜地恤民，悉如朕意……平定江表，二人之力也。」〔註28〕

再如高熲事例。高熲在楊堅爲相時，已赤誠追隨，楊堅即位後，高熲與楊雄、虞慶則、蘇威稱爲「四貴」，頗受信任。討伐陳國時，高熲爲元帥，獨攬兵權。後率兵平陳出使江南，被人狀告謀反。但隋文帝的態度是：「公伐陳後，人言公反，朕已斬之。君臣道合，非青蠅所間也。」龐晃、盧賁、姜曄、李君才等前後在文帝面前說高熲的壞話，文帝將其疏遠並廢黜，對高熲親禮逾密，曰：「獨孤公猶鏡也，每被磨瑩，皎然益明。」劉暉私言高熲天文與其不利，高熲奏於文帝，文帝「厚加賞慰。」在文帝開皇年間，雖三省長官時有更替，高熲地位卻甚爲穩固，一直深受文帝信任。「當朝執政將二十年，朝野推服，物無異議。治致升平，熲之力也，論者以爲眞宰相，」〔註29〕體現了文帝用人不疑的思想。

## 6.1.6 用人之長的思想

金無足赤，人無完人。隋朝在用人上，不計較其高、大、全，而是取其所長。如隋煬帝下詔選拔新人時強調「若有名行顯著，操履修潔，及學業才能，一藝可取，咸宜訪採，將身入朝。」〔註30〕大業三年（607）又下詔明確以十科舉人，「有一於此，不必求備。朕當待以不次，隨才升擢。」〔註31〕大業五年（609）再詔以四科舉人。隋末煬帝巡幸博陵，要求「召高祖時故吏，皆量材授職。」這些都表明了煬帝思賢若渴之心。在這種政策下，隋朝湧現出了一批能工巧匠。如東京和長城的設計者宇文愷，造戎車、行殿、六合城的何稠，地理學家裴矩等，爲隋朝的發展做出了貢獻。

---

〔註27〕《隋書》卷六五《李景傳》，第 1531 頁。
〔註28〕《隋書》卷五二《韓擒虎傳》，第 1340 頁。
〔註29〕《隋書》卷四一《高熲傳》，第 1179～1184 頁。
〔註30〕《隋書》卷三《煬帝紀上》，第 63 頁。
〔註31〕《隋書》卷三《煬帝紀上》，第 68 頁。

## 6.1.7 育才備用的思想

　　招賢、納賢是國家穩定、政治清明的保證。故從長遠看，主張培養人才、儲備人才，使後繼有人無疑是國家長治久安的關鍵。隋朝「育才備用」的思想體現在學校的建立和學科的完備。

　　隋文帝出身於關隴士族集團的高門貴族，自幼入太學接受儒學薰陶，形成了濃厚的儒學思想。即帝位後，他視儒家學說為治國之寶，積極實施儒學的教育制度。他屢下詔書，勸學行禮，確立儒學的正統地位；他多次組織儒學、佛經的學術論辯，將儒學研究引向深入；他振興學校，招集生徒，大力興辦教育事業；他獎勵學術，多次親臨國學釋典；他採納牛弘的建議，廣求遺書，整理圖籍，不遺餘力，這些都反映了他對儒學的重視。具體說來，隋文帝發展儒學和教育的措施主要有：

### 表 6.1 隋文帝的文教措施表

| 年　份 | 隋文帝的文教措施 |
| --- | --- |
| 開皇初年 | 下詔孝子順孫、義夫節婦，並免課役。 |
| 開皇二年 | 賜國子生經明者束帛。 |
| 開皇三年 | 下詔勸學行禮；下詔徵求遺書；下詔發使巡省風俗；徵山東義學之士馬光等六人，時稱「六儒」。 |
| 開皇七年 | 廢九品中正制，並「制諸州歲貢三人」，是為科舉制之雛形。 |
| 開皇九年 | 下詔偃武修文，倡導功臣和宗室子弟讀書，各守一經；下詔搜訪知音律者。 |
| 開皇十年 | 親至國子學，頒賜各有差。 |
| 開皇十三年 | 國子寺罷隸太常，改寺為學；參考梁、陳樂，雅樂告成；下詔令禁絕民間修史，由官方統一整理、修撰。 |
| 開皇十四年 | 下詔強調禮樂的重要性，並施用雅樂。 |
| 開皇十八年 | 下詔京官五品已上，總管、刺史，以志行修謹、清平幹濟二科舉人。 |
| 仁壽元年 | 廢天下之學，唯存國子一所，並下詔獎勵學徒。 |
| 仁壽二年 | 下詔修定《五禮》 |
| 仁壽三年 | 下詔令州縣薦舉賢才，搜揚賢哲。 |

　　隋文帝重視儒學的理論指導作用，在他統治時期，教育體制改革也頗有成就。他建立了比較完善的中央教育體系，學校除國子學、太學、四門學外，另設書學、算學、律學等。官府的教學活動還設有醫學、史學、音樂等。他

將國子寺罷隸太常，將國子寺從宗教脫離開來，使學校教育在國家政權中有了獨立的地位，這是自漢代以來學校制度的突破，也是隋文帝對學校教育的最大成就。他對學校的管理也有一定的規章制度，如「每歲以四仲月上丁，釋奠於先聖先師。年別一行鄉飲酒禮。州郡學則以春秋仲月釋奠。州郡縣亦每年於學一行鄉飲酒禮。學生皆乙日試書，丙日給假焉。」〔註32〕對各級學校的開學、散學典禮，考試、放假等都做了詳細的規定。這些都促成了隋代儒學體系的發展和完善。

## 6.1.8 嚴考績與明賞罰的思想

尚賢思想的實行，離不開一定形式的考核制度，對有功者賞，對有過者罰是用人制度順利發展的基礎。隋朝注重對官吏的考核，隋文帝受禪時，授趙綽為大理臣，「處法平允，考績連最。」隋朝設考功侍郎直接負責官吏的考課，即「大小之官，悉由吏部，纖介之迹，皆屬考功。」〔註33〕文帝時柳雄亮、李諤、源師、高熲、元文都、劉子翊、薛濬、李同和等均任過考功侍郎，文帝開皇九年（589）詔：「京邑庠序，爰及州縣，生徒受業，升進於朝，未有灼然明經高第，此則教訓不篤，考課未精，明勒所由，隆茲儒訓，」〔註34〕表明了他對考課的重視。十五年（595）「詔文武官以四考交代」〔註35〕，此「四考」即一年一小考，三年一大考。又有「刺史、縣令三年一遷，佐官四年一遷」，這表明地方官根據其四次考績來加以升降遷調。大業元年（605）煬帝針對「牧宰任稱朝委，苟為徼幸以求考課，虛立殿最，不存治實，綱紀於是弗理，冤屈所以莫申」的情況，表示要「建立東京，躬親存問」，「巡歷淮海，觀省風俗」〔註36〕。

隋代考課有時候皇帝親自考驗，如開皇六年（586）「制刺史上佐每歲暮更入朝，上考課」〔註37〕，八年（588）「上親考百僚」〔註38〕。十二年（592）「宴考使於嘉則殿」〔註39〕。有時候皇帝遣考功侍郎下州縣考察，以作為吏部考功司常規考課的補充。如「開皇十二年（592）……帝乃發使四出」，隋

〔註32〕《隋書》卷九《禮儀志四》，第181～182頁。
〔註33〕《隋書》卷七五《劉炫傳》，第1721頁。
〔註34〕《隋書》卷二《高祖紀下》，第33頁。
〔註35〕《隋書》卷二《高祖紀下》，第40頁。
〔註36〕《隋書》卷三《煬帝紀上》，第63頁。
〔註37〕《隋書》卷一《高祖紀上》，第23頁。
〔註38〕《隋書》卷五六《盧愷傳》，第1384頁。
〔註39〕《隋書》卷二《高祖紀下》，第38頁。

代對考課不合格者的懲罰極為嚴厲，李德林被貶為懷州刺史時，在州遇到大旱，徵集百姓挖井溉田，結果徒然勞擾民力，並無獲得效益，為考司所貶。考功侍郎劉士龍考燕榮虐毒非虛，又賊穢狼籍，文帝徵燕榮還京並賜死。如果考官考核不公，也將受到嚴厲的懲罰。如「左領軍府長史考校不平……帝察知，並親臨斬決。」〔註40〕

在堅決打擊和嚴行法治的同時，隋帝大力表彰良優，以倡廉潔之風。令狐熙考績為天下之最，文帝賜帛三百匹，頒告天下〔註41〕。公孫景茂詔甚有惠政，文帝下詔「可上儀同三司，伊州刺史」〔註42〕。裴蘊大業初，考績連最，煬帝聞其善政，徵為太常少卿〔註43〕。鄭善果號為清吏，煬帝遣御史大夫張衡勞之，徵授光祿卿〔註44〕。

# 第二節　文、煬二帝的人事政策及特點

## 6.2.1 隋文帝的關中本位與猜忌功臣

清朝趙翼曾經感歎說：「古來得天下之易，未有如隋文帝者」〔註45〕。隋文帝以宮廷政變起家，迅速開創了開皇盛世的局面，得力於他選拔任用的一批人才和他靈活的用人政策。如楊堅為相時所拉攏的大臣，較著名的有後來的宰相高熲、蘇威、李德林、虞慶則等，尚書楊尚希、長孫平、元暉、蘇孝慈，劉仁恩、韋世康、牛弘、宇文愷、宇文弼等，良將楊素、韓擒虎，賀若弼、史萬歲等，文人盧思道、薛道衡、李元操、魏澹、許善心等，在隋朝的建立和鞏固中立下了汗馬功勞。稱帝後，文帝「夙夜庶幾，求賢若渴」〔註46〕，屢次下詔說：「有文武才用……朕將銓擢」〔註47〕。他積極吸收新臣，壯大自己的統治基礎。但史家們批評他「不能盡下，無寬仁之度，有刻薄之資」〔註48〕，疑心重，

〔註40〕《隋書》卷二五《刑法志》，第715頁。
〔註41〕《隋書》卷五六《令狐熙傳》，第1386頁。
〔註42〕《隋書》卷七三《公孫景茂傳》，第1680頁。
〔註43〕《隋書》卷六七《裴蘊傳》，第1574頁。
〔註44〕《隋書》卷八十《鄭善果母傳》，第1805頁。
〔註45〕趙翼：《廿二史札記校證》卷一五《隋文帝殺宇文氏子孫》，王樹民校證，第332頁。
〔註46〕《隋書》卷四七《韋世康傳》，第1267頁。
〔註47〕《隋書》卷一《高祖紀上》，第20頁。
〔註48〕《隋書》卷二《高祖紀下》，第55頁。

好猜忌，未能讓忠臣義士盡心竭辭，正如唐太宗李世民所言：「不肯信任百司，每事皆自決斷，雖則勞神苦形，未能合於理。」〔註49〕兩種鮮明的觀點恰恰反映出了隋文帝兩種截然不同的用人特點。

### 6.2.1.1 隋文帝的關中本位政策

楊堅在關隴集團和地方豪族的基礎上，取代了宇文氏的胡族政治，這就決定了楊堅的統治集團必然以漢族關隴集團為主，為了籠絡漢人的支持，大象二年（580）十二月他恢復漢姓，「諸改姓者，悉宜復舊」。在執政後第一年，又依崔仲方之諫廢止了北周的官職名稱，「改周之六官，其所制名，多依前代之法」，即宣示「復漢魏之舊」，亦即自北魏孝文帝太和改革後傳授北齊之制，基本上為漢魏以來的主流官制，置三師三公及三省六部，從政治體制上使隋朝改革出現了全新的面貌。

在隋朝官僚體制中，三師、三公居於官僚集團的頂端。三省長官為隋朝政治決策的核心人物，以清朝人萬斯同《隋將相大臣年表》〔註50〕及《隋書》為依據統計文帝朝將相大臣如下：

### 表6.2 文帝朝將相大臣表

| | | |
|---|---|---|
| 三師 | 太師 | 李穆 |
| | 太傅 | 竇熾 |
| | 太保 | |
| 三公 | 太尉或兼任 | 于翼、晉王廣、李德林 |
| | 司徒 | |
| | 司空 | 觀德王雄 |
| 三省 | 尚書令 | 晉王廣、秦王俊、蜀王秀 |
| | 尚書省左僕射 | 高熲、趙芬、楊素 |
| | 尚書省右僕射 | 趙煚、趙芬、虞慶則、蘇威、楊素 |
| | 門下省納言或兼任 | 柳機、蘇威、衛王爽、楊素、楊達 |
| | 內史監 | 虞慶則、晉王廣、豫章王暕、晉王昭 |
| | 內史令或兼任 | 李德林、楊素、蜀王秀、楊約、趙芬、趙煚、晉王廣、豫章王暕、晉王昭、 |

〔註49〕 吳兢：《貞觀政要》卷一《政體第二》，第15頁。
〔註50〕 萬斯同：《隋大臣將相年表》，選自二十五史刊行委員會：《二十五史補編》，上海：開明書店，1936年，第4693頁。

| 六部 | 吏部尚書或兼任 | 虞慶則、韋世康、蘇威、牛弘、盧愷、令狐熙、柳述、長孫平 |
|---|---|---|
| | 禮部尚書或兼任 | 韋世康、辛彥之、牛弘、楊尚希、盧愷、楊文紀 |
| | 兵部尚書或兼任 | 元岩、元暉、蘇孝慈、楊尚希、柳述、李圓通、郭均、馮世基 |
| | 刑部尚書或兼任 | 元暉、皇甫績、蘇威、袁隸修、劉仁恩、宇文弼、李圓通、薛胄 |
| | 民部尚書或兼任 | 楊尚希、長孫平、蘇威、張煚、斛律孝卿、韋沖 |
| | 工部尚書或兼任 | 長孫毗、賀婁子幹、長孫平、楊異、蘇孝慈、楊達 |

以上人次的出身分析如下

| 關隴集團 | 楊氏宗室 | 晉王廣、秦王俊、蜀王秀、觀德王雄、衛王爽、豫章王暕、晉王昭、楊達 |
|---|---|---|
| | 北鎮勢力 | 于翼、王誼、令狐熙、長孫平 |
| | 關隴河南河東土著勢力 | 李穆、趙芬、楊素、趙煚、虞慶則、蘇威、柳機、虞慶則、楊約、韋世康、牛弘、柳述、辛彥之、楊尚希、楊文紀、元岩、蘇孝慈、郭均、李圓通、皇甫績、宇文弼、薛胄、韋沖、賀婁子幹、楊異 |
| | 追隨魏帝勢力 | 竇熾、元暉 |
| 山東集團 | 北齊系人物 | 李德林、盧愷、袁隸修、斛律孝卿 |
| | 其他 | 高熲、馮世基、劉仁恩、長孫毗 |

　　從表中可以看出，太師李穆、太傅竇熾、太尉于翼均為北周的元老重臣，但「三師，不主事，不置府僚，蓋與天子坐而論道者也。」〔註51〕開皇六年（586）八月李穆逝世，三師未見再設。「三公，參議國之大事，依後齊置府僚。無其人則闕。」〔註52〕開皇二年（582）于翼卒，開皇五年（585）王誼以謀反罪被誅，到在開皇九年（589），晉王廣任太尉，觀王雄任司空，三公職位便為皇室所壟斷。而掌管實權的三省六部長官，則多為在周隋革命中衷心追隨楊堅者，所以楊堅的得國只是關隴集團的一場宮廷政變，楊堅只是利用關隴豪族勢力的支持取代宇文泰北鎮勢力的統治地位。因其改朝換代後主導政治者以關隴勢力為主導，所以從出身看，關隴土著勢力興起且占多數，這與陳寅恪論述隋朝繼承宇文氏之遺業，仍舊施行「關中本位政策」是基本

〔註51〕《隋書》卷二八《百官志下》，第 773 頁。
〔註52〕《隋書》卷二八《百官志下》，第 773 頁。

相符的，但隋文帝在任用關隴士族時，也啓用了一批北齊勢力，這說明楊堅的用人重在政治立場，並不具有地域的偏見。並且隨著國家統一進程的發展，還有越來越多的山東和江南人士加入官僚行列。

### 6.2.1.2 隋文帝聯合山東的政策

隋文帝即位後，已有李德林、盧愷、袁隸修、斛律孝等山東人士任三省六部職位，此外，較有名的還有高勱、乞伏慧、李孝貞、薛道衡、辛德源、李諤、郎茂、源師、高構、張虔威、裴矩、劉弘、陸彥師、陸玄、魏澹、陸爽、樊子蓋、劉權、慕容三藏、房彥謙、劉龍、游元、馮慈明、公孫景茂、何妥、王通、房暉遠、劉焯、劉炫、王孝籍、李元操、劉臻、諸葛穎、孫萬壽、庚季才、盧太翼等。開皇初文帝曾向山東地區下求才敕書，又有不少北齊人士開始加入隋政權。如開皇五年（585）四月乙巳，詔徵山東馬榮伯等六儒。後又有杜臺卿、王劭、馬光、張仲讓、孔籠、竇士榮、張黑奴、劉祖仁、崔儦等北齊人士的加入。由南朝出身而仕於隋者有：柳裘、明克讓、許善心、麥鐵杖、來護兒、周羅睺、周法尚、鮑宏、裴政、柳莊、陸知命、姚察、元善、蕭該、袁充、王胄、耿詢、蕭吉、萬寶常等。

北齊和南朝人士開皇初在權利中心所佔比例甚低，其主要原因恐怕在於統一的時間太短，這些地區官員的政治立場尚未經受考驗，文帝對他們還不熟悉，因此還談不上委以重任的問題。但是，在六部尚書以下官職中，山東和江南人士佔有相當比例亦是不爭的事實〔註 53〕。山東人士並未受到隋文帝的刻意壓制，以李德林爲例說明。

李德林北齊亡後入周。李德林在楊堅奪取政權過程中出力甚多，措置軍事，皆與李德林謀之，時軍書日以百數，德林口授數人，文意百端，不加治點。「禪代之際，其相國總百揆、九錫殊禮詔策牋表璽書，皆德林之辭也。」李德林在開皇初深受隋文帝的信任。如開皇元年（581），文帝敕令與他與于翼、高熲共修律令，「事訖奏聞，別賜九環金帶一腰，駿馬一匹，賞損益之多也。」開皇五年（585），李德林上《霸朝雜集》，文帝讀罷，第二天早上對德林曰：「自古帝王之興，必有異人輔佐。我昨讀《霸朝集》，方知感應之理。昨宵恨夜長，不能早見公面。必令公貴與國始終。」於是追贈其父恒州刺史。過了幾天，文帝覺得賞賜不夠，又贈德林父爲「定州刺史、安平縣公，諡曰

---

〔註53〕 韓昇：《隋文帝時代中央高級官員成分分析》，《學術月刊》1998 年第 9 期，第101～102 頁。

孝。」〔註54〕並大加讚賞德林的「皇運初啓，策名委質，參贊經綸，專掌文翰，實稟遺訓，克成美業。」〔註55〕在平陳時，又賜李德林攝太尉〔註56〕，李德林從駕還京師途中，文帝還以馬鞭南指云：「待平陳訖，會以七寶裝嚴公，使自山東無及之者。」〔註57〕

學術界常以李德林「十餘年間竟不徙級」作爲文帝排斥山東人的依據，其實不然。據《隋書》載，文帝有兩次貶斥李德林，一次是篡北周後，虞慶則勸文帝盡滅宇文氏，高潁、楊惠亦從之，唯李德林固爭以爲不可。由是「品位不加，出於高、虞之下，唯依班例授上儀同，進爵爲子。」〔註58〕李德林諫阻盡殺宇文氏，縱不爲楊堅所喜歡，也不應致楊堅大怒，故劉健明認爲此事與相士有關。北周明帝時，趙昭暗中謂楊堅，說他當爲天下主，必誅殺而後定，楊堅頗信天命，現虞慶則勸他盡誅宇文氏，自然迎合其心，而李德林力勸以爲不可，自然是觸怒楊堅的主因，從而導致李德林失寵〔註59〕。另一次是李德林庭議忤意，反對文帝廢止鄉正，惹惱隋文帝，被文帝詬爲：「爾欲將我作王莽邪？」〔註60〕。李德林「十餘年間竟不徙級」，貞觀史臣道出了其中緣由：「少以才學見知，及位望稍高，頗傷自任，爭名之徒，更相譖毀，所以運屬興王，功參佐命，十餘年間竟不徙級。」〔註61〕概括來說，其一，李德林有恃才好勝，自以爲是的缺點；其二，李德林受到別人的忌恨，同列之人相繼說他的壞話。比如李德林常與蘇威的意見發生衝突。開皇元年（581），隋文帝敕令李德林與于翼、高潁等同修律令。格令班後，蘇威每欲改易事條，李德林反對。蘇威又奏置五百家鄉正，李德林又加以反對。蘇威又言廢郡，德林同樣加以反對，而李德林與蘇威議論，高潁常常幫助蘇威，「稱德林狠戾，多所固執，由是高祖盡依威議。」〔註62〕

蘇威與李德林的矛盾，屬於施政方針的爭論，而蘇威爲高潁所引薦，兩人又都屬於關隴系統，自會聯合起來對付北齊出身的李德林。平陳後，隋文帝授李德林柱國、郡公，實封八百戶，賞物三千段。但因人游說高潁曰：「天

〔註54〕　《隋書》卷四二《李德林傳》，第1199～1202頁。
〔註55〕　韓理洲：《全隋文補遺》卷一《楊堅·重贈李敬族定州刺史詔》，第3頁。
〔註56〕　《隋書》卷八《禮儀志三》，第163頁。
〔註57〕　《隋書》卷四二《李德林傳》，第1207頁。
〔註58〕　《隋書》卷四二《李德林傳》，第1199頁。
〔註59〕　劉健明：《隋代政治與對外政策》，臺北：文津出版社，1999年，第27頁。
〔註60〕　《隋書》卷四二《李德林傳》，第1207頁。
〔註61〕　《隋書》卷四二《李德林傳》，第1208頁。
〔註62〕　《隋書》卷四二《李德林傳》，第1200頁。

子畫策，晉王及諸將戮力之所致也。今乃歸功於李德林，諸將必當憤惋，且後世觀公有若虛行。」高熲向文帝進諫，文帝停止了對李德林的賞賜〔註63〕，李德林的功績從而被否定。次年，李德林因蘇威等大臣的指責而被貶爲外官。隋文帝「賜德林莊店，使自擇之」，但李德林隨後便被告發爲「強奪民田，於內造店賃之」，再加蘇威、李圓通等的誣告，文帝更加不喜歡李德林〔註64〕。可見，李德林的不遷、被貶，一定程度上來源於同僚的排擠。就隋文帝本身來說，用人重在政治立場，並不固於地域的偏見，所以他能夠在一定程度上任用李德林等北齊出身者，並逐漸的吸收更多的山東與江南士族，但隋文帝本來就好猜忌，而李德林的北齊系統又沒有得到多少勢力的支持，這與北周朝廷出身的蘇威和高熲相比，未免顯得勢單力薄，當雙方因政治見解或利益衝突而產生矛盾時，李德林的失寵進而被貶變成了遲早的事了。

再如隋文帝統治時期，雖然山東士人盧愷因朋黨事被除名，但受盧愷案牽連的除了山東人士薛道衡、陸彥師外，還有關隴集團的蘇威被免官爵，「知名之士坐威得罪者百餘人」〔註65〕。在王朝統治時期，官僚之間爲爭權奪利而互相排擠乃是經常的事，不光是李德林被排擠，關隴龐晃爲楊堅龍潛之舊也遭到楊雄和高熲的排擠，同樣十幾年不遷級〔註66〕。而有人奏高熲朋黨事時，楊雄爲他開脫〔註67〕，高熲平陳時，「龐晃及將軍盧賁等，前後短熲於上」。後來，尚書都事姜曄、楚州行參軍李君才也上奏稱水旱不調，罪由高熲，請廢黜高熲。只是由於楊堅對高熲的信任，高熲才屢次轉危爲安〔註68〕。開皇九年（589）楊雄也因文帝猜忌而被剝奪權利〔註69〕，可見，隋文帝的目標並

〔註63〕《隋書》卷四二《李德林傳》，第1207頁。

〔註64〕《隋書》卷四二《李德林傳》，第1207頁。

〔註65〕《隋書》卷四一《蘇威傳》，第1181頁。

〔註66〕《隋書》卷五十《龐晃傳》第1322頁：「晃性剛悍，時廣平王雄當塗用事，勢傾朝廷，晃每陵侮之。嘗於軍中臥，見雄不起，雄甚銜之。復與高熲有隙，二人屢譖晃。由是宿衛十餘年，官不得進。」

〔註67〕《隋書》卷四三《觀德王雄傳》第1216頁：「或奏高熲朋黨者，上詰雄於朝。雄對曰：『臣忝衛宮闈，朝夕左右，若有朋附，豈容不知！至尊欽明睿哲，萬機親覽，熲用心平允，奉法而行。此乃愛憎之理，惟陛下察之。』高祖深然其言。」

〔註68〕《隋書》卷四一《高熲傳》，第1181頁。

〔註69〕《隋書》卷四三《觀德王雄傳》第1216頁：「雄寬容下士，朝野傾矚。高祖惡其得眾，陰忌之，不欲其典兵馬。乃下冊書，拜雄爲司空……外示優崇，實奪其權也。雄無職務，乃閉門不通賓客。」

非專門針對山東人士，而是整個官僚集團。

### 6.2.1.3　隋文帝猜忌功臣的分析

隋文帝的猜忌對象多是功高德重的老臣。如梁士彥，「及迥平，除相州刺史。高祖忌之，未幾，徵還京師，閑居無事。」此處雖未標明猜忌的原因，但從後面梁士彥「自恃元功，甚懷怨望」可知，隋文帝所猜忌是因梁士彥的功高震主〔註 70〕。宇文忻既佐命功臣，頻經將領，有威名於當世，上由是微忌焉，以譖去官〔註 71〕。觀德王雄因「冠絕一時」，「朝野傾矚」，楊堅「惡其得眾，陰忌之，不欲其典兵馬，乃下冊書，拜雄爲司空……外示優崇，實奪其權也。雄無職務，乃閉門不通賓客。」〔註 72〕

隋文帝對於有不同意見的臣僚，常視爲「忤旨」，加以斥罰。如高熲被疏忌，又受王世積案牽連，文帝因此欲成熲罪。薛冑明雪之，正議其獄。由是忤旨，械繫之，久而得免〔註 73〕。讖緯巫蠱之術一直爲帝王所忌諱，隋文帝「既受周禪，恐黎元未愜，多說符瑞以耀之。」〔註 74〕但當臣子與讖緯等相符時，帝王便毫不猶豫地大下殺手。如李敏、金才因「當有李氏應爲天子」讖緯事被猜忌而殺〔註 75〕。鄭譯自以被疏，陰呼道士章醮以祈福助，其婢奏譯厭蠱左道。後被貶〔註 76〕。

對於文帝的猜忌對象，韓昇將其歸結爲「北周勳貴」，認爲文帝抑制的是北周勳貴，認爲這是隋文帝的人事清洗與變動，其意圖是起用政治新人取代關隴勳貴，組建新的中央領導班子，並得出隋初掌握實權的官員，如號稱「四貴」的觀德王楊雄、高熲、虞慶則和蘇威都不夠「關隴集團」的資格。開皇前期三省六部乃至禁軍大將軍的人選，在北周不過是中下級官員，無法視爲「關隴集團」成員〔註 77〕。筆者認爲此說尚值得商榷。楊堅本是武川系軍事貴族的領袖，他依靠魏孝武帝的人脈，利用關隴勢力的幫助而推翻北鎮勢力，建立了自己的政權，在這種情況下，爲了維繫其統治的穩定性與延續性，必

〔註 70〕　《隋書》卷四十《梁士彥傳》，第 1164 頁。

〔註 71〕　《隋書》卷四十《宇文忻傳》，第 1167 頁。

〔註 72〕　《隋書》卷四三《觀德王雄傳》，第 1216 頁。

〔註 73〕　《隋書》卷五六《薛冑傳》，第 1388 頁。

〔註 74〕　《隋書》卷六《禮儀志一》，第 117 頁。

〔註 75〕　《隋書》卷三七《李穆附子渾傳》，第 1120～1121 頁。

〔註 76〕　《隋書》卷三八《鄭譯傳》，第 1137 頁。

〔註 77〕　韓昇：《隋文帝的「雄猜」與開皇初期政局》，《史學月刊》1999 年第 3 期，第 31～36 頁。

然會堅持關中本位政策，關隴集團在周隋革命中出力甚多，隋朝的統治權必然緊握在他們手中。在「四貴」中，高熲雖出身山東地區，既不是關隴集團的成員，也不是門第出身，然其父高賓背齊歸周，為大司馬獨孤信引為僚佐，在尉遲迴叛變時期，他已是楊堅身邊的主要謀士，深受楊堅信任，為相二十年，是隋朝主要政策的籌劃者。蘇威是關中地區首屈一指的門第。虞慶則出身北鎮，帶有濃厚的胡族軍將氣質。而楊雄為弘農士族，楊堅族子，屬於皇室成員。可見，隋文帝仍以關隴集團占主體地位。在隋朝統治前期，雖然北齊和江南士族很少居於中樞決策的核心地位，但這一是由於隋朝立國未久，政權不穩，二是在隋朝政權中，北齊和江南人數本來就只佔有小的比例。但隨著國家體制的不斷完善，文帝依然廣泛吸收著越來越多的非關隴成員加入。

而面對文帝的猜忌，大臣有的自毀名節。梁睿初平王謙之始，自以威名太盛，恐為時所忌，遂大受金賄以自穢〔註78〕。有的刻意酗酒，不參與政事。王世積見上性忌刻，功臣多獲罪，由是縱酒，不與執政言及時事〔註79〕。有的則功成身退。梁睿謂所親曰：「功遂身退，今其時也」，遂謝病於家，闔門自守，不交當代〔註80〕。還有的蓄意謀反。李淵被煬帝猜忌，因縱酒沉湎，納賄以混其跡，最後起來造反，建立唐朝〔註81〕。宇文忻「頻經將領，有威名於當世」，受到隋文帝猜忌，與梁士彥等相謀造反〔註82〕。這些都削弱了隋朝的統治基礎，不利於隋朝的發展。

隋文帝由「用人唯賢」到後來猜忌功臣，一方面是官僚本身的失誤，如劉昉與梁士彥、盧賁、李詢、張賓、元諧等密謀朝政事，另一方面則來源於隋文帝的性格特徵。崔瑞德認為隋文帝的不安全感，主要由於他個人多疑猜忌的性格，故他晚年權力越穩固時他的不安全感反而日益高漲〔註83〕。楊堅由武人擁戴而篡周建隋，可謂得國不正，在平陳之前，立國未穩，楊堅對功臣尚能寬仁，而在平陳後，經濟文化的發展滋長了他的自滿情況，逆耳忠言之行也不如以前那麼暢通，而到其晚年，由於生理、心理等各方面的原因，加劇了他的喜怒無常與猜忌忠良。

---

〔註78〕《隋書》卷三七《梁睿傳》，第1128頁。
〔註79〕《隋書》卷四十《王世積傳》，第1173頁。
〔註80〕《隋書》卷三七《梁睿傳》，第1128頁。
〔註81〕《舊唐書》卷一《高祖紀上》，第2頁。
〔註82〕《隋書》卷四十《宇文忻傳》，第1167頁。
〔註83〕崔瑞德：《劍橋中國隋唐史》，第62頁。

## 6.2.2 隋煬帝的通融南北與驕矜自用

### 6.2.2.1 從楊廣鎮守江南說起

楊廣的政治生涯，與江南有著密切的關係。開皇八年（588），隋文帝任楊廣為行軍元帥，與高熲、楊素等統兵滅陳，陳滅後，開皇十年（590）江南相繼爆發大規模的反抗，隋文帝派楊廣參與平叛江南的工作，之後改任晉王廣為揚州總管，鎮守江都，從此開始了楊廣在江都長達十年的政治生涯，楊廣的政治勢力也在此逐漸形成。

《隋書·煬帝紀上》載：「上好學，善屬文」，平陳後，楊廣竭力招攬江南人士，「王好文雅，招引才學之士諸葛穎、虞世南、王胄、朱瑒等百餘人以充學士。」〔註84〕如潁川虞自直，「陳亡，入關，不得調。晉王廣聞之，引為學士。」〔註85〕世代士宦南朝的柳䛒，在梁亡後「晉王諮議參軍，」〔註86〕建康諸葛穎「清辨有俊才，晉王廣素聞其名，引為參軍事，轉記室。」〔註87〕琅邪王眘、王胄均被楊廣引為學士。在這期間，楊廣又娶後梁明帝的女兒蕭氏為妃，長期的耳濡目染，使楊廣對江南文化產生了濃厚的興趣。他「息武興文，方應廣顯」，廣泛收納江南人士，調和南北人士的感情，促進南北文化的交流。楊廣主持編撰《江都集禮》其中很多內容均來自江南禮學，這對以後隋朝的政治產生了深遠的影響。潘徽在《江都集禮序》中云：「上柱國、太尉、揚州總管、晉王握珪璋之寶，履神明之德，隆化讚傑，藏用顯仁。地居周邵，業冠河楚，允文允武，多才多藝。戎衣而籠關塞，朝服而掃江湖，收杞梓之才，闢康莊之館。加以佃漁六學，網羅百氏，繼稷下之絕軌，弘泗上之淪風，賾無隱而不探，事有難而必綜」〔註88〕，在中可以看出，楊廣在融通南北學術方面的貢獻。

楊廣從開皇十年（590）出鎮江都到開皇十九年（599）離任入朝，坐鎮江都整整十年時間。開皇二十年（600），楊廣被冊立為太子，晉王藩邸諸學士隨之北上。文帝命楊廣次子豫章王暕為揚州總管，可見，楊廣與江南仍有一定的聯繫。仁壽初，楊廣仍有「奉詔巡撫東南」的職責。楊廣登上帝位後

---

〔註84〕《隋書》卷五八《柳䛒傳》，第1423頁。
〔註85〕《隋書》卷七六《虞自直傳》，第1742頁。
〔註86〕《隋書》卷五八《柳䛒傳》，第1423頁。
〔註87〕《隋書》卷七六《諸葛穎傳》，第1734頁。
〔註88〕《隋書》卷七六《潘徽傳》，第1746頁。

將江南學術引入朝廷，其發端正在於江南之晉王藩邸。隨著與江南士人接觸的增加，楊廣對南方文化認識也日益深入，楊廣早已成爲南方文化的最大保護者和宣傳者〔註89〕。

### 6.2.2.2 隋煬帝南北通融政策

開皇末圍繞文帝繼承人問題，統治集團內部發生嚴重分裂。伴隨著一代良相高熲的失勢，太子楊勇的被廢黜，很多元老重臣都因捲入這場鬥爭而被殺戮囚禁。平叛楊諒成功後，煬帝又廢止了總管府，將軍權收歸中央，這勢必引起武人門閥的不滿，加深了煬帝與門閥權貴之間的矛盾，這些都促使煬帝執政期間，不斷在關隴集團之外尋找新的支持，並改變文帝時關隴勢力壟斷高級官僚層的情形，以鞏固帝權。其主要手段有：

其一，任用親信。煬帝爲晉王時，在江南經營數十年，南方士族也成了他謀奪最高統治權的最有力的支持集團，故而他即位後對新的官僚隊伍進行調整，引用了一批江南士族和山東人士，抑制舊勳貴族。大業三年（607）七月，煬帝又以誹誘朝政的罪名，殺隋朝元老太常卿高熲，光祿大夫賀若弼，禮部尙書宇文弨等，是爲對統治集團的一大震動。也引起了關中人韋雲起的不滿，以「今朝廷之內多山東人，而自作門戶，更相剡薦，附下罔上，共爲朋黨」〔註90〕事上奏煬帝，也側面說明了煬帝的用人取向。

第二，大力培植新集團勢力。煬帝即位後便下令恢復文帝所減廢之學校，積極興學，以勵士人。他多次下詔地方薦舉人才，「又變前法，置進士等科。」開始採用「試策」考試取仕的科舉選官制，隋煬帝本人是個文學家，創立進士科，考試的內容主要是面向一般文士的對時務策，突破了由貴族壟斷的傳統經學的限制。而考試內容的突破，有利於擴大應舉者的範疇，使官員的選拔由薦舉變爲開科考試成爲可能。進士科的作用，不僅在提倡華美文學，更重要的意義還在消除南北士族的界限。這給既無戰功也無特權還無門蔭便利的江南士人提供了公平入仕的臺階。隋煬帝還統一南北經學，「徵辟儒生，遠近畢至，使相與講論得失於東都之下。」〔註91〕正是通過這些措施，招納引募了一批新人，培植個人新集團。楊廣在平定楊諒叛亂後，下詔營建洛陽城，一方面可以加強對邊緣地區的控制，另一方面也有利於經濟文化的交流，加

---

〔註89〕 袁剛：《隋煬帝傳》，第 131 頁。
〔註90〕 《舊唐書》卷七五《韋雲起傳》，第 2631 頁。
〔註91〕 《隋書》卷七五《儒林傳》序，第 1707 頁。

強東西南北的融通。

第三，打擊朝中舊臣。煬帝即位後，通過釐定各種新制度，打擊朝中舊臣，主要措施有（1）縮小封爵規模與範圍，文帝時爵分九等，煬帝時「唯留王、公、侯三等，餘並廢之。」其次，縮小王府機制：「王府諸司參軍，更名諸司書佐，屬參軍則直以屬為名。改國令為家令。自余以國為名者，皆去之。」規定「自今已後，唯有功勳乃得賜封，仍令子孫承襲。」於是「舊賜五等爵，非有功者皆除之」，限制了封爵的範圍。（2）廢除勳官制，文帝時為獎勵功臣，分勳官為十一等，煬帝直接予以廢除，並規定「自今已後，諸授勳官者，並不得回授文武職事」，進一步限制了勳官的特權。（3）限制恩蔭制度。恩蔭本是靠門資來任官，隋文帝繼承北周「不限蔭資，唯在得人」的精神，比較注重才學，意在以才學取代門第觀念，但在實際政治生活中，門蔭與軍功出身者依然是官僚隊伍中的主體部份，如開皇十七年還下詔「升用功臣子孫詔」，表示「其世子世孫未經州任者，宜量才升用，庶享榮位，世祿無窮。」〔註92〕煬帝則規定「制魏、周官不得為蔭」，向蔭襲的傳統進行了攻擊。（4）關於升賞，大業二年（606）下詔，「制百官不得計考增級，必有德行功能灼然顯著者擢之。」〔註93〕大業三年（607）又下詔以十科舉人，強調「德行敦厚，立身之基。」〔註94〕大業五年（609）「制魏、周官不得為蔭。」〔註95〕大業六年（610）詔「自今唯有功勳乃得賜封，」〔註96〕「舊賜五等爵，非有功者除之。」〔註97〕在大業八年（612）的詔令中，對南北朝時期的任官原則進行清理，指出自北魏滅亡後武功成為選官的主要標準，並因此造成了嚴重的後果。所以進一步規定，「自今已後，諸授勳官者，並不得回授文武職事」，即軍功不能作為出任文武職事官的資格，並因此總結出「軍國異容，文武殊用」的用人原則，提出隨著大一統和社會安定局面的出現，要用王道取代霸德，「化人成俗，則王道斯貴」，「世屬隆平，經術然後升仕。」〔註98〕選官原則中才學標準的不斷提出和被強調，衝擊著察舉制度，呼喚著新的選官形式的產生。

〔註92〕《隋書》卷二《高祖紀下》，第42頁。
〔註93〕《隋書》卷三《煬帝紀上》，第66頁。
〔註94〕《隋書》卷三《煬帝紀上》，第68頁。
〔註95〕《隋書》卷三《煬帝紀上》，第72頁。
〔註96〕《隋書》卷三《煬帝紀上》，第75頁。
〔註97〕《資治通鑒》卷一八一，煬帝大業六年二月條，第5650頁。
〔註98〕《隋書》卷四《煬帝紀下》，第83頁。

這些措施的實施，均是對舊有勳貴的一種打擊。（5）改革兵制，設立驍果。

　　然以上措施並沒有改變關隴集團的主要領導地位。考察煬帝的領導班子，以清朝人萬斯同《隋將相大臣年表》〔註99〕爲依據統計煬帝朝將相大臣如下：

**表6.3 煬帝朝將相大臣表**

| 司空 | 楊雄 |
|------|------|
| 司徒 | 楊素 |
| 尚書令 | 楊素 |
| 左僕射 | 楊素 |
| 右僕射 | 蘇威 |
| 納言 | 楊達、楊文思、蘇威 |
| 內史令 | 楊約、蕭琮、元壽 |
| 吏部尚書 | 楊弘 |
| 禮部尚書 | 崔仲方、宇文弼、楊玄感、楊義臣 |
| 兵部尚書 | 李圓通、段文振 |
| 刑部尚書 | 宇文弼、梁毗 |
| 民部尚書 | 韋沖、崔仲方、李子雄、楊文思、長孫熾、樊子蓋、韋津 |
| 工部尚書 | 衛玄、宇文愷 |

　　在上表統計的 29 人次，減去重複的 6 人次，實際有 23 人次，其身份統計如下：

| 關隴集團 | 楊雄、楊素、蘇威、楊達、楊文思、楊約、元壽、楊弘、崔仲方、宇文弼、楊玄感、楊義臣、李圓通、梁毗、韋沖、長孫熾、韋津、衛玄、宇文愷 |
|----------|------|
| 山東集團 | 李子雄、樊子蓋 |
| 江南士族 | 蕭琮、 |
| 其他 | 段文振 |

　　可見，在煬帝的中央官員中，關隴集團有 19 人，減去楊氏宗室楊雄、楊達、楊弘、楊義臣 4 人，所得關隴集團有 15 人，山東集團有 2 人，江南士族有 1 人，其他 1 人，可見，煬帝統治集團的核心仍然掌握在關隴集團手中，

〔註99〕 萬斯同：《隋大臣將相年表》，選自二十五史刊行委員會：《二十五史補編》，第 4693 頁。

隋煬帝並未拋棄「關中本位」政策。

煬帝在爭奪太子位置的鬥爭中，爲取悅文帝，並不會放棄關隴集團，在助其奪嫡的人選中，如宇文述、張衡、郭衍、段達、楊素、楊約等均屬於關隴集團的人物。又因文帝反對江南的浮誇之風，楊廣也不會輕易地犯文帝之忌諱。楊廣爲帝之初宰輔班子是尚書令楊素、內史令楊約與蕭琮、納言楊達，尚書右僕射蘇威，在這個班子裏，唯蕭琮是南方人，隨著大業二年（606），楊素病逝，大業三年（607）蘇威被免，楊廣又起用了新的宰輔班子。《隋書·蘇威傳》載：帝以威先朝舊臣，漸加委任。後歲餘，復爲納言。與左翊衛大將軍宇文述、黃門侍郎裴矩、御史大夫裴蘊、內史侍郎虞世基參掌朝政，時人稱爲「五貴」〔註100〕。在這「五貴」中，除了蘇威，均未任三省之職，袁剛曰：「隋煬帝大業中，宰相以他官兼任，已形成制度，並爲後來的唐朝所繼承。通過這一辦法，煬帝可以得心應手地將品秩較低而便於使喚的心腹引入禁中，參預決策，發號施令。」〔註101〕在這五人集團中，蘇威、宇文述爲關隴一系，裴矩爲山東集團人士，裴蘊、虞世基則爲江左人士。可見，隋煬帝並未一面倒的專用關隴或南方人士。

在煬帝集團中，他對江南人士的引用，更多的是重其才能，如虞世基在文帝時貧困落拓，煬帝與世基相見，歎曰：「海內當共推此一人，非吾儕所及也。」〔註102〕「帝重其才，親禮逾厚，專典機密。」〔註103〕此外，很多江南士人，如徐文遠、陸知明、王貞、虞綽、王冑、王眘、潘徽、蕭吉、庚自直、諸葛穎、虞世南等基本被引做從事經籍圖書、國史實錄等文事。如庚自直「授著作佐郎」；王冑「爲著作佐郎」；王眘「授秘書郎」；虞綽「轉爲秘書學士」；諸葛穎「遷著作佐郎」；虞世南「累至秘書郎」，大業十一年（615），煬帝「增秘書省官員百二十人，並以學士補之」，《資治通鑒》載：「帝好讀書著述，自爲揚州總管，置王府學士至百人，常令修撰，以至爲帝，前後近二十載，修撰未嘗暫停；自經術、文章、兵、農、地理、醫、卜、釋、道乃至蒲搏、鷹狗，皆爲新書，無不精洽，共成三十一部，萬七千餘卷。」〔註104〕楊廣此群體之撰述直到大業六年（610）而止，楊廣政治鐘擺轉向對外軍事征服。史云：

〔註100〕《隋書》卷四一《蘇威傳》，第1188頁。
〔註101〕韓昇：《隋煬帝傳》，第471～472頁。
〔註102〕《隋書》卷六七《虞世基傳》，第1572頁。
〔註103〕《隋書》卷六七《虞世基傳》，第1572頁。
〔註104〕《資治通鑒》卷一八二，煬帝大業十一年正月條，第5694頁。

「大業兵起，諸儒廢學。」

對隋唐之際江南士人的處境及其心態，唐長孺曾指出：東晉南朝以來，北人就以江南爲文物衣冠的正統所在，北朝末年以及隋初唐初，崇尚南朝文化蔚爲風氣，這使得江南舊門閥中的一部份人得以在隋唐之際以家學文才支撐門戶，依附並擠入關中勳貴集團核心。對於早就開始沒落並先後脫離自己宗族鄉里的南朝僑士士族來說，依憑文學進身的道路是他們在北方政權中獲得並保持政治地位的唯一可行的道路〔註105〕。

### 6.2.2.3 黎陽兵變與江都宮變

隋末楊玄感起兵開啟了官僚反對隋煬帝的先河，江都宮變則直接導致了隋朝的速亡，而這兩起事件的發生，常常被認爲是隋煬帝重用南人，引起了關隴集團的不滿，故有必要進行闡明。

對於楊玄感起兵的原因，司馬光歸因於隋煬帝「多猜忌」，使楊玄感兄弟「內不自安」所致〔註106〕。實際上，楊素死後，隋煬帝對楊玄感還是很賞識信任的，「寵遇日隆，頗預朝政。」楊玄感在大業初任宋州刺史，楊素死後任鴻臚卿，大業四年（608）晉升爲禮部尚書。楊岳因與楊玄感不和，曾言楊玄感會爲亂，隋煬帝都沒有聽進去〔註107〕。楊約因事被貶官，楊玄感爲此事而「憂瘁」，煬帝知道後，考慮到楊約的廢立功，徵楊約入朝〔註108〕。楊玄感起兵後，治書侍御史游元還以「尊公荷國寵靈，功參佐命，高官重祿，近古莫儔，公之弟兄，青紫交映」，告其竭誠盡節，上答鴻恩〔註109〕。

---

〔註105〕唐長孺：《魏晉南北朝隋唐史三論》，武漢：武漢大學出版社，1993 年，第 373 頁。

〔註106〕《資治通鑒》卷一八二，煬帝大業九年四月條，第 5672 頁載：「素恃功驕倨，朝宴之際，或失臣禮。帝心銜而不言，素亦覺之。及素薨，帝謂近臣曰：『使素不死，終當夷族』。玄感頗知之，且自以累世貴顯，在朝文武多父之故吏，見朝政日紊，而帝多猜忌，內不自安，乃與諸弟潛謀作亂」。牛致功、趙文潤《隋唐人物述評》（西安：陝西師範大學出版社，1989 年）第 81 頁也指出直接促使楊玄感起兵的原因莫過於其父楊素的下場。田廷柱《隋唐士族》（西安：三秦出版社，1990 年）第 63 頁也認爲楊玄感因受猜忌而被迫鋌而走險。滕新才《楊玄感起兵和隋末農民戰爭》（《文史雜誌》1994 年第 4 期）第 14～15 頁認爲楊玄感除家仇外，見天下怨聲載道，隋朝統治有滅亡之勢，故家仇、國恨兩因素促成楊玄感的反叛。

〔註107〕《舊唐書》卷七七《楊纂傳》，第 2673 頁。

〔註108〕《隋書》卷四八《楊素傳》，第 1294 頁。

〔註109〕《隋書》卷七一《游元傳》，第 1644 頁。

　　楊玄感反叛是蓄謀已久的。早在楊素時，已以自己的「累世尊顯」，廣招文武將史，又見文帝的猜忌日甚，「遂與諸弟潛謀廢帝，立秦王浩」。在楊玄感從征吐谷渾後，「玄感欲襲擊行宮」。但在其叔的勸阻下，「玄感乃止。」〔註110〕《隋書·蕭吉傳》載：蕭吉曾行經華陰，見楊素冢上有白氣屬天，密言於煬帝。「帝問其故，吉曰：『其候素家當有兵禍，滅門之象。改葬者，庶可免乎！』帝後從容謂楊玄感曰『公家宜早改葬』，玄感亦微知其故，以爲吉祥，託以遼東未滅，不遑私門之事。」〔註111〕楊玄感的野心可見一斑。而追隨楊玄感起兵者，除了李子雄、王仲伯、元務本、斛斯政等關隴世家大族子弟外，尚有「虞世基子柔、來護兒子淵、裴蘊子爽、大理卿鄭善果子儼、周羅睺子仲等四十餘人，」〔註112〕這些南人之後參與楊玄感動亂，就足以說明楊玄感起兵並非是因爲煬帝大用南人和山東人士，使得「他們政治話語權的被削弱，同時經濟利益亦大受剝奪，」〔註113〕事實上，楊玄感在準備叛亂的過程中，一個重要的手段便是結交各方面的人，《隋書》載楊玄感「性雖驕倨，而愛重文學，四海知名之士多趨其門。」〔註114〕如對南方士人虞綽「虛襟禮之，與結布衣之友，」〔註115〕對王冑「與交，數遊其第」〔註116〕等。當隋煬帝大規模進攻高麗，各地農民起義風起雲湧之時，楊玄感便趁此機會，展開了一場爭權奪勢的混戰。故而楊玄感的反叛只是統治階級內部矛盾激化後引發的一場叛亂，而楊玄感反叛的目的不過是從農民起義的革命烽火中鑽空子，企圖攫取皇位而已〔註117〕。隨著楊玄感的叛亂，許多地主階級也紛紛打著救民旗號粉墨登場，尤其是江南皇族餘裔的舉兵反隋，企圖恢復舊日的政權，無不暴露出恢復舊格局的陰謀。對此，當時太史令庾質就作過清醒的分析，指出楊玄感「地勢雖隆，素非人望，因百姓之勞，冀幸成功。今天下一家，未易

〔註110〕《隋書》卷七十《楊玄感傳》，第1616頁。

〔註111〕《隋書》卷七八《蕭吉傳》，第1777頁。

〔註112〕《資治通鑒》卷一八二，煬帝大業九年四月條，第5676頁。

〔註113〕王三北、嚴文科：《隋代國家權力與私家權力的矛盾——兼論隋朝滅亡的原因》，《西北師大學報》2002年第2期，第80～85頁。

〔註114〕《隋書》卷七十《楊玄感傳》，第1615頁。

〔註115〕《隋書》卷七六《虞綽傳》，第1740頁。

〔註116〕《隋書》卷七六《王冑傳》，第1742頁。

〔註117〕劉健明：《隋代政治與對外政策》第131頁，認爲「楊玄感有推翻隋煬帝之心，未必有結束隋朝之意。」王素：《大河滾滾》（北京：中華書局，2001年）也認爲楊玄感沒有稱帝，說明楊玄感反煬帝而不反隋。

可動。」〔註118〕

所謂江都宮變，即為隋煬帝大業十四年（618），以宇文化及、司馬德戡為首的關中人士唆使驍果發生政變，縊殺隋煬帝事。之後，大軍北歸，結果途中分崩離析。這實際上是北人發生的一場政變〔註119〕。

隋煬帝實行南北融通的政策，本欲解決王朝內部的離心力量，但卻適得其反，煬帝的南下更加劇了關隴和江南士人的矛盾，在關隴禁軍急於西歸時，隋煬帝也試圖採取了一些措施緩解這些矛盾，如搜括江都婦女「以配從軍」，迫使關隴禁軍「逐漸江南化」；如竇憲率眾逃亡時，給予追斬的嚴厲處罰；還將部份驍果分調會稽，以圖分化，然而並未產生多大效果。煬帝退至江都時，似乎還有恢復局勢的幻想，當李淵入據長安，「道路隔絕，遂無還心……由是築宮丹陽，將居焉。」〔註120〕618年煬帝決定遷都丹陽退守江南的決定，導致了其集團內部關隴人士和江淮人士之間矛盾的最後爆發。《隋書·趙才傳》載：「時江都糧盡，將士離心，內史侍郎虞世基、秘書監袁充等多勸帝幸丹陽。帝廷議其事，才極陳入京之策，世基盛言渡江之便。帝默然無言，才與世基相忿而出。」〔註121〕虞世基、袁充等江東人士主張煬帝南渡到丹陽，即原梁、陳舊都建康，而這與時「久客思鄉里」，「多謀叛歸」的關隴人士的利益是不相容的。

宇文化及等弒君奪權的成功，主要是利用了關隴驍果「久客羈旅，見帝無西意，謀欲叛歸」的情緒，宇文化及等欺詐驍果曰：「陛下聞說驍果欲叛，多醞毒酒，因享會盡酖殺之，獨與南人留此，」〔註122〕從而激起了驍果對「南人」的仇視和反抗情緒。而當司馬德戡等合謀舉事時，江南人士也有所察覺，並試圖反擊。然不久，煬帝被殺，虞世基、袁充、裴蘊、來護兒、許善心等南人盡皆遇害，煬帝南朝化的士族集團也遭到了毀滅性的打擊。

---

〔註118〕《隋書》卷七八《瘐季才附子質傳》，第1768頁。
〔註119〕汪籛《宇文化及及之殺煬帝及其失敗》（引自唐長孺：《汪籛隋唐史論稿》，北京：中國社會科學出版社，1981年）第279～288頁，認為起事者多為關隴人，而被殺外廷大臣皆為南人，因此認為此次事變與隋煬帝朝南北兩系大臣衝突有關。韓昇《論隋朝統治集團內部鬥爭對隋亡的影響》（《廈門大學學報》1987年第2期）第90～98頁，認為隋煬帝改變關中本位政策重用南人，結果導致兩派人士的衝突，故有江都事變的發生。與此持相同意見的還有何德章《江淮地域與隋煬帝的政治生命》（《武漢大學學報》1994年第1期）第88～95頁；王永平《隋代江南人士的浮沉》（《歷史教學》1995年第1期）第42～54頁等。
〔註120〕《隋書》卷二二《五行志上》，第639頁。
〔註121〕《隋書》卷六五《趙才傳》，第1541頁。
〔註122〕《隋書》卷八五《宇文化及傳》，第1889頁。

可見，長安淪陷，關中軍人惦記家人安危，急於北歸中原，而煬帝不察軍人動向，有意南渡丹陽，引發軍士怨憤，於是產生挾持煬帝北返的念頭，而宇文化及兄弟利用隋煬帝的大失人心，產生篡位之心，將挾持煬帝北歸的舉動轉變爲弒殺煬帝篡隋的行爲〔註123〕。

### 6.2.2.4　驕矜自用的用人之失

開皇二十年（600）文帝廢太子楊勇，立楊廣爲太子。伴隨著楊勇的廢黜，一批高級官員左衛大將軍、五原郡公元旻、太子左庶子唐令則、太子家令鄒文騰、左衛率司馬夏侯福、前吏部侍郎蕭子寶、前主璽下士何竦被處斬；車騎將軍閻毗、東郡公崔君綽、游騎尉沈福寶、瀛州民章仇太翼各仗一百，身及妻子、資財、田宅皆沒官；副將作大匠高龍義、率更令晉文建，通直散騎侍郎、判司農少卿事元衡處自盡。楊廣又網羅罪名廢蜀王秀，「相與連坐者百餘人。」漢王諒見蜀王秀被廢，「尤不自安，陰蓄異圖。」仁壽四年（604），隋文帝楊堅去世，漢王諒即舉兵，「於是從諒反者凡十九州」，據《資治通鑑》記載，漢王諒的軍隊在二十萬以上，可見規模頗大。是年，漢王諒被楊素等所敗，「諒所部吏民坐諒死徙者，二十餘萬家。」〔註124〕同時，許多元老重臣都因捲入這場鬥爭而被殺戮囚禁。煬帝大業三年（607）七月，又以誹誘朝政的罪名，殺光祿大夫賀若弼，禮部尚書宇文弨，太常卿高熲。尚書左僕射蘇威坐事免，是爲對關隴集團的一大震動。

考察高熲等被誅的原因，並不能說明煬帝壓制關隴勳貴的事實。煬帝即位之前，高熲與其有兩次矛盾，其一是伐陳之時，晉王廣大舉伐陳，高熲爲元帥長史，晉王爲輔佐，獨攬兵權。陳平後，晉王欲納陳主寵姬張麗華。熲曰：「武王滅殷，戮妲己。今平陳國，不宜取麗華。」乃命斬之，晉王甚不悅〔註125〕。其二，高熲反對廢長立幼。當時楊堅有廢立之意諮詢高熲，熲長跪

〔註123〕王光國：《論隋末江都事變》，《江海學刊》1988年第3期，第125～129頁。
〔註124〕《資治通鑑》卷一八〇，文帝仁壽四年正月條，第5613頁。
〔註125〕關於此事，《陳書》、《南史》的記載一致，但與《隋書》不一。《陳書‧後主張貴妃傳》第131頁，曰：「晉王廣命斬貴妃，膀於青溪中橋。《南史‧後主張貴妃傳》第348頁，曰：「晉王廣斬之（貴妃）於清溪中橋」。《隋書‧五行志下》第657頁，曰：「隋師執張貴妃而戮之」，並未指出張貴妃之死由何人所戮。筆者認爲，高熲和楊廣在俘獲陳後主、張貴妃、孔貴嬪後，應不會私自對他們作出處置，而這裡單殺張貴妃，極有可能是高熲爲了阻止楊廣而行此計策。此處所引爲《隋書》卷四一《高熲傳》，第1181頁。

曰：「長幼有序，其可廢乎！」〔註126〕以至於被除名，還差點被殺。但煬帝即位，拜高熲爲太常，掌管禮樂，並沒有要誅殺高熲的想法。據《隋書》載，煬帝繼位後與高熲衝突並將他誅殺，緣於三起事件。其一，煬帝下詔收北周、北齊故樂人及天下散樂。高熲奏曰：「此樂久廢。今若徵之，恐無識之徒棄本逐末，遞相教習」，認爲此舉恐會造出奢靡之風，與國與民無益，結果煬帝不悅〔註127〕。第二，煬帝大興土木，聲色滋甚，高熲謂太常丞李懿曰：「周天元以好樂而亡，殷鑒不遙，安可復爾！」而當煬帝召啓民可汗宴餉時，高熲認爲過於奢侈，謂太府卿何稠曰：「此虜頗知中國虛實、山川險易，恐爲後患。」〔註128〕其三，高熲認爲煬帝繼位以來多所改革，造出「朝廷殊無綱紀」的局面。高熲之說可能並無惡意，但與煬帝之意不符，當有人奏之，煬帝以爲謗訕朝政下詔誅之，諸子徙邊。同時被奏的還有禮部尚書宇文弼、光祿大夫賀若弼、宰相蘇威。

　　史載隋煬帝「性多詭譎」，又「猜忌臣下，無所專任，朝臣有不合意者，必構其罪而族滅之。」〔註129〕他誅殺高熲、賀若弼等並非是排斥關隴勳貴，而是他們的忤逆和譏謗、不屈從於煬帝的權力意志，而受此案牽連的蘇威，因告饒而免死，後因迎合煬帝旨意，成爲「五貴」之一。再如，雲定興爲楊勇岳父，但他在楊勇被殺後通過賄賂宇文述，奏請殺楊勇諸子而得到煬帝的歡心，授官少府丞並步步高升，直至左屯衛大將軍。《隋書・牛弘傳》稱，煬帝時期，「隋室舊臣，始終信任，悔吝不及，唯弘一人而已。」〔註130〕這些只是由於煬帝的猜忌所致，與地域關係不大。

〔註126〕《隋書》卷四一《高熲傳》，第1182頁。
〔註127〕《隋書》卷四一《高熲傳》，第1184頁。
〔註128〕《隋書》卷四一《高熲傳》，第1184頁。
〔註129〕《隋書》卷四《煬帝紀下》，第94頁。
〔註130〕《隋書》卷四九《牛弘傳》，第1310頁。

# 第七章　對隋朝君臣關係確立與速亡的幾點思考

公元 581 年，楊堅稱帝，國號爲隋，正式完成了由臣到君的轉變，隋朝君臣關係得以確立。公元 618 年，李淵稱帝，國號爲唐，隋朝滅亡，也意味著隋朝君臣關係的結束。關於隋朝速興速亡的原因，史界觀點不一，本章著力從隋朝君臣關係的確立與速亡的角度，提出幾點思考。

## 第一節　楊堅代周立隋的偶然性和必然性

楊堅從大象二年（580）五月入總朝政，到大定元年（581）二月接受周靜帝之「禪讓」，正式建立楊隋王朝，僅僅用了九個月的時間。爲了解釋這種突起的變局，學者們多強調楊堅的家世及其婚姻背景，指出此背景頗有利於其篡代〔註1〕；也有學者認爲楊堅素懷政治野心，篡周是做了長期人事準備的〔註2〕，還有學者受楊堅出身漢人弘農華陰名門家族的影響，得出楊堅之所以

〔註 1〕 韓國磐在《隋唐五代史綱》（北京：人民出版社，1977 年）第 22～23 頁，指出「楊堅不僅是關、隴集團上層強有力的軍事統帥，而且是皇親國戚，享有很高的政治地位」；崔瑞德《劍橋中國隋唐史》（北京：中國社會科學出版社，1990 年），第 58～59 頁，指出楊堅是「六世紀典型的西北貴族」，「楊氏通過與非漢族的名門進行深謀遠慮的聯姻，以確保他們的地位不衰，特權長存」。楊堅「娶北方非漢族中權勢最大的門第之一獨孤氏的女兒爲妻。這樣，他在三十幾歲時已是一個有成就的、攀名門爲親的軍人」。高明士《隋唐五代史》（臺北：里仁書局，2006 年）第 37 頁，指出「楊堅在北周朝廷中，實爲皇親國戚，此一背景頗有利于堅之篡代」。

〔註 2〕 胡如雷：《隋文帝楊堅的篡周陰謀與即位後的沉猜成性》，選自中國唐史學會《中國唐史學會論文集》，西安：三秦出版社，1991 年，第 144～148 頁。

很容易取得政權，乃是關隴漢族支持的結果〔註3〕。對於以上諸說，筆者認爲尚有值得商榷之處。本章由楊堅興起的過程，楊堅統治集團官僚階層的構成，以及楊堅對其君權的政治宣傳等方面闡述了楊堅君權合法性的建構。

## 7.1.1 楊堅代周立隋的過程分析

### 7.1.1.1 由楊堅的興起過程談起

據《隋書》載：楊堅生於西魏大統七年（541），14 歲時被京兆尹薛善辟爲功曹。15 歲以太祖勳授散騎常侍、車騎大將軍、儀同三司，封成紀縣公。16歲遷驃騎大將軍，加開府。17 歲授右小宮伯，進封大興郡公。21 歲遷左小宮伯。25 至 28 歲出爲隋州刺史，進位大將軍。28 歲那年，父親楊忠去世，楊堅襲爵爲隋國公。以上楊堅年紀輕輕即任官職，當是來自父親的庇蔭，但翻閱《周書》，在西魏、北周時，功臣子弟位至州刺史、大將軍者比比皆是，楊堅並無特別突出之處。周武帝親政時，齊王宇文憲曾言楊堅有反相，武帝曰：「此止可爲將耳，」〔註4〕後來劉昉等人引楊堅執政，楊堅與其弟楊瓚謀劃策略，瓚反對曰：「作隋國公恐不能保，何乃更爲族滅事邪？」甚至在楊堅輔政時，楊瓚見「羣情未一，恐爲家禍，陰有圖高祖之計，」〔註5〕這些都反映出在當時楊堅並未表現出什麼特殊的能力或者楊堅的能力尚未得到當時人的認可。

就楊堅的婚姻背景來看，楊堅在北周孝閔帝元年（557）娶獨孤信第七女爲妻〔註6〕。獨孤信爲西魏八柱國、十二大將軍之一，地位顯赫。然兩三個月後，

---

〔註3〕吳楓：《隋唐五代史》（北京：人民出版社，1958 年）第 20 頁，指出：「楊堅執政後，他能團結一批北周政權中的上層分子，並積極進行了一些革新工作，因而取得了關隴豪族的支持和廣大漢族人民群眾的好感。長時期的北方外族統治大權，終爲以楊堅爲首的漢族地主政權所代替」。

〔註4〕《隋書》卷二《高祖紀上》，第 2 頁。

〔註5〕《隋書》卷四四《滕穆王瓚傳》，第 1221 頁。

〔註6〕關於楊堅與獨孤氏的結婚年代，史無明文。《隋書·文獻獨孤皇后傳》載獨孤后卒年是在仁壽二年（602），時年 50。又載「（獨孤）信見高祖（楊堅）有奇表，故以後妻焉，時年十四」。可見這場婚姻由獨孤信所親定。而獨孤信於北周孝閔帝元年（557）三月被賜自盡。若以獨孤后存年 50，逆推皇后出嫁是在北周武帝天和元年（566），當時獨孤信已死約 9 年，顯然與史事不合。又據《北史·隋文獻皇后獨孤氏傳》載記時年 59。若以此逆推，則皇后出嫁爲孝閔帝元年（557），獨孤信三月自殺，在一月至三月這三個月中，獨孤信是有足夠的時間將女兒嫁出的。此處參考陶廣峰《隋文獻獨孤皇后存年考辨》（《史學月刊》1987 年第 5 期），第 23～24 頁。

獨孤信因反對宇文護專權，被「逼令自盡於家。」獨孤信長女雖在明帝二年（558）正月被冊為皇后，但三個月後即崩，死因不明。獨孤信諸子或被廢於家或遭流放，可以說是家道中衰。在這期間，宇文護為擴張自己的勢力，欲引楊堅為心腹，但因楊忠「兩姑之間難為婦，汝其勿往」〔註7〕的勸告，楊堅並未附從宇文護，故而在宇文護長達 15 年的專權時期，楊堅倍受猜忌，宇文護「屢將害焉」〔註8〕。楊堅的仕途也一直被冰凍在起家的職位上，從明帝即位（557）到武帝保定五年（565）左右，他擔任了整整八年的宿衛官，由右小宮伯遷為左小宮伯，幾乎沒有什麼變化。楊堅的地位發生改變應是在建德元年（572）武帝殺宇文護之後，獨孤家平反，楊堅因未與宇文護同黨，屬於親帝派而受到重用。建德二年（573），武帝聘楊堅長女為太子妃，益加禮重。宣帝即位（578），楊堅「以后父徵拜上柱國、大司馬。」大象元年（579），宣帝初置四輔官，楊堅成為四輔之一的大後丞，俄轉大前疑，位居四輔官之首，處於位高權重的地位。

　　然而宣帝政局詭譎不安，他隨意濫殺大臣，多所猜忌，造成人心惶惶。在這種情況下，楊堅雖為新貴，也是如履薄冰，朝不保夕。「后父大前疑堅，位望隆重，天元忌之，嘗因忿謂后曰：『必族滅爾家。』因召堅，謂左右曰：『若色動，即殺之。』堅至，容色自若，乃止。」〔註9〕楊堅之女雖為皇后，但宣帝除楊后外，又相繼立了四位皇后，楊后也幾乎被逼死，「嘗譴后，欲加之罪」，並「賜后死，逼令引訣，」〔註10〕可見，楊后當時並不得寵。據《隋書》載，楊堅在「情不自安」時，暗中向舊友鄭譯求助：「久願出藩，公所悉也。敢布心腹，少留意焉」〔註11〕。欲求外放以保安全，故而鄭譯向宣帝建議派楊堅鎮守壽陽，宣帝從之。大象二年（580）五月己丑下詔以楊堅為揚州總管，楊堅將要啟程，突然足疾發作，沒有馬上出發。五月乙未宣帝暴病，己酉暴亡，劉昉等矯詔引楊堅輔政，是為歷史發展的一大變局。

### 7.1.1.2 以劉昉等人的陰謀觀之

　　宣帝崩後，靜帝宇文闡繼位，年僅八歲。《隋書·劉昉傳》載，「昉見靜帝幼沖，不堪負荷。然昉素知高祖，又以后父之故，有重名於天下，遂與鄭

〔註7〕《資治通鑒》卷一七0，臨海王光大二年七月條，第5274頁。

〔註8〕《隋書》卷二《高祖紀上》，第2頁。

〔註9〕《隋書》卷二《高祖紀上》，第3頁。

〔註10〕《周書》卷九《宣帝楊皇后傳》，第146頁。

〔註11〕《隋書》卷三八《鄭譯傳》，第1136頁。

譯謀，引高祖輔政。」〔註12〕楊堅對此事的評價爲「微劉昉、鄭譯及賁、柳裘、皇甫績等，則我不至此……及帝大漸……此輩行詐，顧命於我，」〔註13〕道出了劉昉等人引其輔政的別有用心。事實證明，楊堅並非是輔政的最佳人選，他的輔政也並非是「做了長期人事準備的。」

首先，楊堅雖爲「后父」，但楊后並非靜帝之生母。雖然靜帝生母朱皇后入宮是因其家犯法，被收入東宮，可能其家族沒有適合輔政之人，但宣帝生前共立有五位皇后，而元皇后之父元晟、陳皇后之父陳提山均有一定的權力，尤其是尉遲皇后乃尉遲迥之孫女，尉遲迥是宇文泰的外甥、楊堅父親楊忠的同輩，功勞、地位、聲望均遠在楊堅之上。其次，楊堅作爲新貴，根基淺，資望少。楊堅雖在武帝親政後受到重用，但地位並不突出。據呂春盛統計，武帝伐齊之前，楊堅還只是拜大將軍，但此時功臣子弟中拜柱國者，至少已有十餘人。武帝兩次伐齊，楊堅都受重任領軍出征，平齊後，進位柱國，但此時被拜上柱國者已達十餘人〔註14〕。司馬光論曰：「文帝之於周室，非有元功厚德素洽於人。」〔註15〕王夫之認爲：「堅雖有后父之親，未嘗久執國柄，如王莽之小惠偏施也；抑未有大功於宇文周，如劉裕之再造晉室、滅虜破賊也；且未嘗如蕭道成僅存於誅殺之餘，人代爲不平而思逞也；堅女雖尸位中宮，而失寵天元，不能如元后之以國母久秉朝權也。」〔註16〕近人呂思勉也評曰：「自來篡奪之業，必資深望重，大權久在掌握而後克成，而高祖（楊堅）獨以資淺望輕獲濟。」〔註17〕由此可見，楊堅當時羽翼未豐，也無大功，不足以服人心。再次，據《周書》載，大象二年（580）五月宣帝病重時，已下詔召五王入朝，「丁未，追趙、陳、越、代、滕五王入朝。己酉，大漸……是日，帝崩於天德殿。」〔註18〕宣帝此時詔五王入朝，其意圖不言而喻。

〔註12〕《隋書》卷三九《劉昉傳》，第 1131 頁。
〔註13〕《隋書》卷三八《盧賁傳》，第 1143 頁。
〔註14〕呂春盛：《關隴集團的權力結構演變——西魏北周政治史研究》，臺北：稻鄉出版社，2002 年，第 284 頁。
〔註15〕佚名：《歷代名賢確論》卷六六《文帝煬帝》，影印文淵閣四庫全書，第 687 冊，第 551 頁。
〔註16〕王夫之：《讀通鑑論》卷一八《宣帝》，第 619 頁。
〔註17〕呂思勉：《兩晉南北朝史》，第 772 頁。
〔註18〕關於宣帝駕崩日期，《周書·宣帝紀》與《隋書·高祖紀》所記不同，史學界一般按《資治通鑑》卷一七四「宣帝太建十二年五月」條，第 5409 頁記載：「堅恐諸王在外生變，以千金公主將適突厥爲辭，徵趙、陳、越、代、滕五王入朝。」認爲五王爲楊堅誑騙到京城的。然據《周書·趙僭王招傳》第 203

宣帝暴卒，朝政必然混亂，人心浮動。史稱劉昉「以技佞見狎」，「性粗疏」，「溺於財利」〔註19〕，鄭譯「性輕險，不親職務，而贓貨狼籍，」〔註20〕如果五王回朝執政，劉昉等的職權必然受到很大的威脅，故而爲了維護其既得利益，防止大權旁落，他們迫切需要在朝中尋找可以抵擋五王回朝執政之人。楊堅與鄭譯是故交，又於宣政元年（578）出任大司馬，手握重兵，且以他「后父」的身份受遺輔政可以做到名正言順，故而楊堅很自然成爲劉昉等拒斥五王入朝的合適人選。當時劉昉任小御正大夫，鄭譯爲內史上大夫，正是天子親信，負責執掌帝言、下傳帝命之職。劉昉遂與鄭譯謀，矯詔引楊堅輔政。在經過一番推託說服之後，楊堅便「以外戚之尊，受託孤之任」，是以「周室舊臣，咸懷憤惋。」〔註21〕

劉昉等人引楊堅輔政，並非是要忠心擁戴。《隋書・李德林傳》載：「鄭譯、劉昉議，欲授高祖冢宰，鄭譯自攝大司馬，劉昉又求小冢宰。」在北周六官制度裏，冢宰雖爲六官之首，但在武帝誅殺宇文護後，冢宰已是名重權輕，鄭譯和劉昉等的人事安排，無疑是架空楊堅的意思。楊堅私問李德林「欲何以見處？」德林曰：「即宜作大丞相，假黃鉞，都督內外諸軍事。不爾，無以壓眾心。」及發喪，便即依此。「以譯爲相府長史，帶內史上大夫，昉但爲丞相府司馬。譯、昉由是不平。」〔註22〕呂思勉論曰：「觀此，便知譯、昉所以引高祖之故，而亦知高祖所以克成大業之由。蓋譯、昉之意，原欲與高祖比肩共攬朝權，而不意高祖究係武人，兵權既入其手，遂抑譯、昉爲僚屬也。」〔註23〕楊堅自任「大丞相，假黃鉞，都督內外諸軍事」的人事安排，成功地避開了陷阱，在奪取政權的道路上，邁出了至關重要的第一步。

<hr>

頁記載：「（大象）二年，宣帝不豫，微招及陳、越、代、滕五王赴闕。比招等至而帝已崩」，認爲五王爲宣帝下詔徵入京城的。筆者認爲，年僅22歲的宣帝暴病，並未料到一病不起，但在病情加重自感時日不多的情況下，詔五王入京處理後事，這才合乎常情。然宣帝在下詔第二日便薨，劉昉等矯詔輔政之心應已早生，故而詔書是否得到傳達已不得而知。此處所引爲《周書・宣帝紀》，第124頁。
〔註19〕《隋書》卷三八《劉昉傳》，第1131～1132頁。
〔註20〕《隋書》卷三八《鄭譯傳》，第1137頁。
〔註21〕《隋書》卷二《高祖紀下》，第55頁。
〔註22〕《隋書》卷四二《李德林傳》，第1198～1199頁。
〔註23〕呂思勉：《兩晉南北朝史》，第772頁。

### 7.1.1.3 從北周政局的演變來看

西魏政權本由北鎮勢力、關隴土著和追隨魏帝勢力組成。到西魏後期，政權主要掌握在宇文泰的親信兵團手中，不但其他兩股勢力處於邊陲地位，甚至非宇文泰嫡系的北鎮勢力也被排擠在核心權力之外。宇文泰死後，宇文護扶持宇文泰嫡長子宇文覺篡魏建周，並任大司馬掌兵攝政，架空了北鎮元老趙貴及獨孤信等人的權力，引起趙貴等的圖謀政變。宇文護迅速剷除了這次謀反事件，宇文泰親信兵團完全掌握了政權。但隨之而來的宇文護專權，引起了其與孝閔帝宇文覺之間的對立與衝突。宇文護大肆拉攏功臣宿將，對親己派加以重用，親帝派則極盡排擠迫害。九個月後，宇文護幽禁並殺害了孝閔帝，同時孝閔帝親信李植、孫恆、乙弗鳳等亦先後被害，李植父李遠被逼自殺，李植弟叔諧、叔謙、叔讓也被殺，李遠兄李賢、弟李穆被坐除名。此時距離宇文泰死還不滿一年的時間。

孝閔帝被廢，宇文護改立宇文泰長子宇文毓爲帝，是爲明帝。明帝鑒於孝閔帝被廢、被弒的教訓，並未與宇文護正面衝突，而是小心翼翼地培植自己的勢力。武成二年（560）四月，宇文護毒殺了明帝，武帝宇文邕即位，時年 18 歲。武帝「聰敏有器質」，「深沉有遠識」，在他的韜光養晦下，終於在天和七年（572）三月誅殺了宇文護，此時距離北周建立已過去了整整 15 年。在這場骨肉相殘的悲劇鬥爭中，不但宇文氏的勢力被嚴重削弱，而且原宇文泰的親信兵團也逐漸凋零殆盡，朝政腐敗，人心渙散，北周王朝威信日漸式微。

武帝親政時期，勵精圖治，富國強兵。他重新啓用了被廢被貶的李穆和竇熾等爲數不多的北鎮元老大臣，又廣封宗室人物，出居要職地位，以建「磐石之固」，只是權力核心基本不出原宇文泰集團的範圍，原關隴和魏帝勢力依然被排斥在外，這無疑爲王朝的穩定埋下了隱患。宣政元年（578）六月，年僅 36 歲的武帝病亡，這距離他親政也僅僅六年的時間，長期政治衝突所造成的局面還不足以得到穩定，宇文家族的地位也未曾得以穩固。

繼位的宣帝荒淫無度，暴虐成性，他大肆誅殺宇文宗室和元老大臣，又將諸叔父分別派往邊國，以專朝政。他對人民加重徭役，對貴族公卿任意楚撻，弄得「內外恐懼，人心不安」，被排擠的勢力在等待翻身的機會。大象二年（580）五月，22 歲的宣帝暴崩。劉昉等人秘不發喪，引楊堅入總朝政，都督內外諸軍事。楊堅進位大丞相，總攬軍政大權，以武力強壓百官隨自己入府〔註24〕，迅

〔註24〕《隋書》卷三八《盧賁傳》，第 1141～1142 頁載：「及高祖初被顧託，羣情未

速組成了大丞相府班底。接著他積極改革宣帝弊政，招納拉攏親信俊才、功臣勳將，又利用朝政優勢，「挾天子以令諸侯」，成為他取得勝利的關鍵。

由於受到正史記載楊堅出身於弘農華陰漢族名門的影響，一些學者認為楊堅所以很容易取得政權，乃是漢族人民長期鬥爭的結果〔註25〕，甚至認為在北周末期，楊堅以其特殊的家庭背景與婚姻關係，已成為漢人統治集團的領袖，即連鮮卑統治階層亦難與其匹敵〔註26〕。其實不然。楊堅自謂系出弘農楊氏漢族名門之後，但從《新唐書》中所見《宰相世系表》，楊堅的世系中斷，頗多曖昧不清之處，對此，清代沈炳震在《唐書宰相世系表訂偽》早已提出質疑〔註27〕。在一般通論性的著作中，也有不少學者提出異議，如陳寅恪根據楊忠與山東寒族呂氏聯婚，聯繫當時門第重視婚娶之風氣，推論楊忠可能是山東或鄰近地區的漢人寒族〔註28〕。韓昇《隋文帝傳》專文考證隋室不出自弘農楊氏〔註29〕。故而隋室出自弘農華陰漢族名門之記載應不足採信。但自北魏初年楊元壽任武川鎮司馬以來，楊堅家族已有五代居於北邊胡化之地的武川鎮，因而其家族具有相當的胡族文化色彩。且在楊堅奪權鬥爭中，為他所重用、對他產生深遠影響的很多都是胡人，如「當朝執政將二十年，朝野推服，物無異議」的高熲為高句麗人〔註30〕；元老李穆為高車族人〔註31〕，大司徒王誼為高麗族人〔註32〕，于謹、于義、于仲文為萬忸于族人〔註33〕，楊義臣本姓尉遲，為鮮卑人〔註34〕；

---

一，乃引貴置於左右。高祖將之東第，百官皆不知所去。高祖潛令貴部伍仗衛，因召公卿而謂曰：『欲求富貴者，當相隨來。』往往偶語，欲有去就。貴嚴兵而至，眾莫敢動」。要麼被殺頭，要麼臣服，可見，楊堅大權在握，很多朝臣為武力脅迫所致。

〔註25〕　吳楓：《隋唐五代》，第 20 頁。
〔註26〕　高明士：《隋代中國的統一──兼述歷史發展的必然性與偶然性》，選自史念海：《唐史論叢》（第七輯），西安：陝西人民出版社，1998 年，第 81 頁。
〔註27〕　沈炳震：《唐書宰相世系表訂偽》卷二，選自《二十五史補編》，第 7579 頁。
〔註28〕　見萬繩楠整理的《陳寅恪魏晉南北朝史講演錄》（合肥：黃山書社，1987 年）第 288～290 頁；王永興《楊隋氏族問題述要──學習陳寅恪先生史學的一些體會》，收於《季羨林教授八十華誕紀念論文集》（上卷）（南昌：江西人民出版社，1991 年）第 365～372 頁。
〔註29〕　韓昇：《隋文帝傳》，第 34～37 頁。
〔註30〕　姚薇元：《北朝胡姓考》，北京：中華書局，1962 年，第 272 頁。
〔註31〕　姚薇元：《北朝胡姓考》，第 299 頁。
〔註32〕　姚薇元：《北朝胡姓考》，第 275 頁。
〔註33〕　姚薇元：《北朝胡姓考》，第 56 頁。
〔註34〕　姚薇元：《北朝胡姓考》，第 346 頁

段文振爲鮮卑族人〔註35〕，王辯爲鉗耳族人〔註36〕，工部尙書長孫毗、吏部尙書長孫平、上柱國長孫覽乃後魏帝室之後〔註37〕，元冑更是北魏宗室之後。甘懷眞對楊堅相府僚屬或親信統計共33人，胡人亦占一定的比例〔註38〕。韓昇統計六部尙書和禁軍衛府大將軍的情況，得出胡族出身的官員佔有相當比例，在六部和軍隊長官總數中占36.5%，其中，在兵部和民部尙書中均占43%弱，在工部尙書中占57%，在禁軍衛府大將軍中占46%強。在集權體制下，軍隊是國家的支柱，被置於皇帝的嚴格控制之下，先後有十名皇族外戚（占38.5%）擔任禁軍大將軍，充分體現其重要性，而胡人在此部門佔有如此高的比例，足見胡族仍深受信任與重用〔註39〕。故而，楊堅所吸收拉攏的並不僅僅是漢人，支持楊堅的也不僅僅是漢人，而是長期被冷落的關隴豪族和魏帝派系勢力。楊堅正是利用了他們的力量，才內平宇文氏「六王」的反抗，外抵宇文氏家族勢力——尉遲迥等的動亂，不到三個月的時間，便徹底清除了反對勢力，終移周祚，執政爲帝。

### 7.1.1.4 楊堅的才智與勢之使然

史稱楊堅「性嚴重，有威容，外質木而內明敏，有大略。」〔註40〕早在建德末年，身爲亳州總管的他就大膽地對其屬僚郎茂批評周武帝道：「人主之所爲也，感天地，動鬼神，而《象經》多糾法，將何以致治？」〔註41〕當即令郎茂大爲震驚、歎服。大象年間，楊堅又毫無顧忌地對其朋友宇文慶抨擊周宣帝的失政，說：「天元實無積德，視其相貌，壽亦不長。加以法令繁苛，耽恣聲色，以吾觀之，殆將不久。又復諸侯微弱，各令就國，曾無深根固本之計，羽翮既剪，何能及遠哉！」〔註42〕表現了他政治上的敏感性和對時事的洞察力。

楊堅得政之初，「羣情不附，諸子幼弱，內有六王之謀，外致三方之亂。

〔註35〕 姚薇元：《北朝胡姓考》，第244頁
〔註36〕 姚薇元：《北朝胡姓考》，第326頁
〔註37〕 姚薇元：《北朝胡姓考》，第14頁。
〔註38〕 韓昇：《隋文帝傳》，第324～327頁。
〔註39〕 韓昇：《隋文帝時代中央高級官員成分分析》，《學術月刊》1998年第9期，第101頁載：周隋嬗替乃漢人推翻胡人政權的鬥爭，不能成立；毋寧說，隋朝糾正了北朝的歧視漢人政策。
〔註40〕 《隋書》卷二《高祖紀下》，第54頁。
〔註41〕 《隋書》卷六六《郎茂傳》，第1554頁。
〔註42〕 《隋書》卷五十《宇文慶傳》，第1314頁。

握強兵、居重鎮者，皆周之舊臣。」〔註43〕為掩人耳目，他加封宣帝弟宇文贊為上柱國、右大丞相，位在楊堅之上，然宇文贊當時年未弱冠，性識庸下，劉昉飾美妓進於贊，並說贊曰：「大王，先帝之弟，時望所歸。孺子幼沖，豈堪大事！今先帝初崩，群情尚擾，王且歸第。待事寧之後，入為天子，此萬全之計也。」〔註44〕宇文贊信以為然，遂從之，於是京城之大權，盡歸於楊堅。為收攬民心，楊堅針對周朝弊政發布了兩項的重要措施，即五月底針對宣帝法律苛繁的情況，頒佈《刑書要制》，以輕代重，化死為生；六月初針對武帝廢毀佛道而人民反感的情況，下詔「復行佛、道二教，舊沙門、道士精誠自守者，簡令入道。」〔註45〕當然，最能體現楊堅才華的是他迅速的平定內外叛亂。

大象二年（580）六月初四，宣帝崩後十多天，五王齊集京城，與雍州牧畢王賢謀殺楊堅。時楊雄為別駕，知道後密告楊堅。六月十日，楊堅以謀害執政罪誅殺畢王賢全家。七月，殺趙王招、越王盛。十月和十二月又以同樣的罪名再殺陳王、代王、滕王三家，穩固了自己的政權。

然而最棘手的是六月尉遲迥在相州起兵，七月司馬消難在湖北起兵，以及八月王謙在成都起兵。三位在當時都是德高望重的老將，且手握重兵。尉遲迥所管「相、衛、黎、毛、洺、貝、趙、冀、瀛、滄」，其弟子勤時為青州總管，「所統青、膠、光、莒諸州，皆從之」，此外，「滎州刺史邵公宇文冑、申州刺史李惠、東楚州刺史費也利進、東潼州刺史曹孝達，各據州以應迥。迥又北結高寶寧以通突厥；南連陳人，許割江、淮之地。」〔註46〕

司馬消難為靜帝正陽宮皇后之父，在尉遲迥起事後，隨即舉兵響應，「所管鄖、隨、溫、應（土）順、沔、環、岳九州，魯山、甑山、沌陽、應城、平靖、武陽、上明、（涢）水八鎮，並從之。」〔註47〕

王謙父親王雄，是西魏宇文泰的大將軍，為關隴集團的核心成員。「所管益、潼、新、始、龍、邛、青、瀘、戎、寧、汶、陵、遂、合、楚、資、眉、普十八州及嘉、渝、臨、渠、蓬、隆、通、興、武、庸十州之人多從之。」〔註48〕

〔註43〕《隋書》卷二《高祖紀下》，第54頁。

〔註44〕《隋書》卷三八《劉昉傳》，第1131頁。

〔註45〕《周書》卷八《靜帝紀》，第132頁。

〔註46〕《周書》卷二一《尉遲迥傳》，第349～351頁。

〔註47〕《周書》卷二一《司馬消難傳》，第354頁。

〔註48〕《周書》卷二一《王謙傳》，第353頁。

三方從河南、山東到湖北、四川便形成了一個反楊堅的勢力圈，其中又以尉遲迥勢力最大，有眾數十萬人。

在討伐三方之亂中，楊堅得勝的關鍵之一是得到李穆、于翼、竇熾等元老的支持。李穆當時任并州總管，并州是「天下精兵處」，舊北齊的軍事重鎮；于翼時任幽州總管，手握重兵；竇熾時爲京洛營作大監，尉遲迥舉兵，「熾乃移入金墉城，簡練關中軍士得數百人，與洛州刺史、平涼公元亨同心固守」，不附尉遲迥。李穆、于翼、竇熾三人，是北周少數僅存的元老重臣，這時不附尉遲迥而助楊堅，史臣曰：「若舍彼天時，征諸人事，顯慶（李穆）起晉陽之甲，文若（于翼）發幽薊之兵，協契岷峨，約從漳滏，北控沙漠，西指崤函，則成敗之數，未可量也。」〔註49〕可見，三人的襄助無疑是楊堅取得勝利的關鍵之一。

與此同時，楊堅積極招納了一批親信，並迅速組建了一支屬於自己的官吏隊伍。如韋孝寬是關隴地區的第一流門第，是周隋之際元老級將領之一，楊堅爲丞相後，立即派韋孝寬爲相州總管，接替尉遲迥的位子，即奪取尉遲迥的兵權，當楊堅與尉遲迥對決時，楊堅又以韋孝寬爲行軍元帥，統率關中兵馬討尉遲迥，當時韋孝寬已是七十二歲高齡，臥病不起，在病榻上指揮軍情。楊堅在此關鍵性戰役中啓用這位「垂垂老者」，其目的就是借助韋孝寬的資望，爭取關隴豪族的支持。楊堅又令襄州總管王誼討司馬消難，命行軍元帥梁睿討平王謙，傳首闕下，亂事悉平。王夫之曰：「乃其大臣如韋孝寬、楊惠、李德林、高熲、李穆皆能有以自立者，翕然奉楊氏而願爲之效死。」〔註50〕成爲時局成敗的關鍵。

觀乎楊堅的崛起及其代周立隋過程，確是含有一定的偶然因素。他入朝輔政，事出突然，而引他輔政的劉昉、鄭譯等人沒有料到他後來竟篡周室，起兵攻打尉遲迥等的功臣老將也沒有料到大權會完全落入楊堅之手，就連楊堅自己可能也不會想到形勢演變之迅速。這表明楊堅的代周立隋也是有一個思維轉變過程，並非一開始就有篡位的念頭。事實上，楊堅在宣帝生病前一周，還請命外任藩國以避禍。在劉昉等人謀引他輔政，他的表現是「固讓，不敢當。」「固讓不許。」劉昉勸道：「公若爲，當速爲之；如不爲，昉自爲也。」〔註51〕柳裘也曰：「時不可再，機不可失，今事已然，

---

〔註49〕《周書》卷三十，史臣曰，第 530 頁。
〔註50〕王夫之：《讀通鑑論》卷一八《宣帝》，第 619 頁。
〔註51〕《隋書》卷三八《劉昉傳》，第 1131 頁。

宜早定大計。天與不取，反受其咎，如更遷延，恐貽後悔。」〔註52〕最後「高祖乃從之。」可見，楊堅在是否輔政問題上，曾有過猶豫不決的態度。至於他取代周朝政權，更是得到了大臣的支持，李穆「以天命有在，密表勸進。」〔註53〕梁睿「密令勸進。」〔註54〕盧賁進說曰：「周歷已盡，天人之望實歸明公，願早應天順民也。天與不取，反受其咎。」〔註55〕「隋文帝初爲相國，百官皆勸進。」〔註56〕這些都說明，楊堅得以順利稱帝是在臣僚的大力推動下完成的。楊堅入總朝政時，獨孤后使人謂之曰：「大事已然，騎獸之勢，必不得下，勉之！」〔註57〕楊堅「吾今譬猶騎獸，誠不得下矣」〔註58〕的感慨，皆揭示楊堅既已掌權，已無退路，形勢迫使他不得不順勢奪取政權。

北周立國不久，恩德未洽，君威未建，而宣帝行苛酷之政，以致群情洶湧，內外離心，而武帝宣帝在兩年內相繼暴薨，北周的腐朽，楊堅的才智與謀略，以及他對當時有利形勢的充分利用，一批積極支持者對他的鼎力相助，最終促使他完成了代周立隋的轉變。那麼，這些文臣武將爲何會積極襄助楊堅？這是一個值得深思的問題。

## 7.1.2 楊堅革命集團的構成分析

北周末年因宣帝的暴政，已造成政局的恐怖不安，而面對宣帝的暴亡，靜帝的年幼，楊堅的強行輔政，這種突如其來的變局，朝臣十分困惑，在這種情況下，北周官僚大致出現了三種動向。

第一種是尉遲迥、劉昉等乘機角逐權力者。

第二種動向是志在「扶翼周朝」者。在周末，一些老將雖然助楊堅討尉遲迥，然他們的本意只是順從中央朝廷之命行事，並未料到楊堅之篡奪野心，後來楊堅權勢坐成，「而其篡奪，轉莫之能禦矣。」〔註59〕如竇熾在楊堅輔政時，請求入朝。但在平定尉遲迥，百官皆勸楊堅稱帝時，「熾自以累代受恩，

〔註52〕《隋書》卷三八《柳裘傳》，第1138～1139頁。
〔註53〕《隋書》卷三七《李穆傳》，第1116頁。
〔註54〕《隋書》卷三七《梁睿傳》，第1127頁。
〔註55〕《隋書》卷三八《盧賁傳》，第1142頁。
〔註56〕《周書》卷三十《竇熾傳》，第520頁。
〔註57〕《隋書》卷三八《文獻獨孤皇后傳》，第1108頁。
〔註58〕《隋書》卷七八《庾季才傳》，第1766頁。
〔註59〕呂思勉：《兩晉南北朝史》，第772頁。

遂不肯署箋」〔註60〕，表明了竇熾的政治動向。柳機在宣帝時多次進諫未被採納，又見宣帝德行有虧，遂暗中託付鄭譯，謀求調外任，楊堅擔任宰相後，將他召回京城。但當大家都勸楊堅受禪時，柳機「獨義形於色，無所陳請，」〔註61〕柳機外調，含有很明顯的避禍之意，此時楊堅輔政將他調回京城，他本應該積極支持，但他的表現是無一言奏請，表明了他並不贊同楊堅執政。再如楊堅爲相後，裴肅聞而歎曰：「武帝以雄才定六合，墳土未乾，而一朝遷革，豈天道歟！」〔註62〕表明了裴肅的政治動向。又如竇毅之女聞周主禪，自投堂下撫膺太息曰：「恨我不爲男子，救舅氏之患。」〔註63〕竇毅是宇文泰的女婿，故此稱北周王室爲舅氏，表明了維護北周利益的動向選擇。然其中大多數人，在楊堅禪代後，便轉向楊堅，表現出了動態的轉向，如榮建緒與楊堅有舊，當楊堅有禪代打算時，對建緒說：「且躊躇，當共取富貴。」建緒義形於色地說：「明公此旨，非僕所聞。」開皇初來朝，楊堅謂之曰：「卿亦悔不？」建緒稽首曰：「臣位非徐廣，情類楊彪。」歷始、洪二州刺史〔註64〕。

第三種動向是支持楊堅執政者。這些人是楊堅得政的主力軍。然他們追隨楊堅的原因不一。

1. 深自接納臣服：

深自接納臣服是指根據自己的判斷而對楊堅予以內心的認同，茲列舉如下：

（1）根據相貌判斷：

①竇榮定：「高祖少小與之情契甚厚，榮定亦知高祖有人君之表，尤相推結。」〔註65〕

②鄭譯：「初，高祖與譯有同學之舊，譯又素知高祖相表有奇，傾心相結。」〔註66〕

③楊崇：「時高祖爲定州總管，崇知高祖相貌非常，每自結納，高祖甚親

---

〔註60〕《周書》卷三十《竇熾傳》，第520頁。
〔註61〕《隋書》卷四七《柳機傳》，第1272頁。
〔註62〕《隋書》卷六二《裴肅傳》，第1486頁。
〔註63〕《資治通鑑》卷一七五，陳宣帝太建十三年二月條，第5436頁。
〔註64〕《隋書》卷六六《榮毗附兄建緒傳》，第1559頁。
〔註65〕《隋書》卷三九《竇榮定傳》，第1150頁。
〔註66〕《隋書》卷三八《鄭譯傳》，第1136頁。

待之。」〔註67〕

④李諤：「（周武帝時）諤見高祖有奇表，深自結納。」〔註68〕

⑤韋鼎：「初，鼎之聘周也，嘗與高祖相遇，鼎謂高祖曰：『觀公容貌，故非常人，而神監深遠，亦非羣賢所逮也。不久必大貴，貴則天下一家，歲一周天，老夫當委質。公相不可言，願深自愛』」〔註69〕。

對楊堅相貌的描述，此中自不無附會成分，但與楊堅傾心相結則是無疑的。

（2）根據才能判斷：

①郭榮：「榮少與高祖親狎，情契極歡，嘗與高祖夜坐月下，因從容謂榮曰：『吾仰觀玄象，俯察人事，周歷已盡，我其代之。』榮深自結納。」〔註70〕

②盧賁：「時高祖為大司武，賁知高祖為非常人，深自推結。」〔註71〕

③龐晃：「時高祖出為隨州刺史，路經襄陽，衛王令晃詣高祖。晃知高祖非常人，深自結納。」〔註72〕

④郎茂：「屬高祖為亳州總管，見而悅之，命掌書記。時周武帝為《象經》，高祖從容謂茂曰：『人主之所為也，感天地，動鬼神，而《象經》多糾法，將何以致治？』茂竊歎曰：『此言豈常人所及也！』乃陰自結納，高祖亦親禮之。」〔註73〕

（3）與楊堅有舊：

①宇文忻：「高祖龍潛時，與忻情好甚協，及為丞相，恩顧彌隆。」〔註74〕

②元諧：「少與高祖同受業於國子，甚相友愛……及高祖為丞相，引致左右。」〔註75〕

③長孫平：「高祖龍潛時，與平情好款洽，及為丞相，恩禮彌厚。」〔註76〕

④王誼：「自以與高祖有舊，亦歸心焉。」〔註77〕

---

〔註67〕《隋書》卷六三《楊義臣傳》，第1498頁。
〔註68〕《隋書》卷六六《李諤傳》，第1543頁。
〔註69〕《隋書》卷七八《韋鼎傳》，第1771頁。
〔註70〕《隋書》卷五十《郭榮傳》，第1320頁。
〔註71〕《隋書》卷三八《盧賁傳》，第1141頁。
〔註72〕《隋書》卷五十《龐晃傳》，第1321頁。
〔註73〕《隋書》卷六六《郎茂傳》，第1554頁。
〔註74〕《隋書》卷四十《宇文忻傳》，第1166頁。
〔註75〕《隋書》卷四十《元諧傳》，第1170頁。
〔註76〕《隋書》卷四六《長孫平傳》，第1254頁。
〔註77〕《隋書》卷四十《王誼傳》，第1169頁。

⑤宇文慶：「高祖與慶有舊，甚見親待，令督丞相軍事，委以心腹。尋加柱國。」〔註78〕

⑥崔仲方：「與高祖少相款密……高祖爲丞相，與仲方相見，握手極歡，仲方亦歸心焉。」〔註79〕

竇榮定、鄭譯也與楊堅有舊，並認爲其相貌非常，故傾心追隨。

（4）根據個人品行判斷：

在攻打尉遲迥時，于仲文怕宇文忻生變，對其所述跟隨高祖的「三善」：大度、不求人私、有仁心，曰：「有陳萬敵者，新從賊中來，即令其弟難敵召募鄉曲，從軍討賊。此其有大度一也。上士宋謙，奉使勾檢，謙緣此別求他罪。丞相責之曰：『入網者自可推求，何須別訪，以虧大體。』此其不求人私二也。言及仲文妻子，未嘗不潸泫。此其有仁心三也。」〔註80〕

（5）因仕途不暢而追隨：

①柳昂：「宣帝嗣位，稍被疏遠……及高祖爲丞相，深自結納。」〔註81〕

②長孫晟：「初未知名，人弗之識也，唯高祖一見，深嗟異焉，乃攜其手而謂人曰：『長孫郎武藝逸羣，適與其言，又多奇略。後之名將，非此子邪？』」楊堅作相，晟「以（突厥）狀白高祖。」〔註82〕

（6）其他原因：

①楊素：「及高祖爲丞相，素深自結納。」〔註83〕

②張奫：「高祖爲丞相，奫深自推結，高祖以其有干用，甚親遇之。」〔註84〕

**2. 引薦後臣服：**

引薦後臣服也包含著一定的政治判斷在內。

（1）高熲：「高祖得政，素知熲強明，又習兵事，多計略，意欲引之入府，遣邢國公楊惠諭意。熲承旨欣然曰：『願受驅馳。縱令公事不成，熲亦不辭滅族』」。〔註85〕

---

〔註78〕《隋書》卷五十《宇文慶傳》，第1314頁。
〔註79〕《隋書》卷六十《崔仲方傳》，第1447～1448頁。
〔註80〕《隋書》卷六十《於仲文傳》，第1451～1452頁。
〔註81〕《隋書》卷四七《柳昂傳》，第1276頁。
〔註82〕《隋書》卷五一《長孫晟傳》，第1329～1330頁。
〔註83〕《隋書》卷四八《楊素傳》，第1282頁。
〔註84〕《隋書》卷四六《張奫傳》，第1262頁。
〔註85〕《隋書》卷四一《高熲傳》，第1179頁。

（2）李德林：「宣帝大漸，屬高祖初受顧命，邗國公楊惠謂德林曰：『朝廷賜令總文武事，經國任重，非羣才輔佐，無以克成大業。今欲與公共事，必不得辭。』德林聞之甚喜，乃答云：『德林雖庸懧，微誠亦有所在。若曲相提獎，必望以死奉公。』高祖大悅，即召與語。」〔註86〕

### 3. 勸導後臣服：

此種臣服一般指起初內心並不認同楊堅的合法性，但在親朋好友的勸導下，態度予以轉變，從被動到主動，從不服從到服從。茲舉例如下：

（1）李穆：「及尉迴作亂，天下騷動，并州總管李穆頗懷猶豫，高祖令裴往喻之。裴見穆，盛陳利害，穆甚悅，遂歸心於高祖。」〔註87〕

（2）李崇：尉遲迴起兵，「（李）崇初欲相應，後知叔父穆以并州附高祖，慨然太息曰：『合家富貴者數十人，值國有難，竟不能扶傾繼絕，復何面目處天地間乎！』韋孝寬亦疑之，與俱臥起。其兄詢時為元帥長史，每諷諭之，崇由是亦歸心焉。」〔註88〕

（3）梁睿：「薛道衡從軍在蜀，因入接宴，說梁睿曰：『天下之望，已歸於隋。』密令勸進，高祖大悅。」〔註89〕

（4）韋藝：楊堅為丞相，韋藝隨尉迴謀反，朝廷察訪得知，派遣韋藝季父韋孝寬馳往代迴。尉遲迴遣韋藝迎韋孝寬。韋孝寬詢問尉遲迴的動向，韋藝不以實相告。「孝寬怒，將斬之，藝懼，乃言迴反狀。」韋孝寬於是帶著韋藝向西逃走，隋文帝因韋孝寬的原因，不追究韋藝的罪責，加封他為上開府，即從孝寬擊迴〔註90〕。

### 4. 陰謀下臣服：

此類人臣服是出於自己的陰謀，以劉昉、梁士彥、宇文忻等為代表，他們雖參與了平定三方之亂，但臣服於楊堅是為了追求自己的利益，一旦自己的利益得不到滿足，便有可能起來謀反。

### 5. 大丞相府僚佐臣服：

大象二年（580）五月庚戌，「周帝拜高祖假黃鉞、左大丞相，百官總

---

〔註86〕《隋書》卷四二《李德林傳》，第1198頁。
〔註87〕《隋書》卷三八《柳裘傳》，第1139頁。
〔註88〕《隋書》卷三七《李穆附兄子崇傳》，第1123頁。
〔註89〕《隋書》卷三七《梁睿傳》，第1127頁。
〔註90〕《隋書》卷四七《韋藝傳》，第1268～1269頁。

己而聽焉。以正陽宮爲丞相府，以鄭譯爲長史，劉昉爲司馬，具置僚佐。」
〔註91〕在這些僚佐中，除少數野心家外，大部份都是忠心於楊堅，楊堅代
周立隋，他們也自然就成爲隋朝重要開國功臣，在平亂中做出了貢獻，如：
在平尉遲迥戰亂中做出了貢獻的有韋孝寬、梁士彥、元諧、宇文忻、崔弘
度、楊素、李詢、李崇、王世積、史萬歲、韓擒虎等；在平司馬消難戰役
中做出了貢獻的有王誼、賀若誼、元景山、段文振、周法尚等；在平王謙
戰役中做出了貢獻的有梁睿、于義、張威、達奚長儒、楊文紀等。

　　考察楊堅革命集團，主要有以下特點。

　　其一，從追隨楊堅時間看，只有少數「龍潛之舊」是楊堅爲相前追隨，
大多是在爲相後追隨。這說明楊堅執政時人際關係比較淡薄，並無多少朋友
可以依賴，更無黨團之說。這與《隋書》載楊堅在太學時，「雖至親昵不敢呼
也」，楊堅爲相時，元諧也曾對他曰：「公無黨援，譬如水間一堵牆，大危矣。
公其勉之，」〔註92〕楊堅受禪後，謂群臣曰：「朕少惡輕薄，性相近者，唯竇
榮定而已」〔註93〕的記載相符。

## 表 7.1　楊堅爲相前追隨人員表

| | 姓名 | 追隨原因 | 宣帝時代職位 | 宣帝時代身份 | 出身 |
|---|---|---|---|---|---|
| 1 | 竇榮定 | 故交、姻親，知楊堅有人君之表 | 伙飛中大夫（正五命） | 上開府（九命） | 魏帝 |
| 2 | 鄭譯 | 故交，知楊堅有人君之表 | 內史上大夫（正六命） | 開府（九命） | 魏帝 |
| 3 | 尉遲崇 | 楊堅相貌非常 | | 儀同大將軍（九命） | 北鎮 |
| 4 | 李諤 | 楊堅有奇表 | 天官都上士（正三命） | | 北齊 |
| 5 | 韋鼎 | 觀公容貌，故非常人 | 司武上士（正三命） | 開府（九命） | 南梁 |
| 6 | 郭榮 | 故交、楊堅才能 | 司水大夫（正四命） | 大都督（八命） | 關隴 |
| 7 | 盧賁 | 知楊堅非常人 | 司武上士（正三命） | 開府（九命） | 魏帝 |
| 8 | 龐晃 | 知楊堅非常人 | | 車騎將軍（正八命） | 北鎮 |

〔註91〕《隋書》卷一《高祖紀上》，第 3 頁。
〔註92〕《隋書》卷四十《元諧傳》，第 1170 頁。
〔註93〕《隋書》卷三九《竇榮定傳》，第 1150 頁。

| | 姓名 | 追隨原因 | 宣帝時代職位 | 宣帝時代身份 | 出身 |
|---|---|---|---|---|---|
| 9 | 郎茂 | 知楊堅非常人 | 亳州主薄 | | 北齊 |
| 10 | 宇文忻 | 故交 | 豫州總管 | 柱國（正九命） | 北鎮 |
| 11 | 元諧 | 故交 | | 大將軍（正九命） | 魏帝 |
| 12 | 長孫平 | 故交 | 東京小司寇（正六命） | 開府（九命） | 北鎮 |
| 13 | 王誼 | 故交 | 襄州總管 | 儀同（九命） | 北鎮 |
| 14 | 宇文慶 | 故交 | 寧州總管 | 大將軍（正九命） | 北鎮 |
| 15 | 崔仲方 | 故交 | 少內史（正四命） | 儀同（九命） | 魏帝 |
| 16 | 長孫晟 | 知遇之恩 | 司衛上士（正三命） | | 魏帝 |
| 17 | 元孝矩 | 姻親 | 司憲大夫（正五命） | | 魏帝 |
| 18 | 李禮成 | 姻親，知楊堅有非常之表 | 民部中大夫（正五命） | 開府（九命） | 關隴 |
| 19 | 劉昉 | 矯詔輔政 | 小御正（正四命） | 大都督（八命） | 魏帝 |
| 20 | 皇甫績 | 矯詔輔政 | 御正下大夫（正四命） | | 關隴 |
| 21 | 柳裘 | 矯詔輔政 | 御飾大夫（正□命） | 儀同三司（九命） | 南梁 |
| 22 | 李圓通 | 楊堅家臣 | | | 關隴 |
| 23 | 楊弘 | 楊堅從祖弟 | | 開府儀同三司（九命） | |
| 24 | 楊雄 | 楊堅族子 | 右司衛上大夫（正六命） | 上儀同（九命） | 魏帝 |

　　楊堅之父楊忠雖出身武川鎮，但他長期追隨獨孤信，獨孤信又是魏孝武帝的追隨者，故楊忠應屬於隨魏帝入關的魏帝系勢力。從上表楊堅龍潛之時的班底看，魏帝勢力有 9 人，北鎮勢力 6 人，關隴土著 4 人，北齊 2人，南朝梁 2 人，楊弘爲北齊滅後入關者。北周政權成立以來，政權主要由宇文泰的北鎮兵團所掌握，魏帝勢力和關隴土著勢力便被排擠在核心權力之外，相對處於邊陲地位。而宇文護專權後宇文家族之間的骨肉相殘，宣帝即位後肆行誅殺宗室，都使宇文氏政權失去了磐石之固。楊堅與北魏孝武帝的集團和關隴土著豪族的集結，對他代周立隋的成功所起的作用是不言而喻的。

　　其二，支持楊堅奪權的多數是北周身份比較高的將領。

## 表 7.2 楊堅革命集團身份對比表

| 序號 | 姓　名 | 宣帝時期身份 | 官　品 | 隋初身份〔註94〕 | 官　品 |
|---|---|---|---|---|---|
| 1 | 竇熾 | 上柱國 | 正九命 | | |
| 2 | 于翼 | 上柱國 | | | |
| 3 | 韋孝寬 | 上柱國 | | | |
| 4 | 李穆 | 上柱國 | | | |
| 5 | 梁士彥 | 上柱國 | | | |
| 6 | 張威 | 柱國 | | 上柱國 | 從一品 |
| 7 | 梁睿 | 柱國 | | 上柱國 | 從一品 |
| 8 | 豆盧勣 | 柱國 | | 上柱國 | 從一品 |
| 9 | 宇文忻 | 柱國 | | | |
| 10 | 崔弘度 | 上大將軍 | | 上柱國 | 從一品 |
| 11 | 元景山 | 大將軍 | | 上柱國 | 從一品 |
| 12 | 賀若誼 | 大將軍 | | 柱國 | 正二品 |
| 13 | 達奚長儒 | 大將軍 | | 上大將軍 | 從二品 |
| 14 | 宇文慶 | 大將軍 | | 上柱國 | 從一品 |
| 15 | 元冑 | 大將軍 | | 上柱國 | 從一品 |
| 16 | 李衍 | 大將軍 | | 柱國 | 正二品 |
| 17 | 王長述 | 大將軍 | | 柱國 | 正二品 |
| 18 | 李詢 | 大將軍 | | 上柱國 | 從一品 |
| 19 | 竇榮定 | 上開府 | 九命 | 上柱國 | 從一品 |
| 20 | 韋世康 | 上開府 | | | |
| 21 | 楊素 | 上開府 | | 上柱國 | 從一品 |
| 22 | 田仁恭 | 上開府 | | 上柱國 | 從一品 |
| 23 | 史萬歲 | 開府 | | 上大將軍 | 從二品 |
| 24 | 李崇 | 開府 | | 上柱國 | 從一品 |
| 25 | 柳裘 | 儀同三司 | | 大將軍 | 從三品 |
| 26 | 鄭譯 | 開府 | | 上柱國 | 從一品 |
| 27 | 源雄 | 開府 | | 上大將軍 | 從二品 |
| 28 | 盧賁 | 開府 | | 散騎常侍 | 從三品 |

〔註94〕表中隋初身份指楊堅即位時延用的或新封的身份。

| 序號 | 姓　名 | 宣帝時期身份 | 官品 | 隋初身份〔註94〕 | 官　品 |
|---|---|---|---|---|---|
| 29 | 于義 | 開府 | | 上柱國 | 從一品 |
| 30 | 陰壽 | 開府 | | 上柱國 | 從一品 |
| 31 | 虞慶則 | 開府 | | 大將軍 | 正三品 |
| 32 | 豆盧通 | 開府 | | 大將軍 | 正三品 |
| 33 | 高熲 | 開府 | | 柱國 | 正二品 |
| 34 | 蘇威 | 開府 | | | |
| 35 | 長孫平 | 開府 | | | |
| 36 | 楊弘 | 開府儀同三司 | | 大將軍 | 正三品 |
| 37 | 韋洸 | 開府 | | 柱國 | 正二品 |
| 38 | 韋藝 | 上儀同 | | 上開府 | 從三品 |
| 39 | 柳昂 | 開府 | | 上開府 | 從三品 |
| 40 | 李禮成 | 開府 | | 上大將軍 | 從二品 |
| 41 | 元褒 | 開府 | | 柱國 | 正二品 |
| 42 | 楊文思 | 上儀同三司 | | 上大將軍 | 從二品 |
| 43 | 楊文紀 | 開府 | | 上大將軍 | 從二品 |
| 44 | 乞伏慧 | 開府儀同大將軍 | | 柱國 | 正二品 |
| 45 | 高勱 | 開府儀同三司 | | | |
| 46 | 郭衍 | 開府 | | 上柱國 | 從一品 |
| 47 | 李景 | 儀同三司 | | 開府 | 正四品 |
| 48 | 鮑宏 | 上儀同 | | 開府 | 正四品 |
| 49 | 王世積 | 上儀同 | | 上大將軍 | 從二品 |
| 50 | 楊雄 | 上儀同 | | 上柱國 | 從一品 |
| 51 | 劉方 | 上儀同 | | 開府 | 正四品 |
| 52 | 和洪 | 開府 | | 柱國 | 正二品 |
| 53 | 段文振 | 上儀同 | | 上開府 | 從三品 |
| 54 | 李雄 | 上儀同 | | 上開府 | 從三品 |
| 55 | 宇文㢮 | 上儀同 | | | |
| 56 | 杜彥 | 儀同 | | 上開府 | 從三品 |

| 序號 | 姓　名 | 宣帝時期身份 | 官　品 | 隋初身份 〔註94〕 | 官　品 |
|---|---|---|---|---|---|
| 57 | 李安 | 儀同 | | 開府 | 正四品 |
| 58 | 王誼 | 儀同 | | | |
| 59 | 賀婁子幹 | 儀同大將軍 | | 上開府 | 從三品 |
| 60 | 李孝貞 | 儀同三司 | | 上儀同三司 | 從四品 |
| 61 | 崔仲方 | 儀同 | | 上開府 | 從三品 |
| 62 | 于仲文 | 儀同三司 | | 柱國 | 正二品 |
| 63 | 尉遲崇 | 儀同大將軍 | | | |
| 64 | 劉昉 | 大都督 | 八命 | 柱國 | 正二品 |
| 65 | 郭榮 | 大都督 | | 上儀同 | 從四品 |
| 66 | 長孫熾 | 上儀同三司 | | 上儀同三司 | 從四品 |

　　北周為顯示關隴貴族的重要身份，特設「戎秩」軍號，後漸及於朝官，即為北周勳官，共十一等級：上柱國、柱國大將軍、上大將軍、大將軍，以上四級皆正九命；上開府儀同大將軍、開府儀同大將軍、上儀同大將軍、儀同大將軍，以上四級皆九命；大都督，八命；帥都督，正七命；都督，七命。散官一般都在正八命以下，士人在得戎秩，一般從文武散官開始，逐步升遷。如《周書・辛威傳》載辛威：「拜寧遠將軍……累遷通直散騎常侍……授撫軍將軍、銀青光祿大夫……授揚州刺史，加大都督……遷車騎大將軍、儀同三司，驃騎大將軍、開府儀同三司……拜大將軍……拜小司馬……進位柱國……拜大司寇……進位上柱。」〔註95〕所以說，得到戎秩勳號者都是身份比較高的人，而考察追隨楊堅的將領，基本都是獲得「戎秩」之人，說明他們身份地位顯赫。隋文帝採後周之制，置上柱國（從一品）、柱國（正二品）、上大將軍（從二品）、大將軍（正三品）、上開府儀同三司（從三品）、開府儀同三司（正四品）、上儀同三司（從四品）、儀同三司（正五品）、大都督（正六品）、帥都督（從六品）、都督（正七品），總十一等，改稱「散實官」，以獎勵作戰有功的官吏。根據隋文帝「前代品爵，悉可依舊」的原則，除非是謀反或犯有重大錯誤，這麼功臣大多升為上層的散實官。

　　其三，從職位上看，多居於中下層，而到隋朝後，普遍均有提升，很多人還居於地方要職。

---

〔註95〕《周書》卷二七《辛威傳》，第 447～448 頁。

## 表 7.3　楊堅革命集團職位對比表

|  | 姓名 | 周末職位 | 職品 | 隋初職位〔註96〕 | 職品 |
|---|---|---|---|---|---|
| 1 | 竇熾 | 太傅兼雍州牧、京洛營作大監 | 正九命 | 太傅 | 正一品 |
| 2 | 李穆 | 太傅、并州總管 | 正九命 | 太師 | 正一品 |
| 3 | 韋孝寬 | 大司空、徐州總管 | 正七命 |  |  |
| 4 | 于翼 | 大司徒，幽定七州六鎮諸軍事、幽州總管 | 正七命 | 太尉 | 正一品 |
| 5 | 楊雄 | 右司衛上大夫 | 正六命 | 左衛將軍兼宗正卿 | 從三品 |
| 6 | 長孫平 | 東京小司寇 | 正六命 | 度支尚書 | 正三品 |
| 7 | 趙芬 | 東京小宗伯 | 正六命 | 尚書左僕射 | 從二品 |
| 8 | 柳昂 | 大內史 | 正六命 | 潞州刺史 |  |
| 9 | 權武 | 勁捷左旅上大夫 | 正六命 | 浙州刺史 |  |
| 10 | 李詢 | 英果中大夫 | 正五命 | 隰州總管 |  |
| 11 | 李崇 | 右司馭中大夫 | 正五命 | 徐州總管 |  |
| 12 | 皇甫績 | 內史中大夫 | 正五命 | 豫州刺史 | 正八命 |
| 13 | 竇榮定 | 伇飛中大夫 | 正五命 | 洛州總管 |  |
| 14 | 豆盧通 | 武賁中大夫、北徐州刺史 | 正五命 | 典宿衛 |  |
| 15 | 楊尚希 | 東京司憲中大夫 | 正五命 | 度支尚書 | 正三品 |
| 16 | 韋世康 | 司會中大夫 | 正五命 | 絳州刺史 |  |
| 17 | 李禮成 | 民部中大夫 | 正五命 | 陝州刺史 |  |
| 18 | 乞伏慧 | 熊渠中大夫 | 正五命 | 曹州刺史 |  |
| 19 | 和洪 | 折衝中大夫 | 正五命 |  |  |
| 20 | 宇文述 | 英果中大夫 | 正五命 | 右衛大將軍 | 正三品 |
| 21 | 郭衍 | 右中軍熊渠中大夫 | 正五命 | 行軍總管 |  |
| 22 | 趙仲卿 | 畿伯中大夫 | 正五命 |  |  |
| 23 | 柳雄亮 | 內史中大夫 | 正五命 | 黃門侍郎 | 正四品上 |
| 24 | 劉昉 | 小御正 | 正四命 | 謀反被誅 |  |
| 25 | 高熲 | 內史下大夫 | 正四命 | 尚書左僕射兼納言 | 從二品 |
| 26 | 李德林 | 御正下大夫 | 正四命 | 內史令 | 正三品 |
| 27 | 韋藝 | 左旅下大夫 | 正四命 | 齊州刺史 | 正八命 |

〔註96〕表中隋朝職位指楊堅即位時延任或新封的官職

| | 姓名 | 周末職位 | 職品 | 隋初職位〔註96〕 | 職品 |
|---|---|---|---|---|---|
| 28 | 柳旦 | 兵部下大夫 | 正四命 | 掌設驃騎 | 正四品上 |
| 29 | 楊文思 | 果毅右旅下大夫 | 正四命 | 隆州刺史 | |
| 30 | 楊文紀 | 虞部下大夫 | 正四命 | 宗正少卿 | 從四品上 |
| 31 | 郭榮 | 司水大夫 | 正四命 | 內史舍人 | 正六品上 |
| 32 | 韓僧壽 | 侍伯中旅下大夫 | 正四命 | 安州刺史 | |
| 33 | 獨孤楷 | 右侍下大夫 | 正四命 | 右監門將軍 | 從三品 |
| 34 | 李孝貞 | 吏部下大夫 | 正四命 | 馮翊太守 | |
| 35 | 崔仲方 | 少內史 | 正四命 | 司農少卿 | 正四品上 |
| 36 | 鮑宏 | 少御正 | 正四命 | 利州刺史 | |
| 37 | 李渾 | 左侍上士 | 正三命 | 象城府驃騎將軍 | 正四品 |
| 38 | 盧賁 | 司武上士 | 正三命 | 散騎常侍 | 從三品 |
| 39 | 于宣道 | 小承御上士 | 正三命 | 內史舍人 | 正六品上 |
| 40 | 韋洸 | 直寢上士 | 正三命 | 江陵總管 | |
| 41 | 柳肅 | 宣納上士 | 正三命 | 太子洗馬 | 從五品 |
| 42 | 柳謇之 | 宣納上士 | 正三命 | 通事舍人 | 從六品上 |
| 43 | 李安 | 少師右上士 | 正三命 | 內史侍郎 | 正四品下 |
| 44 | 長孫熾 | 御正上士 | 正三命 | 內史舍人 | 正六品上 |
| 45 | 長孫晟 | 司衛上士 | 正三命 | 車騎將軍 | 正五品上 |
| 46 | 史萬歲 | 侍伯上士 | 正三命 | | |
| 47 | 劉方 | 承御上士 | 正三命 | | |
| 48 | 崔彭 | 門正上士 | 正三命 | 監門郎將、右衛長史 | 正四品下 |
| 49 | 楊汪 | 夏官府都上士 | 正三命 | 尚書司勳侍郎 | 正六品 |
| 50 | 薛道衡 | 司祿上士 | 正三命 | 坐事除名 | |
| 51 | 段文振 | 天官都上士 | 正三命 | 衛尉少卿 | 正四品 |
| 52 | 陳茂 | 上士 | 正三命 | 給事黃門侍郎 | 正四品上 |
| 53 | 李諤 | 天官都上士 | 正三命 | 比部上士侍郎 | 正六品上 |
| 54 | 辛公義 | 掌治上士 | 正三命 | 主客侍郎攝內史舍人 | 正六品上 |
| 55 | 崔弘升 | 右侍上士 | 正三命 | 驃騎將軍 | 正四品 |
| 56 | 趙綽 | 掌教中士 | 正二命 | 大理丞 | 正七品下 |
| 57 | 張虔威 | 宣納中士 | 正一命 | | |
| 58 | 何稠 | 御飾下士 | 正一命 | 御府監 | 正六品下 |

北周實行六官制度，中央政府官員的等級，三公即太師、太傅、太保爲正九命，三孤即少師、少傅、少保爲正八命，六卿即天宮府大冢宰、地宮府大司徒、春宮府大宗伯、夏官府大司馬、秋官府大司寇、冬官府大司空爲正七命，六卿之屬即諸大夫爲正六命，諸中大夫爲正五命，諸下大夫爲正四名，諸上士爲正三命，諸中士爲正二命，諸下士爲正一命，從上表可以看出，周末楊堅集團正七命以上只有 4 人，正六命有 5 人，正五命有 14 人，正四命的有 13 人，正三命 18 人，正二命及以下 3 人，可見，他們在北周多屬於政府的中下層官員，然而，在隋初，他們除了任地方重要職位外，在中央，基本居於四品以上高層職位。

其四，楊堅集團成分複雜。從追隨楊堅的人物來源看，包括了北鎮勢力、追隨魏帝勢力、關隴土著勢力、北齊勢力以及南梁等各支勢力。

## 表 7.4 楊堅集團成員來源表

| 來　　源 | 人　　名 |
|---|---|
| 北鎮勢力集團 | 于翼、梁睿、于義、于宣道、豆盧勣、豆盧通、賀若誼、宇文忻、王世積、王誼、長孫平、宇文慶、龐晃、達奚長儒、宇文述、李衍、段文振、尉遲崇等 |
| 追隨魏帝勢力的山東士族及其後裔 | 竇熾、鄭譯、劉昉、盧賁、竇榮定、元景山、源雄、元諧、元胄、元褒、元亨、高熲、長孫熾、崔仲方、崔彭、郭衍、張奫、獨孤楷、崔弘度、崔弘升、趙仲卿等 |
| 原關隴河南河東土著勢力及其後裔 | 韋孝寬、李穆、李渾、李詢、李崇、皇甫績、梁士彥、韋暜、陰壽、虞慶則、蘇威、楊雄、趙芬、楊尚希、韋世康、韋洸、韋藝、柳謇之、柳昂、柳旦、柳雄亮、楊文思、楊文紀、楊素、李安、李禮成、田仁恭、辛公義、田式、郭榮、長孫晟、杜彥、張威、和洪、楊汪、衛玄、李景、李圓通、陳茂、王世積、權武、趙綽、王長述、劉方、史萬歲等 |
| 南朝梁系 | 柳裘、何稠、劉行本、鮑宏等 |
| 北齊系 | 李德林、裴矩、乞伏慧、高勱、李孝貞、薛道衡、李諤、張虔威、郎茂、劉弘、陸彥師等 |

可以看出，楊堅的革命集團以關隴人數爲多，但隨著統一局勢的發展，尤其是滅陳後對江南士族的吸納，楊堅開始改變官僚體系，在他執政第一年，便廢止了北周的官制名稱，宣示「復漢魏之舊」，並拉攏不少山東與江南士族的參政。

從人物身份看，有關中或關東的世家大族，如隴西李穆，安定梁睿，京

兆韋薈、韋世康，河東柳裘，范陽盧賁，趙郡李諤等宗族，均爲當時的望族大姓。

有名高位隆的勳將貴族，如于翼家世代爲北魏高官；源雄祖上均爲北魏勳臣；元諧的北魏宗室之後；賀婁子幹祖父任北魏侍中、太子太傅，父親爲北魏右衛大將軍；長孫覽祖父爲魏太師、假黃鉞、上黨文宣王，父親衛周小宗伯、上黨郡公。

有名位不高的官宦子弟，如長孫晟雖出身功臣家，但「初未知名，人弗之識也，唯高祖一見，深嗟異焉，乃攜其手而謂人曰：『長孫郎武藝逸群，適與其言，又多奇略。後之名將，非此子邪？』」

有地位不高的寒門家臣，如李圓通楊堅廚房裏的家奴，爲其父「與家僮黑女私」所生，其父不認，「由是孤賤。」陳茂「家世寒微」，楊堅「爲隋國公，引爲僚佐。」他們在楊堅輔政時，或爲委以重任，或被視爲心腹。

其五，楊堅家族成員淡薄。首先，楊堅得政之初，「諸子幼弱」，按《隋書》載，開皇元年（581）楊廣十三歲，開皇二年（582）楊俊十二歲推算，大象二年（580）楊堅奪權時楊廣只有十二歲，楊俊十歲，楊秀、楊諒年紀更小，所以最多長子楊勇可能會有所幫助。楊堅兄弟五人，楊堅爲長子，二弟楊整在建德年間從武帝征北齊時歿於幷州。三弟楊瓚反對楊堅執政，楊堅入禁中，將總朝政，令廢太子勇召之，欲有計議。瓚素與高祖不協，聞召不從，曰：「作隋國公恐不能保，何乃更爲族滅事邪？」「瓚見高祖執政，群情未一，恐爲家禍，陰有圖高祖之計。」〔註97〕四弟楊嵩早卒。只有五弟楊爽多少可以有所襄助，然當時還不到二十歲〔註98〕。楊堅親族只有楊弘、楊雄二人積極支持執政。而楊尚希爲同宗室，在輔政期間不附尉遲迥，楊堅「以尚希宗室之望，又背迥而至，待之甚厚。及迥屯兵武陟，遣尚希督宗室兵三千人鎮潼關」〔註99〕，對楊堅有一定的幫助。在楊堅姻親關係中，也只有竇榮定爲一助手。可見楊家在北周末年的崛起過程，並沒有得到多少家族勢力的支持。

---

〔註97〕《隋書》卷四四《滕穆王瓚傳》，第1221頁。

〔註98〕據《隋書・衛昭王爽》第1223頁載，楊爽「六歲而太祖（楊忠）崩」。據《周書・武帝紀上》第75頁載，楊忠崩於北周天和三年（568）七月，逆推楊爽應生於北周保定二年（562），故楊堅大定元年（581）改朝換代時楊爽爲19歲。

〔註99〕《隋書》卷四六《楊尚希傳》，第1252頁。

# 第二節　隋亡並非肇因於文帝

關於隋朝速亡的原因，歷代早有論述，學術界也多有評論，雖各抒己見，但隋文帝為隋朝的速亡埋下禍根卻幾乎成為一種定論。筆者認為這個說法不符合歷史實際，茲略陳管見。

## 7.2.1 史學界對文帝與隋亡的評價

將隋文帝與隋朝速亡相聯繫，源於貞觀君臣的評論。

《隋書·高祖紀下》中史臣曰：「（高祖）素無術學，不能盡下，無寬仁之度，有刻薄之資，暨乎暮年，此風逾扇。又雅好符瑞，暗於大道……聽哲婦之言，惑邪臣之說，溺寵廢嫡，託付失所……迹其衰怠之源，稽其亂亡之兆，起自高祖，成於煬帝，所由來遠矣，非一朝一夕。」〔註100〕

《貞觀政要·政體》中太宗曰：「此人性至察而心不明……不肯信任百司，每事皆自決斷，雖則勞神苦形，未能盡合於理……日斷十事，五條不中，中者信善，其如不中者何？以日繼月，乃至累年，乖謬既多，不亡何待？」〔註101〕

《貞觀政要·杜讒邪》中太宗曰：「隋文既混淆嫡庶，竟禍及其身，社稷尋亦覆敗。」〔註102〕

貞觀君臣對文帝與隋亡關係的分析，為現代史學界所延用。如孫玉芝從文帝制法犯法、猜忌苛察、廢長立幼方面進行分析，得出了「隋亡實肇因於文帝」的結論〔註103〕。王永平也認為隋煬帝時的「不少問題在文帝時已經萌發，有的還十分突出，」〔註104〕力求證明隋文帝為隋朝的速亡埋下了禍根。在這裡，我們並不否認隋文帝個人品質或統治政策方面的某些缺陷，但問題是，隋文帝的這些缺陷是否已經達到了促使隋朝滅亡的地步？本文認為隋文帝確實有一些問題，但不足以亡國，貞觀君臣將隋文帝與隋亡相聯繫，帶有很明顯的偏見在內，下面將逐項予以說明。

### 7.2.1.1 關於「素無學術」問題

《隋書》多次載隋文帝「素無學術」，「素不悅學」，實指他無儒學和不好

---

〔註100〕《隋書》卷二《高祖紀下》，第 55 頁。
〔註101〕吳兢：《貞觀政要》卷六《政體第二》，第 15 頁。
〔註102〕吳兢：《貞觀政要》卷六《杜讒邪四二十三》，第 200 頁。
〔註103〕孫玉芝：《隋亡實肇因於文帝》，《北方論叢》1997 年第 1 期，第 48～53 頁。
〔註104〕王永平：《隋文帝從政弊失論》，《歷史教學問題》1995 年第 3 期，第 24 頁。

儒。似乎可以合理地假設，隋文帝既無學術，又不好學，自身素質的低下，使得大一統局面出現後，矜驕自負、好大喜功的本性不斷暴露出來，他殺戮功臣，聽信讒言，廢長立幼，激起臣民反抗，進而導致亡國，這都是很正常的現象。

然而，如果上述假設成立，我們就很難解釋爲何「不修文學」的劉邦卻沒有目光短淺，出身寒微的「老粗」朱元璋也沒有亡國。而舞文弄墨的陳後主，能詩會畫李後主，吹彈詞賦無不精擅的宋徽宗，卻都做了亡國之君。可見，學術水平和個人能力是兩碼事，一個人除了學術水平外，個人能力也是很重要的方面。《隋書》稱讚他「外質木而內明敏，有大略。」〔註 105〕事實證明，隋文帝是一位胸有大略的開國之君。他得政之初，「羣情不附，諸子幼弱，內有六王之謀，外致三方之亂。握強兵、居重鎮者，皆周之舊臣。上推以赤心，各展其用，不踰朞月，克定三邊，未及十年，平一四海，」〔註 106〕正是因爲他「有大略」，才得以迅速削平群雄，完成統一大業，結束了三百多年亂離的局面。

隋文帝即位後，在整體和根本上都傾向於儒學，以儒學作爲治理天下的理論指導〔註 107〕，在處理一切事務中都是以儒學思想爲準則〔註 108〕。他開辦庠序，延集學徒，多次幸國學，親臨釋奠，出現了儒學的興盛景象。在他統治期間，私學興盛。「齊、魯、趙、魏，學者尤多，負笈追師，不遠千里，講誦之聲，道路不絕。中州儒雅之盛，自漢、魏以來，一時而已。」〔註 109〕很多人聚徒講學，甚至有人以此爲業。如房暉遠「恒以教授爲務，遠方負笈而從者，動以千計。」〔註 110〕劉焯「優游鄉里，專以教授著述爲務，孜孜不倦。」〔註 111〕王孝籍「後歸鄉里，以教授爲業。」〔註 112〕馬光「初，教授瀛、博間，門徒千數，至是多負笈從入長安。」〔註 113〕李密在楊玄感起義失敗後，「舍於村中，變姓名稱劉智遠，聚徒教授，」〔註 114〕可見，即使是偏僻小巷，也可招集門徒。如果當時隋

---

〔註 105〕《隋書》卷二《高祖紀下》，第 54 頁。
〔註 106〕《隋書》卷二《高祖紀下》，第 54 頁。
〔註 107〕曹治懷：《隋文帝不悅儒學專尚刑名辨析》，《安慶師院社會科學學報》1996年第 2 期，第 57 頁。
〔註 108〕趙雲旗：《論隋文帝與隋代的儒學》，《孔子研究》1988 年第 3 期，第 35 頁。
〔註 109〕《隋書》卷七五《儒林傳》，第 1706 頁。
〔註 110〕《隋書》卷七五《房暉遠傳》，第 1716 頁。
〔註 111〕《隋書》卷七五《劉焯傳》，第 1718 頁。
〔註 112〕《隋書》卷七五《王孝籍傳》，第 1726 頁。
〔註 113〕《隋書》卷七五《馬光傳》，第 1718 頁。
〔註 114〕《隋書》卷七十《李密傳》，第 1626 頁。

文帝不重儒術，社會就不可能形成如此重儒的風氣，這些習俗也就很難興盛。

舊史對隋文帝廢減學校多有批評。朱熹甚至將其與焚書坑儒相類比，「足以遺臭千古矣。」〔註115〕現代郭偉川將其稱為「喪心病狂排斥儒家文化的行為。」〔註116〕筆者認為，隋文帝廢學正是體現了他對儒學的重視，而廢學的原因，主要是學校培養不出合格人才。首先，早在開皇九年（589），文帝檢查儒學教育情況時，已發現「京邑庠序，爰及州縣，生徒受業，升進於朝，未有灼然明經高第」，其原因是「教訓不篤，考課未精」，為此他要求「明勒所由，隆茲儒訓」，以改變教育現狀〔註117〕。其次，隋文帝在廢學詔書中明確表示了他廢學的理由：「良由設學之理，多而未精。」指出「今宜簡省，明加獎勵」的目的。而「國學冑子，垂將千數，州縣諸生，咸亦不少」〔註118〕，正是他熱心辦學的極為明顯的寫照。再次，隋朝學校的設立，主要是培養官吏，以「升之於朝，任之以職」為教育目的，而當學校「未有德為代範，才任國用」，不能為其培養所需人才時，隋文帝便行廢學之事。第四，隋文帝「廢學」，僅是廢了中央的幾所學校，國子學和地方學校並未廢除，尊儒重道的政策並未被破壞。隋文帝「廢學」並不意味著他拋棄儒學，相反，他雖然廢減學校，卻依然對選拔人才「明知獎勵」。在廢學的第二年，隋文帝下詔強調：「禮之為用，時義大矣」，「道德仁義，非禮不成，安上治人，莫善於禮。」仁壽三年（603），他詔令州縣「搜揚賢哲……不限多少，不得不舉，限以三旬，咸令進路。徵召將送，必須以禮。」〔註119〕從中我們完全可以看出隋文帝對儒學和教育的重視，以及他廢學的無可奈何。呂思勉評論說：「抑歷代之於學校，皆視為粉飾升平之具，本不期有何實效……故覩其無效，即必從而裁撤之，則觀其廢學，正可見其初意之誠也。」〔註120〕所以說，隋文帝的「廢學」，是針對儒學教育之時弊作出的一種務實的應變之舉〔註121〕，是他對歷代

〔註115〕朱熹：《資治通鑑綱目》卷三六《文帝仁壽元年六月》，見《御批資治通鑑綱目》，影印文淵閣四庫全書，第 690 冊，第 798 頁。

〔註116〕郭偉川：《論隋唐政治制度與軍事政策》，轉引自王元化：《學術集林》第 17 卷，上海：上海遠東出版社，2000 年，第 234 頁。

〔註117〕《隋書》卷二《高祖紀下》，第 33 頁。

〔註118〕《隋書》卷二《高祖紀下》，第 47 頁。

〔註119〕《隋書》卷二《高祖紀下》，第 48～51 頁。

〔註120〕呂思勉：《隋唐五代史》，第 1262 頁。

〔註121〕劉學智：《中國學術思想編年——隋唐五代卷》，西安：陝西師範大學出版社，2006 年，第 42～43 頁。

學校相延的積習而進行的調整和改革，這與朱元璋因科舉選拔不出合格的人才而停考十多年，與顧炎武、黃宗羲、王夫之等所提倡的經世致用思想，有異曲同工之處。

　　隋文帝廢學，雖未能達到理想的效果，但其出發點是值得肯定的。我們不能因此就給其扣上「不悅儒術」、「不敦詩書」的帽子，更不能因此全盤否定其文教政策〔註122〕。唐朝史臣對隋文帝「素無學術」的推論，其實是先看結果（廢學），然後再定命題（不悅學），這樣的命題也就相當危險，說是唐朝史臣的偏見，未嘗不可〔註123〕。且隋文帝在位24年，其中開皇有20年，仁壽有4年，而減廢學校措施，正是在最後的四年間，日暮年，也就是說，批評文帝「不悅儒術」，只能限於暮年，在開皇年間則否，時間較短，影響有限。而隋煬帝繼位之初就恢復並整頓學校，「其國子等學，亦宜申明舊制，教習生徒，具爲課試之法，以盡砥礪之道。」〔註124〕教育又復興盛，所以說，隋文帝最後四年的廢學並未影響到隋朝的衰亡。

### 7.2.1.2 關於「猜忌苛察」問題

　　猜忌主要體現爲對群臣的不信任。關於隋文帝對群臣的任用情況，學術界大致有三種觀點。趙雲旗以開皇十年（590）平陳爲界，認爲隋文帝前期勵精圖治、虛懷納諫，但在後期他剛愎自用，斬殺諫臣，消極的方面逐漸暴露〔註125〕。孫緒秀、賴紅衛以開皇十三年（593）營造仁壽宮爲界，認爲隋文帝攝政和統治前期，重用、信任賢才，但在後期，一改過去儉樸的作風，改立太子，濫誅功臣，製造了幾起駭人聽聞的冤案〔註126〕。王士立以開皇十九年（599）廢黜高熲、專任楊素爲界，認爲隋文帝在前朝選用了不少賢能之士，到了後期則顛倒忠賢，混淆賢愚，在用人上出現了許多失誤〔註127〕。很明顯，略有分歧的三種觀點均認同隋文帝的「沈猜」主要體現在後期，也即，他的這一秉性不是來源於先天條件，也不是史書上所說的天性。

〔註122〕張先昌、許瑛：《試論隋代前期的文化教育政策——兼評隋文帝「不悅儒術」說》，《貴州社會科學》2009年第9期，第127頁。

〔註123〕高明士：《隋文帝「不悅學」「不知樂」質疑——有關隋代立國政策辨正》，《臺灣大學歷史學系學報第十四期》1988年第7期，第248頁。

〔註124〕《隋書》卷三《煬帝紀上》，第65頁。

〔註125〕趙雲旗：《簡評隋文帝》，《歷史教學問題》1991年第1期，第12～1頁。

〔註126〕孫緒秀、賴紅衛：《隋文帝的用人政策》，《山東大學學報》1996年第4期，第85～90頁。

〔註127〕王士立：《評隋文帝之用人》，《歷史教學》1984年第3期，第15～18頁。

公元 581 年，楊堅以「禪讓」的形式奪取了北周政權，這樣的和平政變，不足以清除北周政權中的敵對分子，造就一支久經考驗的幹部隊伍。同時由於政變多是得力於一批野心家、陰謀家的策劃與促成，這些人內心未必忠心服從，正如李德林所說的，「公（楊堅）與諸將，皆國家貴臣，未相服從。」〔註128〕他們的利益和要求一旦得不到滿足，他們就暗地裏相互勾結，反對新的政權。如隋政權剛建立不久，王世積就曾對高熲說：「吾輩俱周之臣子，社稷淪滅，其若之何？」〔註129〕也正因爲如此，決定了隋朝只能在北周政權基礎上構建新的班底。在這種情況下，隋文帝既急需一批能效忠於他的新官吏，又遇到如何處置綜合北周、北齊、南梁、南陳政權官員的問題，同時還必須清除舊政權勢力。故而隋文帝的人事鬥爭，乃是對北周的舊勳貴加以抑制乃至清洗，其政治意圖十分明顯，這也許是國家社會由大亂邁向大治而不得不付出的代價，決不能簡單以刻薄猜忌論之。

猜忌的危害是行政苛酷，甚至殺戮功臣。

關於刑政苛酷，我們且不論隋文帝制定《開皇律》「以輕代重，化死爲生」的法制思想，也不論他「導德齊禮」、「以德代刑」的禮治思想，當就他統治後期「恒令左右覘視內外，有小過失，則加以重罪。又患令史贓污，因私使人以錢帛遺之，得犯立斬」〔註130〕來說，其主流也並未完全改變。如他「命盜一錢以上皆棄市」，或「三人共竊一瓜，事發即時行決」，其背景是社會出現「姦回不止，京市白日，公行掣盜，人間強盜，亦往往而有」的現象，而當他知道此種嚴刑酷法的行不通時，很快就廢止了〔註131〕。再如開皇十七年（597），因隴收監失馬二萬餘匹，他令斬太僕卿及諸監官千五百人，屈突通諫之，文帝感悟，曰：「朕不明，以至於此，賴有卿忠言耳，」〔註132〕於是皆免死。隋文帝法不徇私，秦王楊俊得罪後，左武衛將軍劉昇講情，文帝卻曰：「法不可違。」楊素又諫，文帝答：「若如公意，何不別制天子兒律」，卒不許〔註133〕。正是如此，才使政治風氣爲之一振。這不是「天性沉猜」的人所能做到的。

〔註128〕《資治通鑒》卷一七四，宣帝太建十二年六月條，第 5421 頁。
〔註129〕《隋書》卷四十《王世積傳》，第 1172 頁。
〔註130〕《隋書》卷二五《刑法志》，第 713 頁。
〔註131〕《隋書》卷二五《刑法志》，第 714 頁。
〔註132〕《資治通鑒》卷一七八，文帝開皇十七年六月條，第 5556 頁。
〔註133〕《隋書》卷四五《秦孝王俊傳》，第 1240 頁。

　　《隋書》曰：「其草創元勳及有功諸將，誅夷罪退，罕有存者。」〔註134〕此結論也是貞觀君臣的欲加之辭。

　　湯勤福以支持隋文帝反擊三方之亂和禪代北周作爲「佐命功臣」的標準，統計了隋朝功臣被殺，被貶、廢、退的情況。認爲兩次事件都支持者45人，其中被殺5人，一度被貶廢退者5人，一次支持一次情況不明（包括極個別反對禪代北周）者共84人，其中4人被殺，21人被貶廢退過，總計被殺9人，占總數7%弱，一度貶廢退者26人，占20.1%。因而得出的結論是，隋初的「佐命功臣」大部份未受任何打擊，而且均受重用，或位居中央高官，或授職一方，榮耀無比。即使是一度被貶廢退者，大部份亦是旋復陞用，只有極個別人因貶廢而憂憤至死〔註135〕。馬俊民對宰相的任期情況進行分析，也得出了舊史過份誇大了隋文帝「猜忌好殺」品質的結論〔註136〕。至於被貶廢的原因，則是個別功臣「皆不滿志，任之則不遜，致之則怨」，甚至個別人無事生非，製造事端，陰謀推翻隋政權〔註137〕，不能全部歸結爲文帝的過錯。

　　在專制社會裏，古代皇帝爲了鞏固自己統治，以「謀反」罪名來清除給自己可能帶來不利的大臣，這是屢見不鮮的。劉邦誅殺異姓王，蕭何之獄、韓信之死、彭越之醢、英布之誅、樊噲之險等功臣們的悲慘命運都折射出了劉邦的殘忍。朱元璋廢除宰相，實行文字獄，利用特務，製造黨獄，株連無數，如此等等，都沒有引起朝廷的滅亡。而在隋史記載的一百多位開國功臣中，被隋文帝先後誅殺的僅是範圍很小的極少一部份人。至於隋文帝在廢立太子之際被冤殺的大臣，則是隋王朝最高權力之爭的犧牲品〔註138〕。

　　猜忌是中國古代皇帝的通病，因爲這裡面存在著皇權與臣權的鬥爭，隋文帝所做的一切，都是爲了鞏固自己的統治權力，維護自身的利益，如果有人違反，便採用殘酷手段大加懲辦，法外用刑，這是歷史上皇帝立政時常用

〔註134〕《隋書》卷二《高祖紀下》，第54頁。

〔註135〕湯勤福：《隋文帝誅殺佐命功臣質疑——隋史研究之一》，《上饒師專學報》1986年第3期，第33頁。

〔註136〕馬俊民：《補〈隋書·宰相表〉兼論隋政權核心構成的演變及其特徵》，轉引自張國剛：《中國社會歷史評論》（第五輯），北京：商務印書館，2007年，第406頁。

〔註137〕張先昌、陶偉喬：《隋文帝「薄於功臣」辨析》，《華東師範大學學報》2009年第1期，第57頁。

〔註138〕湯勤福：《隋文帝誅殺佐命功臣質疑——隋史研究之一》，《上饒師專學報》1986年第3期，第30頁。

的手段。這是由專制制度的弊病所造成的，隋文帝作爲統治階級的總代表，自然也不能免俗。

### 7.2.1.3　關於「溺寵廢嫡」問題

隋煬帝因暴虐無道而失國，而隋煬帝的上臺是隋文帝「聽哲婦之言，惑邪臣之說，溺寵廢嫡」的結果，這是貞觀君臣將隋亡的禍源推結於隋文帝的原因之一。

嫡長子繼承制，可以有效地避免因爭奪皇位而帶來的兄弟反目仇殺，但是在我國專制主義帝制的政體之下，「皇權意味著最高的權威，誰佔有這個最崇高的位置，誰就相應地擁有全國的土地和人民，獲得無限的權利、名譽、金錢和美女，人間一切尊榮威福都集於一身。因此，皇位自然成爲眾矢之的」〔註139〕。嫡長子繼承制被破壞已是屢見不鮮。翻閱史書，宋朝的 18 位皇帝中只有 3 人是嫡長子即位。明朝的 16 位皇帝中也僅有 5 人是嫡出。清朝皇帝則無一人是以嫡長子身份繼承皇位。而唐太宗的玄武門之變，明成祖的靖難之役等更是以非常手段取得皇位的典型例子。譚平統計到：「在中國從秦至清二千餘年的歷史長河中，只有 2／5 的皇帝是依靠嫡長子繼位制登上皇位的。」〔註140〕所以說，隋文帝廢長立幼並不值得太多的非議。所以說，隋文帝之錯並不在於他廢長立幼，而在於他錯立楊廣，關鍵在於楊廣亡國了。如果說隋文帝的繼承者不是楊廣，或者楊廣並未亡國，那麼我們今天評價隋文帝時，就是另外一番天地了。

無論如何，隋文帝廢勇立廣，實屬「託付失所」。但不可否認的是，隋文帝廢長立幼，是經過長期的考慮和考察的，他「方謀享國之延長」，卻不曾想「反促楊家之壽命」。雖說隋文帝的失誤播下了統治危機的種子，但隋煬帝的亡國也是他所始料未及的。封建史臣將隋亡之因追溯到隋文帝，帶有鮮明的借鑒意義。如唐玄宗時期，玄宗對武惠妃之子格外寵溺，有更立太子的念頭，中書張九齡在對唐玄宗的奏疏中講到，「隋文帝取寵婦之言，廢太子勇而立晉王廣，遂失天下。由此而論之，不可不愼。今太子既長無過，二王又賢，臣待罪左右，敢不詳悉。」〔註141〕張九齡此處意在勸諫唐玄宗一定要吸取隋代更立太子不當而亡

〔註139〕徐連達、朱子彥：《中國皇帝制度》，廣州：廣東教育出版社，1996 年，第 221 頁。
〔註140〕譚平：《中國古代皇位嫡長子繼承制的計量分析》，《成都大學學報》1998 年第 4 期，第 32 頁。
〔註141〕《舊唐書》卷一零七《庶人瑛傳》，第 3259 頁。

的教訓，不要輕言太子廢立，要守父子倫常之道。所以說古代史臣指責隋文帝的廢長立幼，自食惡果，是從總結封建統治的經驗出發，與我們評價歷史人物的標準毫無關係。畢竟，在立嗣問題上苛求隋文帝，毫無意義。

## 7.2.2 關於文帝時存在的矛盾分析

近年史學界從統治集團內部矛盾、社會階級矛盾等方面分析隋文帝與隋朝速亡的關係。

### 7.2.2.1 關於統治集團內部矛盾問題

自陳寅恪提出「關隴集團」與「關中本位政策」之概念，指出西魏、北周、隋及唐初統治階級始終爲關中本位政策下所結集之關隴集團以來，這一論斷已被研究者廣泛接受或運用。「但隨著長安政權版圖的擴大，北周武帝時，山東被納入北周的版圖；隋文帝時，江南也成爲有隋的領土。這種發展勢必造成統治集團性質的改變，即使身爲征服者的『關隴集團』也必須盡可能的整合其他（甚至敵對）集團的精英，最直接的方法就是讓他們分享部份政權，適度保有他們統治者的地位。」〔註142〕

隋文帝代周，軍事上取得關隴集團勳貴武力支持而迅速平定三方之亂，政治上得到山東勢力之鼎力合作而牢固掌握中樞政權〔註143〕。開皇年間，隋文帝對山東人士頗爲恩寵。以劉昉「有定策之功，拜上大將軍，封黃國公，與沛國公鄭譯皆爲心膂。前後賞賜鉅萬，出入以甲士自衛，朝野傾矚，稱爲黃、沛。」〔註144〕平定尉遲迥等叛亂後，隋文帝逾加親禮鄭譯，進其上柱國，恕以十死。高熲以僕射的身份「當朝執政將二十年」，伐陳後屢被誣陷造反，文帝曰：「公伐陳後，人言公反，朕已斬之。君臣道合，非青蠅所間也。」「獨孤公猶鏡也，每被磨瑩，皎然益明。」〔註145〕禪代功臣中之山東人士較多進入中央決策層。如元諧「進位上大將軍，封樂安郡公，邑千戶，」〔註146〕元

〔註142〕甘懷眞：《隋文帝時代軍權與「關隴集團」之關係——以總管爲例》，引自中國唐代學會編輯委員會《唐代文化研討會論文集》，臺北：文史哲出版社，1992年，第488頁。
〔註143〕姜望來：《魏周隋唐關隴集團與山東勢力》，武漢：武漢大學碩士論文，2005年，第28頁。
〔註144〕《隋書》卷三八《鄭譯傳》，第1132頁。
〔註145〕《隋書》卷四一《高熲傳》，第1181～1182頁。
〔註146〕《隋書》卷四十《元諧傳》，第1170頁。

冑「進位上柱國，封武陵郡公，邑三千戶。拜左衛將軍，尋遷右衛大將軍。」
〔註 147〕至於後來劉昉、梁士彥與宇文忻等因失職忿望，而相與謀反被誅殺，
元冑因蜀王楊秀之得罪，而坐以交通被除名，當屬隋文帝正常的統治手段。

　　至於滅陳後江南士族的反叛，既不是為了復陳，更不是為了反對統一，
而是為了維護他們的種種特權〔註 148〕。是隋文帝在江南的改革措施損害到他
們的利益。在隋文帝的統治初期，雖然山東和江南人士在權力中心所佔比例
甚低，但其主要原因恐怕在於統一的時間太短，這些地區官員的政治立場尚
未經受考驗，文帝對他們還不熟悉，因此還談不上委以重任的問題。但是，
在六部尚書以下官職中，山東和江南人士佔有相當比例亦是不爭的事實。他
們或者治理一方，政績斐然；或者在中央部、寺擔任副職，雖然不參加高層
政治決策，但卻負責處理日常事務，亦是要職。文帝對於山東和江南人士還
是能夠兼容並包，量才錄用〔註 149〕。並且隋文帝廢除九品中正制，採取科舉
考試的選拔方式，按才取士，所以只要是有才能的社會精英均可加入政權。

　　故而隋文帝時統治集團內部的鬥爭最多是政治權力大小的矛盾，並未影
響到隋政權的鞏固。煬帝繼位後，對江南地域的人士逐漸的吸收並重用，尤
其是利用佛教來打破地區壁壘和文化壁壘，隨著僧侶的南來北往，南方反隋
的情緒逐漸緩和，最後幾乎化為烏有〔註 150〕。僅從此點來看，隋朝的亡國與
隋文帝時所出現的統治集團內部矛盾關係不大。

### 7.2.2.2 關於社會矛盾問題

　　隋朝的社會矛盾主要體現為統治階級與廣大農民的矛盾，而促使這一矛盾尖
銳的原因主要定位在隋朝沒有經過農民起義的衝擊和統治者不恤民力的統治。

　　羅嗣忠認為楊堅取代北周，沒經歷過大規模農民戰爭而「具有先天不足
的弱點」，所以，隋文帝為首的統治集團，一開始就表現出明顯的腐朽性，特
別是在取得統一戰爭勝利之後，其腐朽性則更與日俱增〔註 151〕。趙雲旗認為
因隋朝沒有經過大規模的農民戰爭，所以「隋代速亡的因素早在隋初就已有

〔註 147〕《隋書》卷四十《元冑傳》，第 1177 頁。

〔註 148〕高敏：《隋初江南地區反叛的原因初探》，《中國史研究》1988 年第 4 期，第
　　　　261 頁。

〔註 149〕韓昇：《隋文帝傳》，第 269 頁。

〔註 150〕崔瑞德：《劍橋中國隋唐史》，第 113 頁。

〔註 151〕羅嗣忠：《重評隋朝短祚而亡的原因》，《青海師範大學學報》1984 年第 1 期，
　　　　第 95 頁。

了充分的積蓄，而且勢在一觸即發」，若不是隋文帝末年矛盾已經尖銳，隋朝也不會很快滅在隋煬帝之手〔註152〕。對於這樣的分析，筆者認為雖有一定的道理，但結論卻是不能令人同意的。

一般來說，農民起義「對殘暴的封建統治給予沉重的打擊，迫使或促使新的統治者調整政策，使整個封建政治經濟諸關係發生相應的變化，為社會生產力的進一步發展開闢道路」，但「農民起義在掃蕩殘暴封建舊政權的腐朽陳規時，必然會對社會財富、物質資源、文明成果乃至社會生產力造成破壞」，所以農民起義並不是推動社會前進的唯一動力〔註153〕。文帝雖然沒有經受過農民起義的沉重打擊，但尉遲迥叛亂也是席卷了大半個國土，艱苦的平定鬥爭，也足以促使隋文帝認識到起義的力量，並且嚴格地講，農民起義各朝都有，只是規模的大小和統治者有無參加的區別罷了。隋文帝雖未直接參加農民起義，但作為地主階級政治家，隋文帝最為可貴的一點是能在沒有農民起義直接衝擊下見微知著，善於從歷史中吸取經驗〔註154〕，正是由於他善於納諫、以德代刑、重視孝治、崇禮作樂、躬履儉約、頗能勤政，才得以迅速開創了政通人和的盛世局面。

關於隋文帝不恤民力之說，唐太宗曰：「隋開皇十四年（594）大旱，人多飢乏。是時倉庫盈溢，竟不許賑給，乃令百姓逐糧。隋文不憐百姓而惜倉庫，」〔註155〕然而事實並非如此，隋文帝統治中有很多開倉濟民的事情。開皇二年（582），關中大饑，文帝「駕幸洛陽」避災，同時「運山東之粟，置常平之官，開發倉廩，普加賑賜」，幫助百姓度過了荒年〔註156〕，開皇五年（585），瀛州遇秋霖大水，洪水橫流，五穀不登。刺史郭衍「先開倉賑恤，後始聞奏」，文帝大加贊許，馬上擢升為朔州總管〔註157〕。其後關中連年大旱，隋文帝「命蘇威等，分道開倉賑給。又命司農丞王亶，發廣通之粟三百餘萬石，以拯關中，又發故城中周代舊粟，賤糶與人。買牛驢六千餘頭，分給尤貧者，令往關東就食。其遭水旱之州，皆免其年租賦。」〔註158〕開皇十四年

---

〔註152〕趙雲旗：《論隋代速亡的原因》，《晉陽學刊》1984 年第 6 期，第 81 頁。

〔註153〕李殿元：《重新評價農民起義》，《文史雜誌》2009 年第 1 期，第 52～56 頁。

〔註154〕趙雲旗：《簡評隋文帝》，《歷史教學問題》1991 年第 1 期，第 15 頁。

〔註155〕《貞觀政要》卷八《辨興亡三十四》，第 256 頁。

〔註156〕《隋書》卷四六《長孫平傳》，第 1254 頁。

〔註157〕《隋書》卷六一《郭衍傳》，第 1469 頁。

〔註158〕《隋書》卷二四《食貨志》，第 684 頁。

（594），關中又見大旱。文帝再度親率百姓，「就食於洛陽」，車駕在災民群中，看見老弱，「輒引馬避之」；每遇險阻，看見百姓負重難行，即「令左右扶助之」。文帝更明令百官「不得治生，與人爭利」，防止官富民窮〔註159〕。隋文帝在遺詔中自我評價到：「朕承天命，撫育蒼生，日旰孜孜，猶恐不逮」〔註160〕，「所以昧旦臨朝，不敢逸豫，一日萬機，留心親覽，晦明寒暑，不憚劬勞，匪日朕躬，蓋爲百姓故也。」〔註161〕正是由於隋文帝重民政策得以貫徹實施，隋朝出現了「人庶殷繁，帑藏充實」的局面，「雖數遭水旱，而戶口歲增。」史家認爲他「足稱近代之良主」〔註162〕。張玄素贊曰：「文帝因周衰弱，憑藉女資，雖無大功於天下，然布德行仁，足爲萬姓所賴。」〔註163〕

　　隋朝的滅亡，是多種因素綜合作用的結果，貞觀君臣修《隋書》，從「以史爲鑒」角度出發，不可避免地帶有誇大其辭的說法。而且，通過大張撻伐前朝秕政，才可以說明唐代隋的合法性。而以上關於隋文帝亡國的種種論據，幾乎可以從歷史上任何一位帝王的執政時期找到，所以將隋亡的原因追溯到隋文帝的觀點，著實很難令人信服。

# 第三節　煬帝與隋亡的關係探析

## 7.3.1 史學界對煬帝與隋亡的評價

　　隋煬帝是中國歷史上一個頗具爭議性的帝王。長期以來，人們大多從其荒淫、暴虐的角度審視其對歷史造成的影響，而對於他的歷史貢獻則鮮有提及。建國以後，尤其是上世紀90年代以來，隋煬帝研究不再刻板、教條，呈現出諸多新的氣象。

### 7.3.1.1 隋煬帝的總體評價

　　對隋煬帝的評價問題，自《隋書》定性「自肇有書契以迄於茲，宇宙崩離，生靈塗炭，喪身滅國，未有若斯之甚也」〔註164〕，確立煬帝的「暴君」

---

〔註159〕《隋書》卷二《高祖紀下》，第54頁。
〔註160〕《隋書》卷一《高祖紀上》，第24頁。
〔註161〕《隋書》卷二《高祖紀下》，第52頁。
〔註162〕《隋書》卷二《高祖紀下》，第54頁。
〔註163〕《舊唐書》卷七五《張玄素傳》，第2643頁。
〔註164〕《舊唐書》卷四《煬帝紀下》，第96頁。

身份以來，基本上沒有引起史學大師的懷疑。80 年代以前出版的幾部名著均傾向於論證隋煬帝的暴君形象，如呂思勉《隋唐五代史》專闢「煬帝奪宗、煬帝荒淫、煬帝黷武」論其暴君形象〔註165〕；范文瀾《中國通史》稱其為「標準的暴君」，從「遊玩、耀威、開邊、侵略」四個方面來概括其一生〔註166〕；吳楓《隋唐五代史》、韓國磐《隋唐五代史綱》等，通篇都是隋煬帝的荒淫暴虐。對其歷史貢獻則略而不提。

1959 年萬繩楠先生發表《論隋煬帝》論述隋煬帝「功大於過」，將他稱為「一個很有才能和氣魄的政治家、軍事家與文學家」〔註167〕時，此文一出，引起了很多人的反駁。魏福昌認為隋煬帝「是一個不折不扣的暴君」，他奢侈、荒淫、惡聞政事，對人民剝削、壓迫、屠殺，還大興土木、濫殺功臣，進行無休止的戰爭〔註168〕。曹永年、周增義的《論隋煬帝的「功」與「過」——兼與萬繩楠先生商榷》認為「隋煬帝過大於功！」「萬先生不僅忽視了隋煬帝一生活動的主流，就是對隋煬帝的功績也作了許多誇大。」〔註169〕朱先治認為「必須肯定煬帝的過是大於功的。煬帝仍然是一個應該被否定的歷史人物。」〔註170〕

八十年代的論文基本延續這一論爭，但對隋煬帝的歷史功績有了較多的關注。如趙雲旗從隋煬帝的加強統一與政治改革、求治圖強與發展民族關係、發展經濟與文化事業等方面論證隋煬帝的歷史功績〔註171〕。韓隆福認為隋煬帝功「過於秦漢」，「是一位同秦始皇、漢武帝一樣的具有雄才大略的政治家和軍事家。」〔註172〕趙克堯全面論述了煬帝在政治、經濟、軍事、外交、文化等方面的建樹，肯定了這些隋煬帝的重大作用〔註173〕。吳思強則認為：趙

---

〔註165〕呂思勉：《隋唐五代史》，第21～45頁。

〔註166〕范文瀾：《中國通史》，第40～49頁。

〔註167〕萬繩楠：《論隋煬帝》，《史學月刊》1959年第9期，第1～4頁。

〔註168〕魏福昌：《隋煬帝是不折不扣的暴君——與萬繩楠同志商榷》，《史學月刊》1959年第12期，第8～10頁。

〔註169〕曹永年、周增義：《論隋煬帝的「功」與「過」——兼與萬繩楠先生商榷》，《史學月刊》1959年第12期，第9～11頁。

〔註170〕朱先治：《對「論隋煬帝」一文的幾點意見》，《史學月刊》1960年第1期，第23頁。

〔註171〕趙雲旗：《評隋煬帝的歷史功績》，《晉陽學刊》1986年第1期，第35～40頁。

〔註172〕韓隆福：《論隋煬帝的歷史作用》，《安徽史學》1986年第3期，第13頁。

〔註173〕趙克堯：《隋煬帝的再評價》，《溫州師範學院學報》1986年第4期，第81～89頁。

克堯對隋煬帝拔高了的建樹，煬帝除著手營建東都、貫通大運河、開創進士科及個人在文學上的成就幾項有值得肯定之處外，其餘的都是禍國殃民的措舉〔註174〕。黃惠賢認為：隋煬帝之暴政，不在乎常制、常典之輕重緩急，而在於煬帝及其統治集團，蓄意破壞法制，強徵非常之賦，行非常之役，用非常之法，殘害百姓〔註175〕。

允許不同論爭是社會進步的表現，但歷史需要客觀公正，任何拔高或貶低的行為都是不可取的。「隋煬帝雖屬亡國之君，卻也是有為之主，他確有種種惡政，但也有不容抹煞的歷史功績，不應全盤否定。」〔註176〕對煬帝有「過」也有「功」之評價，90年代已基本達成一致。

韓隆福著《隋煬帝評傳》（武漢：武漢大學出版社，1992年）最早系統地為煬帝翻案，「自韓先生以後，隋煬帝『標準暴君』的帽子已基本為史學界所去掉。」〔註177〕之後又相繼出版了隋煬帝的一批專著，如王占君長篇歷史小說《隋煬帝》（北京：華夏出版社，1993年）、胡戟《隋煬帝新傳》（上海：上海人民出版社，1995年）、袁剛《隋煬帝傳》（北京：人民出版社，2001年）、劉善齡《細說隋煬帝》（上海：上海人民出版社，2005年）等，以及具有代表性的學術論文如朱平安《隋煬帝評傳》（上、下），（《十堰大學學報》1992年第2、3期）、華世光《隋煬帝述評》（《貴州師範大學學報》1995年第1期）、袁剛《君王的比較和隋煬帝的事功與暴政》（《常德師範學院學報》2002年第3期）、曹衛平《試論對隋煬帝歷史地位的評價》（《文史博覽》2009年7期）等均延續這一觀點。如張金龍《隋煬帝也有歷史功績》（《渤海學刊》1997年第1期）、尚志邁《隋煬帝的歷史功績述評》（《張家口師專學報》1999年第2期）、朱子彥《略論隋煬帝的歷史功績》（《上海大學學報》2001年4期）、梁鎮恆《淺議隋煬帝楊廣的歷史貢獻》（《中共山西省委黨校學報》2010年1期）等，這些都促使我們對隋煬帝的認識有了進一步的提升。

### 7.3.1.2　隋煬帝與隋朝速亡

隋煬帝乃亡國之君，歷史上又以暴君著稱，所以評價隋煬帝與探討隋亡

---

〔註174〕吳思強：《〈隋煬帝的再評價〉異議》，《溫州師院學報》1989年第1期，第15～21頁。

〔註175〕黃惠賢：《略論隋煬帝之暴政》，《武漢大學學報》1983年第4期，第39頁。

〔註176〕韓樂學：《試評隋煬帝》，《西北師大學報》1985年第4期，第24頁。

〔註177〕陳開科：《韓隆福教授的史學研究》，《湖南文理學院學報》2007年第6期，第121頁。

原因的分析必然緊緊聯繫在一起。張國剛先生《隋唐五代史研究概要》從統治集團內部矛盾加劇、階級矛盾主因、國富導致速亡、暴政破壞社會生產力和用兵高麗致亡五個方面總結了隋亡的原因〔註178〕。概括來說，史學界對隋煬帝與隋亡原因的研究，可分為政治、經濟、軍事、文化四個方面。

具體地說，政治上，趙雲旗《論隋代的速亡》認為，隋朝的速亡是南北朝時代階級矛盾、民族矛盾以及統治集團內部矛盾「歷史發展的必然」。他說，到了隋文帝末年，這三種矛盾更加「激化」，使隋王朝「走上了難以挽回的下坡路」，所以隋煬帝不應是隋亡的「禍根」，「南北朝統治者與隋文帝也有責任。」〔註179〕所桂萍《隋朝法制與隋朝興亡的辯證統一》認為：隋文帝統治後期和隋煬帝在位期間以法壞法、有法不依、濫用酷刑，進一步激化了社會矛盾，加速了隋王朝的滅亡〔註180〕。沈國峰《略論隋王朝的封建法制和它的興亡史》也認為煬帝對隋初封建法制大破壞是隋亡的主要原因〔註181〕。張承宗、陳學貴《試論楊堅家庭關係與隋朝的滅亡》則認為由於楊堅的帝后、父子、兄弟關係的不協調加速了隋朝的滅亡〔註182〕。

經濟上，魏承思《論隋王朝的經濟政策及其滅亡》認為：隋王朝的經濟政策，只是一味追求增加財政收入，而「不顧封建經濟運動的客觀規律，使當時的各種社會矛盾尖銳化。」〔註183〕于賡哲《隋煬帝的「效率」與唐太宗的「公平」》指出：隋煬帝因追求「效率」（富強）而忽視「公平」（民心），導致隋的速亡〔註184〕。岑仲勉先生《隋唐史》認為「隋亡以經濟崩潰，農民起義為主因。」〔註185〕

---

〔註178〕張國剛：《隋唐五代史研究概要》，天津：天津教育出版社，1996 年，第 16 頁。

〔註179〕趙雲旗：《論隋代的速亡》，《晉陽學刊》1984 年第 6 期，第 77～83 頁。

〔註180〕所桂萍：《隋朝法制與隋朝興亡的辯證統一》，《南陽師範學院學報》2004 年第 11 期，第 74～76 頁。

〔註181〕沈國峰：《略論隋王朝的封建法制和它的興亡史》，《政法論壇》1979 年第 1 期，第 71～74 頁。

〔註182〕張承宗、陳學貴：《試論楊堅家庭關係與隋朝的滅亡》，《煙臺師範學院學報》1996 年第 4 期，第 24～29 頁。

〔註183〕魏承思：《論隋王朝的經濟政策及其滅亡》，《歷史教學問題》1985 年第 3 期，第 9～12 頁。

〔註184〕于賡哲：《隋煬帝的「效率」與唐太宗的「公平」》，《人民論壇》2009 年第 8 期，第 60～61 頁。

〔註185〕岑仲勉：《隋唐史》，石家莊：河北教育出版社，2000 年，第 75 頁。

軍事上，朱明《論隋代兵制與隋亡之關係》認爲：由於隋代軍事制度的不完善，加上煬帝好大喜功、窮兵黷武、濫用武力、東征西討，致使本來就存在很多問題的軍事制度，趨向混亂、渙散，最終導致和促使了隋王朝的迅速覆亡〔註186〕。黃冬雲《軍事改革對隋朝滅亡的影響》認爲隋煬帝軍事改革的積極作用不可低估，但由於煬帝的爲所欲爲使其優越性未能充分發揮，弊端卻暴露無遺，最終導致隋政權土崩瓦解〔註187〕。

文化上，梁中實《也論隋王朝的速亡》認爲隋煬帝統治時期道德的墮落，風氣的敗壞，人心的沉淪，精神的頹廢，是隋王朝國祚短促的不可忽視的重要因素之一〔註188〕。楊際平、蘇述《論隋王朝的政治路線及其興亡》認爲因隋所以執行的是一條保守倒退的儒家路線。從而經濟凋敝，政治黑暗，國勢猶如江河日下，終至滅亡〔註189〕。

隋朝的速亡除與隋煬帝的政策密切相關外，與其性格也有不可分割的聯繫。董省非認爲導致隋朝速亡的重大原因是隋煬帝性格上的二重性，即爲儒家的理知和生活上的奢侈縱慾〔註190〕。楊際平指出隋朝覆亡是由於隋煬帝的濫用民力、嚴刑峻法，而這又是由隋煬帝剛愎自用、拒諫飾非、好大喜功、濫用民力、嚴刑峻法所致〔註191〕。羅嗣忠認爲：隋煬帝的狂妄自大、忌賢妒能、任性妄爲、縱慾貪婪、性殘好殺，使他既不能正確地認識現實，也不能正確地認識和處理君臣、君民關係，更不能正確地看待自己。其結果只能使自己變爲一個舉國同仇、神民同憤的典型暴君，激起隋朝民眾更強烈的反抗〔註192〕。黃冬雲也認爲隋朝速亡與隋煬帝極端自信和極端自負的性格有

〔註186〕朱明：《論隋代兵制與隋亡之關係》，《軍事歷史研究》1996年第4期，第120～126頁。

〔註187〕黃冬雲：《軍事改革對隋朝滅亡的影響》，《淮北煤師院學報》2002年第2期，第3～5頁。

〔註188〕梁中實：《也論隋王朝的速亡——談道德世風在隋朝滅亡中的影響》，《煙臺師範學院學報》1989年第2期，第36～44頁。

〔註189〕楊際平、蘇述：《論隋王朝的政治路線及其興亡》，《天津師範大學學報》1975年第2期，第33～37頁。

〔註190〕董省非：《論隋煬帝的二重性格與隋朝速亡》，《麗水師專學報》1987年第1期，第61～71頁。

〔註191〕楊際平：《煬帝其人與隋朝的二世而亡》，《湘潭師範學院學報》1998年第4期，第15～21頁。

〔註192〕羅嗣忠：《隋煬帝的個性特徵及其社會後果》，《青海師範大學學報》1994年第1期，第70～75頁。

關〔註193〕。

　　古語云：「積行成習，積習成性，積性成命」，個性不是一個人生來就有的性格合成，而是基本隨著環境及人的成熟和年齡增長而形成的。隋煬帝的這種性格無疑又與當時特定的歷史環境密切相關。羅嗣忠認為封建君主專制的時代、士族地主的野蠻腐朽性、「君權神授」的傳統思想、隋文帝貪暴以及隋政權未受到農民革命力量的沉重打擊，未能認識到農民的重要性等現實環境的影響下，毒化了楊廣的靈魂〔註194〕。周鼎初指出隋煬帝暴政的社會根源是隋代仍處於封建制生產方式與奴隸制生產方式同時並存的歷史時代。奴隸制的存在及其影響，使隋朝以皇帝為首的統治者殘酷地破壞封建生產方式，並肆意擴大隋代殘餘的奴隸制度〔註195〕。劉勝認為是「統一寰宇，甲兵強銳」的時代，安定繁榮的社會使隋煬帝窮奢極欲、不思進取、濫用民力〔註196〕。

　　隋朝速亡與隋煬帝無疑有很大的關係，但我們在追究隋朝速亡的原因時，不能完全歸咎於隋煬帝，在評價隋煬帝其人時，不應全盤否定，這是不同性質的兩個問題，二者密切相關但並不矛盾。

## 7.3.2 關於煬帝與隋亡評價的思考

### 7.3.2.1 關於煬帝暴政與隋朝的速亡

　　通過歷史的爭論，煬帝「昏君」、「庸君」的身份雖基本被否定，但「暴君」的稱謂卻為大家所接受。袁剛將「暴君」定義為有才無德者。他指出，「暴君往往很有才能，不僅有雄才大略，治國英才，而且敢幹別人不敢幹，甚至連想都不敢想的事，沒有點才幹或特殊才能，也難以荼毒生靈，攪動四海，暴亂天下。」「隋煬帝才能超群，功業卓著，他不是庸君，也不是昏君；他縱慾亡國，殘害百姓，有亡聖德，也不是明君，而是一個典型的暴

---

〔註193〕黃冬云：《隋煬帝的性格缺陷及其影響》，《南通師範學院學報》2003 年第 4 期，第 94～97 頁。

〔註194〕羅嗣忠：《淺談鑄成隋煬暴君的客觀歷史必然性》，《青海師範大學學報》1991 年第 1 期，第 23～27 頁。

〔註195〕周鼎初：《試論隋煬帝暴政的實質及其社會根源》，《湖北大學學報》1995 年第 6 期，第 60～66 頁。

〔註196〕劉勝：《淺論隋煬帝、唐太宗與隋亡唐興的關係》，《漢中師院學報》1992 年第 1 期，第 44～47 頁。

君。」〔註197〕在這裡，我們不否認隋煬帝確有一些暴虐行為，但值得我們深思的是，隋煬帝的「暴政」是他的個案還是古代帝王的共性？他的「暴政」是否已經達到了亡國滅種的地步？是否已經構成了隋王朝滅亡的充分條件？

　　唐太宗和隋煬帝有很多相似之處，他們是姻親至戚，接受著同一種文化的薰陶。在王朝的創立及統一過程中，都曾南征北戰，屢立戰功。「唐承隋制」，在統治國家的政治制度方面也有繼承性。而他們的「暴虐」也有相似之處。在私德方面，兩人都是以陰險的手段奪取皇位，但隋煬帝是利用了父母親的性格弱點「溫柔」奪嫡；唐太宗則是玄武門之變，殺戮兄弟，逼父讓位。兩人都有亂倫行為，隋煬帝烝其父寵妃宣華陳夫人，唐太宗則納其弟李元吉之妃楊氏為己妾，占其叔父李瑗之姬，被柏楊稱為「儼然第二個楊廣」〔註198〕。在勞民傷財方面，煬帝營東都，鑿運河，築西苑；唐太宗修九成宮，洛陽宮，大明宮，飛山宮，襄城宮，翠微宮等，貞觀四年（630），唐太宗發卒修洛陽宮以備巡幸時，曾被給事中張玄素批評為「襲亡隋之弊，恐又甚於煬帝矣！」〔註199〕在統治政策方面，隋煬帝拒諫飾非，嫉賢妒能，猜忌大臣，唐太宗依然如此，他干預史官，屢次刪略、改削起居注，公然曰「望史官不書吾惡」〔註200〕。在他統治後期，敢犯顏直諫者甚少，阿諛奉承者日多，功臣侯君集、劉洎、張亮、崔仁師、張君羨、李勣等均被以各種罪名或殺或流。易沙白認為唐太宗「奢於煬帝」〔註201〕，「殺戮功臣過於漢高（祖）、明（太）祖」〔註202〕。在窮兵黷武方面，隋煬帝三征高麗而失敗，唐太宗同樣出兵，導致出現了「十室九空，數郡蕭然」，「即日徭役，似不下隋時」的情景。崔瑞德先生論隋煬帝時說，「在中國的帝王中，他決不是最壞的，從他當時的背景看，他並不比其他皇帝更加暴虐。」〔註203〕白雲揚在《隋煬帝和唐太宗的「暴君、明君」之辨》一文中從貪圖權欲，非法奪權；窮兵黷武，好大喜功；好色淫靡，濫虐民力；信讒拒諫，猜忌大臣四個方面論述了唐太宗在「暴」的方面比隋煬

〔註197〕袁剛：《君王的比較和隋煬帝的事功與暴政》，《常德師範學院學報》2002年第3期，第47頁。

〔註198〕柏楊：《中國人史綱》，北京：時代文藝出版社，1987年，第47頁。

〔註199〕《資治通鑒》卷一九三，太宗貞觀四年六月條，第6079頁。

〔註200〕《貞觀政要》卷六《杜讒邪第二十三》，第204頁。

〔註201〕易沙白：《帝王春秋》，長沙：嶽麓書社，1984年，第65頁。

〔註202〕易沙白：《帝王春秋》，第103頁。

〔註203〕崔瑞德：《劍橋中國隋唐史》，第147頁。

帝有過之而無不及﹝註204﹞。

　　儒家修史者對煬帝道義上的評價的確是苛刻的，因為他們把他描寫成令人生畏的典型的「末代昏君」﹝註205﹞。從現存史料看，隋煬帝並非等閒之輩。他做晉王時，已是「爰在弱齡，早有令聞」，「昆弟之中，獨著聲績。」即位後他剿滅陳國，「南平吳會，北卻匈奴」，一統江山；他威服四夷，開拓疆土，吸引各少數民族內屬，建立天朝威嚴；他遣使遠出波斯，又渡海通使南洋赤土、東洋日本，加強了中外文化交流；他營建東都，置關防、修馳道、築長城鞏固國防；他興修運河，置倉儲糧，巡幸江都，便利了南北文化的交流；他恢復太學，創立科舉，整理經典；他勵精圖治，改革政治，多為唐代所借鑒。他志包宇宙，氣吞山河，「狹殷周之制度，尚秦漢之規摹」，使大隋王朝地廣三代，威振八紘。袁剛指出「隋煬帝無疑是一位以自己的活動深深地影響了中國歷史進程的重要歷史人物」，「近人稱隋煬帝是傑出的地主階級政治家、軍事家，從其功業來看，實不為過，隋煬帝的確功業輝煌」﹝註206﹞。韓隆福評價他功「過於秦漢」，「是一位同秦始皇、漢武帝一樣的具有雄才大略的政治家和軍事家」﹝註207﹞。他的「大業之治」都強於秦始皇單純暴力的「唯法而治」和漢武帝的儒家獨尊的「外儒內法」之治，也強於隋文帝的「開皇之治」和唐太宗的「貞觀之治」﹝註208﹞。他在短短的一、二十年，特別是「大業之治」五六年的時間內完成的一系列事業，是古今中外任何帝王都無法相比的﹝註209﹞，可以說，如果沒有隋煬帝國破家亡這樣的重大敗筆，隋煬帝的政治成就和歷史地位將毫不遜色於名著青史的唐太宗。

　　所以說，學術界將隋的滅亡定性在隋煬帝的暴政，是先看結果（亡國），然後再定命題（隋煬帝的暴政）。但在人治社會裏，有幾個帝王不暴政？隋煬帝確實有一些暴虐行為，但「硬在傳統固定的框架下給煬帝繼續扣上『暴君』

﹝註204﹞白雲揚：《隋煬帝和唐太宗的「暴君、明君」之辨》，《哈爾濱學院學報》2011年第6期，第107～110頁。

﹝註205﹞崔瑞德：《劍橋中國隋唐史》，第146頁。

﹝註206﹞袁剛：《隋煬帝傳》，第730～732頁。

﹝註207﹞韓隆福：《論隋煬帝的歷史作用》，《安徽史學》1986年第3期，第13頁。

﹝註208﹞韓隆福：《一個有偉大貢獻的「暴君」——評袁剛〈隋煬帝傳〉兼紀念隋煬帝研究所成立五週年》，《常德師範學院學報》2002年第5期，第87頁。

﹝註209﹞韓隆福：《隋煬帝評傳》，第1頁。

的帽子是不合適的。」〔註210〕同樣的道理，將隋煬帝的暴政作爲他亡國的充分條件也是不合適的。

### 7.3.2.2 關於儒家思想與煬帝的亡國

許多學者力圖從政治思想和政治意識的角度予以解釋，認爲隋煬帝的亡國是因他背離了儒家思想。例如「隋煬帝的暴政是其對儒家思想的徹底背叛。」〔註211〕「煬帝始終不具備唐太宗那種『水可載舟，亦可覆舟』的政治意識。」〔註212〕筆者認爲這個判斷與歷史事實不符。

首先，隋煬帝並無背叛儒家路線，相反，他的儒學思想十分濃重。史稱他「美姿儀，少敏慧」，「好學，善屬文，沉深嚴重，朝野屬望」。他稱帝前以「仁孝著稱」，「婢僕往來者，無不稱其仁孝」獨孤皇后曰：「我兒大孝順，每聞至尊及我遣內使到，必迎於境首。」即位後依然如此，宣傳「夫孝悌有聞，人倫之本，德行敦厚，立身之基。」他關注儒學教育，大業元年（605）下勸學詔，指出：「君民建國，教學爲先，移風易俗，必自茲始。」並恢復了文帝所廢之州縣學校，表示要「尊師重道，用闡厥繇，講信修睦，敦獎名教。」爲此，他「詢謀在位，博訪儒術」，親自主持儒家經義研討，「徵諸郡儒官集於東都，令國子秘書學士與之論難。」他選舉人才也以儒家倫理爲主，大業二年（606）以「功德行能有昭然者」作爲擢拔官員的條件。大業三年（607）定十科舉人，強調「德行敦厚，立身之基」。他還博覽群書，整理文化典籍，「自經術、文章、兵、農、地理、醫、卜、釋、道乃至蒱博、鷹狗，皆爲新書，無不精洽，」王府學士們編撰的書籍雖然龐雜，但居首位的還是儒家的經術文章。雖然《隋書》出於以史爲鑒的目的，大加鞭撻隋煬帝的形象，但字裏行間仍然掩飾不住他「大儒」的歷史形象。

其次，隋煬帝通曉爲君之道。「文辭奧博，亦知是堯舜而非桀紂，然行事何其反也？」〔註213〕這是唐太宗李世民後來看到《隋煬帝集》時發出的感慨。

---

〔註210〕韓隆福：《一個有偉大貢獻的「暴君」——評袁剛〈隋煬帝傳〉兼紀念隋煬帝研究所成立五週年》，《常德師範學院學報》2002年第5期，第88頁。

〔註211〕周鼎初：《隋煬帝的暴政是其對儒家思想的徹底背叛》，《江漢論壇》1995年第6期，第41～43頁。

〔註212〕王蓉：《從「有命在天」到「我實負百姓」——從商紂王、項羽、隋煬帝的政治意識看古代中國政權合法性觀念的演變》，《山東農業大學學報》2002年第2期，第85頁。

〔註213〕《資治通鑒》卷一九二，太宗貞觀二年四月條，第6053頁。

由此可見，隋煬帝曾經闡釋「聖人之言」，宣揚「堯舜之道」。在隋煬帝看來，在國家相對安定之後，應當以王道治理臣民，即「軍國異容，文武殊用，匡危拯難，則霸德攸興，化人成俗，則王道斯貴。」〔註214〕隋煬帝重視臣僚的共治，稱：「凡厥在位，譬諸股肱，若濟巨川，義同舟楫。」並表示「冀與群才共康庶績」。為此，他廣招人才。在大業八年（612）九月的詔令中，對南北朝時期的任官原則進行清理，指出自北魏滅亡後武功成為選官的主要標準，並因此造成了嚴重的後果，在詔令中進一步規定，「自今已後，諸授勳官者，並不得回授文武職事」，即軍功不能作為出任文武職事官的資格，並因此總結出「軍國異容，文武殊用」的用人原則，提出隨著大一統和社會安定局面的出現，要用王道取代霸德，「化人成俗，則王道斯貴」，「世屬隆平，經術然後升仕」〔註215〕。在統治中，他以德代刑，「除十惡之條」，「其五刑之內，降從輕典者，二百餘條。其枷杖決罰訊囚之制，並輕於舊」〔註216〕。他重視國家的言路建設，注重民意採集，在完善諫議機制方面也曾有所作為。隋煬帝詔曰：「聽採輿頌，謀及庶民，故能審政刑之得失」，他多次「分遣使人，巡省方俗，宣揚風化，薦拔淹滯，申達幽枉。」〔註217〕隋煬帝深深懂得「以民為本」、「天下為公」的道理，宣稱：「非天下以奉一人，乃一人以主天下也。民惟國本，本固邦寧，百姓足，孰與不足」！他表示要「建立東京，躬親存問」，「巡歷淮海，觀省風俗」同時，還下令「其民下有知州縣官人政治苛刻，侵害百姓，背公徇私，不便於民者，宜聽詣朝堂封奏」，以達到「四聽以達，天下無冤」〔註218〕的目的。

可見，隋煬帝並非不懂得儒家思想，帝王之道。唐太宗曰：君道大綱，「非知之難，惟行之不易；行之可勉，惟終實難。是暴亂之君，非獨明於惡路；聖哲之主，非獨見於善途。良由大道遠而難遵，邪徑近而易踐。」〔註219〕明君與暴亂之君的區別主要在於是否始終遵行帝王之道。然在某些方面，「明君」與「暴君」如出一轍，有時還有過之而無不及。如「明君」唐太宗晚年荒唐地求仙吃長生不死丹藥以致斃命，並殘忍地令他寵幸的孟才人殉葬從死。相

---

〔註214〕《隋書》卷四《煬帝紀下》，第 83 頁。
〔註215〕《隋書》卷四《煬帝紀下》，第 83 頁。
〔註216〕《隋書》卷二五《刑法志》，第 716～717 頁。
〔註217〕《隋書》卷三《煬帝紀上》，第 62～63 頁。
〔註218〕《隋書》卷三《煬帝紀上》，第 61～63 頁。
〔註219〕李世民，《帝範》，張玉齡釋譯，呼和浩特：遠方出版社，1998 年，第 183 頁。

比之下，「暴君」隋煬帝統治時，嵩高道士潘誕提出要用「童男女膽髓各三斛六斗」來代替石膽、石髓爲煬帝煉製金丹，結果「帝怒，鎖詣涿郡，斬之」〔註220〕。所以說在人治原則下，最爲最高統治者的帝王在某些方面違背儒家倫理道德乃是通病，談不上誰更英明，只能說從長遠來看誰更會利用這套統治思想。隋煬帝的驕奢淫逸、任性妄爲、好大喜功等與他沒有很好地貫徹儒家思想有關，但以此來論斷他必然亡國則有明顯的武斷之嫌。

### 7.3.2.3 關於煬帝與隋朝速亡的關係

一般來說，一個王朝的開國者往往雄才大略，德行相對較好，具有強大的生命力，但一個盛大的王朝僅靠一個開國皇帝還不夠，還有賴於第二代君主的統治，這樣王朝才能達於鼎盛〔註221〕。隋文帝以宮廷政變的形式奪取權力，到隋煬帝繼位時才僅僅24年，統治基礎薄弱，人心不固，尤其是被推翻的舊貴族官僚在伺機反撲。而隋王朝的建立，所採取的一些改革措施，又不可避免地會犧牲部份人的利益，必定引起一些矛盾的激化。開皇末圍繞文帝繼承人問題，統治集團內部發生嚴重分裂。伴隨著一代良相高熲的失勢，太子楊勇的被廢黜，很多元老重臣都因捲入這場鬥爭而被殺戮囚禁。楊廣又網羅罪名廢蜀王秀，「與相連坐者百餘人。」漢王諒見蜀王秀被廢，「尤不自安，陰蓄異圖。」仁壽四年（604）文帝崩後，楊諒起兵，「從諒反者凡十九州」，據《資治通鑑》記載，漢王諒的軍隊在二十萬以上，可見規模頗大。楊諒兵敗後，煬帝爲徹底清除楊諒勢力，「諒所部吏民坐諒死徙者，二十餘萬家，」〔註222〕楊諒也被幽禁而死。

楊堅父子本性猜忌，楊氏家族「內外親戚，莫預朝權，昆弟在位，亦無殊寵，」〔註223〕「高祖昆弟之恩，素非篤睦……至於二世承基，其弊愈甚，」〔註224〕而楊堅五男，除了三子楊秀、四子楊諒外，長子楊勇在文帝崩後被楊廣僞造敕書賜死，二子楊俊於開皇二十年（600）已病薨，楊氏政權逐漸失去了磐石之固，這些都爲王朝的不穩埋下了隱患。而楊諒之所以有能力起兵反叛，主要是因爲他身居并州總管的要職。總管主要負責轄區內的軍政事務，

---

〔註220〕《資治通鑑》卷一八一，煬帝大業八年正月條，第5658頁。
〔註221〕徐連達、朱子彥：《中國皇帝制度》，第166頁。
〔註222〕《資治通鑑》卷一八０，文帝仁壽四年正月條，第5613頁。
〔註223〕《隋書》卷七九《外戚傳》序，第1787頁。
〔註224〕《隋書》卷四四，史臣曰，第1226頁。

擁有兵權。楊廣自己也擔任過地方總管，深知總管的位高權重，爲防止地方總管的再次起兵，煬帝在這次平叛成功後便廢止了總管府，將軍權收歸中央，這又勢必引起武人門閥的不滿，加深了煬帝與門閥權貴之間的矛盾。

煬帝爲晉王時，在江南經營數十年，南方士族也成了他謀奪最高統治權的最有力的支持集團，故而他即位後對新的官僚隊伍進行調整，重用江南士族，抑制舊勳貴族，在文帝時被排斥或不得志的江南人才許善心、虞世基、裴蘊、姚察、袁充等均參與軍國大政，成爲高層核心決策人物。大業三年（607）七月，煬帝又以誹謗朝政的罪名，殺隋朝元老太常卿高熲，光祿大夫賀若弼，禮部尚書宇文弼等，是爲對統治集團的一大震動。

在這種情況下，煬帝如果能夠整頓吏治，與民休息，將這些矛盾控制在一定程度內，王朝就會穩定發展。據《隋書》載，大業九年（613）楊玄感起兵時，煬帝問庾質曰：「玄感其有成乎」？質曰：「玄感地勢雖隆，素非人望，因百姓之勞，冀幸成功。今天下一家，未易可動。」〔註225〕庾質以「操履貞愨，立言忠鯁」著稱，史載他「每有災異，必指事面陳」，所以庾質之言應具有一定的可信度。我們從中可以看出，當時王朝雖已出現農民起義，但天下一統，並未出現覆亡的危機。司馬光曰：「向使後嗣僅得中材之主以守之，十世之內未易亡也。」〔註226〕然而，隋煬帝不是一個「中材之主」，相反，「他很有才能，很適合鞏固他父親開創的偉業，而他在開始執政時也確有此雄心。」他「山陵始就，即事巡遊，以天下承平日久，士馬全盛，慨然慕秦皇、漢武之事，」〔註227〕隋煬帝在立足未穩的情況下，就迫不及待地興辦大型公共工程，修訂典章制度，四處巡行，現場視事，威服四夷，雄才拓疆，「企圖以最快的速度，最短的時間，建不世之功，致天下以太平。」〔註228〕所以說，隋煬帝並未完成從打天下到坐天下的轉變，在執政理念、與民休息、君臣關係的穩固等方面都沒有概念。

自負的性格是隋煬帝的致命弱點，也是導致隋亡的重要原因。隋煬帝的自負集中表現爲他的變態誇耀和嫉賢妒能，聽不得不同意見。特別是不顧群臣勸諫，執意征遼。而當征遼兵潰於一旦，蒙受奇恥大辱時，自負的性格使

---

〔註225〕《資治通鑑》卷一八二，煬帝大業九年四月條，第5678頁。
〔註226〕佚名：《歷代名賢確論》卷六六《文帝煬帝》，影印文淵閣四庫全書，第687冊，第551頁。
〔註227〕《隋書》卷四《煬帝紀下》，第94頁。
〔註228〕袁剛：《隋煬帝傳》，第730頁。

他一意孤行，從而一敗再敗。終於導致人民揭竿而起，成為隋亡的導火線。在全國動亂、民怨沸騰的情況下，煬帝首先要做的應該是調整政策，接受大臣的諫議，鎮守京城，與民休息，然而剛愎自用的煬帝卻任性妄為，不聽勸阻。大業十一年（615）蘇威諫曰：「今盜賊不息，士馬疲弊，願陛下亟還西京，深根固本，為社稷計。」結果煬帝繞道洛陽。楊子崇從帝在汾陽宮，知突厥必為寇，屢請早還京師，只可惜未被採納〔註229〕。十二年（616），江都新造龍舟送到東都，煬帝再下江都。右候衛大將軍酒泉趙才又諫曰：「今百姓疲勞，府藏空竭，盜賊蜂起，禁令不行，願陛下還京師，安兆庶。」煬帝大怒，以趙才屬吏治罪，旬日意解，乃出之。不久，建節尉任宗又上書極諫，煬帝「即日於朝堂杖殺之。」臨行，奉信郎崔民象以盜賊充斥，於建國門上表，諫不宜巡幸。煬帝「先解其頤，然後斬之。」行至汜水，奉信郎王愛仁以盜賊日盛，諫請還西京。「上怒，斬之而行」。至梁郡，「郡人邀車駕上書曰：『陛下若遂幸江都，天下非陛下之有』！又斬之」〔註230〕。對此，魏徵的解釋是他計劃放棄京師，退保江都，「煬帝魂褫氣懾，望絕兩京，謀竄身於江湖，襲永嘉之舊跡」〔註231〕。實際上，隋煬帝所犯的正是戰略戰術的錯誤，他不懂得奪取政權和鞏固政權的區別，而狂妄自大、忌賢妒能、縱慾貪婪、性殘好殺，使他既不能正確地認識現實，也不能正確地認識和處理君臣、君民關係，更不能正確地看待自己。其結果只能使自己變為一個舉國同仇、神民同憤的典型暴君，激起隋朝民眾更強烈的反抗〔註232〕，從而失去了最後的機會。

事實證明，隋煬帝是一個脫離實際國情的理想主義者。他在國家立足未穩的情況下就不計代價地肆意征伐，窮兵黷武，以實現他建不世之功的美夢。而民變四起後，他對起義又採取了兩耳不聞窗外事的鴕鳥政策，非但沒有迅速鎮守京師，與民休息，反而逃避現實，南下江都。這說明隋煬帝並未完成從創業到守成的轉變，他不懂得奪取政權和鞏固政權的區別，也不知道一張一弛的文武之道。他剛愎自用、自以為是、我行我素、任性妄為的性格特徵，又使他拒聽臣下的意見和勸告，這對於掌握國家最高權力的君主及其統治的人民來說往往是致命的，國家的敗亡也正得因於此。

〔註229〕《資治通鑒》卷一八二，煬帝大業十一年十月條，第5699～5700頁。
〔註230〕《資治通鑒》卷一八三，煬帝大業十二年七月條，第5705～5706頁。
〔註231〕《隋書》卷七十，史臣曰，第1636頁。
〔註232〕羅嗣忠：《隋煬帝的個性特徵及其社會後果》，《青海師範大學學報》1994年第1期，第70～75頁。

# 結　語

　　通過前文各章的具體考察，我們可看出隋朝有著系統而完備的君臣關係理論。君主既是「天之子」，又是「民之主」。在君主政治下，「君權神授」將君主置於一個至高無上的特殊地位，在「普天之下，莫非王土」的政治理念下，君主天然的合法性、正當性和不容置疑的權威性，使其成為政治運行的依據和君主政治的最終歸宿。從維護君權這一最基本的政治價值觀出發，「君子立身，雖云百行，唯誠與孝，最為其首」，「不誠不孝，何以事君」，「不誠不孝，何以為人」！統治者通過忠、孝、禮、法的宣揚，將廣大臣民都束縛在倫理道德之中。當忠孝出現衝突時，移孝於忠、忠先於孝自然成為君主的抉擇標準。與此同時，為維護君臣關係的穩定，又從制度上確立君臣社會等級秩序，確立君臣角色、地位、職權，使臣安臣職、忠心事君。如果臣民有所違抗，那麼在嚴格的刑罰規制中，就有賜死、誅殺以及滅族等的政策。當然，統治者在對違反君臣之道者實行嚴酷打擊的同時，也對其加以拉攏利誘，利用功名利祿等手段，來確保君主的權威性和君臣關係的穩固性。

　　由於隋文帝楊堅以宮廷政變的形式實現了不同政權之間的權力轉換，在這種情況下，前朝的「君」成了楊堅的「臣」，楊堅也由「臣」晉升為「君」，而在南北朝戰亂的餘波中建立的隋朝，本著一統全國的目的，與陳後主和梁後主兩個小國的君主之間又有著微妙的關係。基於楊隋由「篡」宇文周而來，在這種情況下，「公（楊堅）與諸將，皆國家貴臣，未相服從」，楊堅為了坐穩江山，防止前朝復辟，不惜大殺宇文周君主以及其宗室子孫，以絕後患。後梁是對隋相對友好的國家，隋在剛立國時對後梁實行拉攏政策，但隋實力增強後，便有了併梁的動向，也有了蕭氏等的奔陳，隋便以此為藉口先廢梁

後併陳。陳是隋實行統一全國的重點，隋在羽翼未豐時對陳實施「和好」的麻痺政策，同時暗中準備攻城，費時七、八年的時間，終於在開皇十年（590）藉口攻城，僅僅用三個月的時間，陳朝覆亡。由於周、陳、梁三國的不同情況及其與隋的不同關係，隋在處理與三國的關係時，所採取的政策措施又有所不同。

隋朝在剛剛建國時，立足未穩，周邊的少數民族均在尋找機會，發動戰亂。在與漢族的長期交往中，突厥、高麗等很快發展起來，並不斷入侵，給中原王朝帶來嚴重的邊患危險，如何維持大一統局面，這與其處理與少數民族的關係是密不可分的。隋王朝首先利用情感因素對周邊少數民族地區實行統治，其前提是「普天之下，皆是朕臣妾」，通過和親等方式實現與少數民族關係的父子化。而像韋沖、長孫晟等均善於處理與少數民族的關係，有效地避免了戰爭，保持了長期的和平。如果少數民族政權不能守禮稱臣，隋則將大舉興師問罪。但由於煬帝急於一統天下，不計代價地發動了對高麗的三次戰爭，也加速了隋朝的滅亡。

對於皇族來說，隋既需要給予他們一定的實權，以建「磐石之固」，又要提防家族勢力的過份強大，以免威脅到自身的統治。在這種矛盾心理的作用下，隋對皇室既賦予實權，又百般猜忌，於是就有了皇室成員或被殺或被免，甚至還有廢立太子之事，爲隋朝的滅亡埋下了隱患。

隋之亡，唐太宗是親眼目睹的。那麼，唐太宗在感觸於隋亡的同時，又對君臣理論的實施與完備提出了哪些有價值的主張，隋亡對唐朝的君臣關係產生了什麼影響，這些都是將來可能要深入研究的方向。

# 參考文獻

## 一、基本書籍

1. 魏徵，《隋書》，北京：中華書局，1973 年版。
2. 歐陽修、宋祁，《新唐書》，北京：中華書局，1975 年版。
3. 劉昫，《舊唐書》，北京：中華書局，1975 年版。
4. 吳兢，《貞觀政要》，上海：上海古籍出版社，1978 年版。
5. 李延壽，《南史》、《北史》，北京：中華書局，1974 年版。
6. 司馬遷，《史記》，北京：中華書局，1959 年版。
7. 姚思廉，《陳書》，北京：中華書局，1972 年版。
8. 令狐德棻，《周書》，北京：中華書局，1971 年版。
9. 李百藥，《北齊書》，北京：中華書局，1972 年版。
10. 司馬光，《資治通鑒》，北京：中華書局，1956 年版。
11. 王欽若，《冊府元龜》，北京：中華書局，1960 年版。
12. 董誥，《全唐文》，北京：中華書局，1983 年版。
13. 王溥，《唐會要》，北京：中華書局，1955 年版。
14. 長孫無忌，《唐律疏議》，劉俊文點校，北京：中華書局，1983 年版。
15. 王夫之，《讀通鑒論》，北京：中華書局，2008 年版。
16. 杜佑，《通典》，北京：中華書局，1988 年版。
17. 王方慶，《魏鄭公諫錄》，北京：中華書局，1985 年版。
18. 嚴可均，《全上古三代秦漢三國六朝文》，北京：中華書局影印，1958 年版。
19. 馬端臨，《文獻通考》，北京：中華書局，2006 年版。

20. 萬斯同,《隋將相大臣年表》,臺北:臺灣開明書店《二十五史補篇》第 6 冊,1959 年版。

21. 程樹德,《論語集釋》,《新編諸子集成》本,北京:中華書局,1990 年版。

22. 焦循,《孟子正義》,《新編諸子集成》本,北京:中華書局,1983 年版。

23. 吳毓江,《墨子校注》,《新編諸子集成》本,北京:中華書局,1993 年版。

24. 黎翔鳳,《管子校注》,《新編諸子集成》本,北京:中華書局,2004 年版。

25. 王先謙,《荀子集解》,《新編諸子集成》本,北京:中華書局,1988 年版。

26. 王先慎,《韓非子集解》,《新編諸子集成》本,北京:中華書局,1998 年版。

27. 楊天宇,《禮記譯注》,上海:上海古籍出版社,2004 年版。

28. 陶宗儀,《說郛》,北京:中國書店,1986 年版。

29. 韓理洲,《全隋文補遺》,西安:三秦出版社,2004 年版。

30. 許敬宗,《文館詞林校證》,北京:中華書局,2001 年版。

31. 李世民,《帝範》,張玉齡釋譯,呼和浩特:遠方出版社,1998 年版。

32. 許慎,《說文解字注》,段玉裁注,上海:上海古籍出版社,1981 年版。

33. 趙翼,《廿二史札記》,王樹民校正,北京:中華書局,1984 年版。

34. 岑仲勉,《隋書求是》,上海:商務印書館,1958 年版。

35. 岑仲勉,《通鑒隋唐紀比事質疑》,北京:中華書局,1964 年版。

36. 趙翼,《陔餘叢考》,上海:商務印書館,1957 年版。

37. 劉向,《說苑今注今譯》,盧元駿注譯,天津:天津古籍出版社,1988 年版。

38. 紀昀等,《文淵閣四庫全書》,上海:上海古籍出版社影印本,1986 年版。

39. 顧廷龍等,《續修四庫全書》,上海:上海古籍出版社影印本,1995 年版。

40. 柏楊,《中國人史綱》,長春:時代文藝出版社,1987 年版。

41. 白壽彝,《中國通史》,上海:上海人民出版社,1989 年版。

42. 白綱,《中國政治制度史》,北京:人民出版社,2000 年版。

43. 程樹德,《九朝律考》,北京:中華書局,1963 年版。

44. 岑仲勉,《隋唐史》,上海:中華書局,1982 年版。

45. 陳寅恪,《隋唐制度淵源略論稿》,上海:上海古籍出版社,1982 年版。

46. 陳寅恪,《金明館叢稿二編》,北京:三聯書店,2001 年版。

47. 崔瑞德,《劍橋中國隋唐史》,北京:中國社會科學出版社,1990 年版。

48. 陳俊強,《皇權的另一面——北朝隋唐恩赦制度研究》,北京:北京大學出版社,2007 年版

49. 方立天，《佛教哲學》，北京：中國人民大學出版社，1986 年版。

50. 范文瀾，《中國通史》，北京：人民出版社，1994 年版。

51. 國立中央研究院歷史語言研究生所集刊編輯委員會（民國），《歷史語言研究所集刊》，北京：中華書局影印本，1987 年版。

52. 郭朋，《隋唐佛教》，濟南：齊魯書社，1980 年版。

53. 高敏，《中國歷代姦臣傳》，鄭州：河南人民出版社，1988 年版。

54. 高明士，《隋唐五代史》，臺北：里仁書局，2006 年版。

55. 高明士，《中國中古政治的探索》，臺中：五南圖書出版股份有限公司，2006 年版。

56. 葛兆光，《中國思想史》第二卷，上海：復旦大學出版社，2000 年版。

57. 葛荃，《中國政治文化教程》，北京：高等教育出版社，2006 年版。

58. 甘懷真，《皇權、禮儀與經典詮釋：中國古代政治史研究》，上海：華東師範大學出版社，2008 年版。

59. 高珣，《隋朝法制與統一秩序研究》，北京：法律出版社，2008 年版。

60. 韓國磐，《隋朝史略》，上海：華東人民出版社，1954 年版。

61. 韓國磐，《隋煬帝》，武漢：湖北人民出版社，1957 年版。

62. 韓國磐，《隋唐五代史綱》，北京：人民出版社，1977 年版。

63. 韓隆福，《隋煬帝評傳》，武漢：武漢大學出版社，1992 年版。

64. 韓昇，《隋文帝傳》，北京：人民出版社，1998 年版。

65. 黃中業，《隋文帝楊堅傳》，長春：吉林人民出版社，1997 年版。

66. 黃永年，《六至九世紀中國政治史》，上海：上海書店出版社，2004 年版。

67. 惠煥章、賈鵬，《隋文帝楊堅百迷》，西安：陝西旅遊出版社，2004 年版。

68. 胡寶華，《唐代監察制度研究》，北京：商務印書館，2005 年版。

69. 胡戟，《隋煬帝的真相》，北京：北京大學出版社，2011 年版。

70. 林天蔚，《隋唐史新論》，臺北：東華書局，1980 年版。

71. 劉澤華，《中國傳統政治思維》，吉林：吉林教育出版社，1991 年版。

72. 劉澤華，《中國政治思想史》（三卷本），杭州：浙江人民出版社，1996 年版。

73. 劉澤華，《中國古代王朝興衰史論》，吉林：吉林人民出版社，1998 年版。

74. 劉澤華，《中國的王權主義》，上海：上海人民出版社，2000 年版。

75. 劉澤華、張分田，《思想的門徑——中國政治思想史研究方法論》，天津：天津古籍出版社，2006 年版。

76. 劉澤華，《中國政治思想史集》，北京：人民出版社，2007 年版。

77. 呂思勉，《兩晉南北朝史》，上海：上海古籍出版社，1983 年版。

78. 呂思勉，《隋唐五代史》，上海：上海古籍出版社，1984 年版。

79. 梁滿倉，《隋文帝楊堅》，北京：學苑出版社，1997 年版。

80. 劉健明，《隋代政治與對外政策》，臺北：文津出版社有限公司，1999 年版。

81. 呂春盛，《關隴集團的權力結構演變》，臺北：稻香出版社，2002 年版。

82. 劉善齡，《細說隋煬帝》，上海：上海人民出版社，2005 年版。

83. 劉學智，《中國學術思想編年——隋唐五代卷》，西安：陝西師範大學出版社，2006 年版。

84. 雷戈，《秦漢之際的政治思想與皇權主義》，上海：上海古籍出版社，2006 年版。

85. 毛漢光，《中國中古社會史論》，上海：上海書店出版社，2002 年版。

86. 倪正茂，《隋律研究》，北京：法律出版社，1987 版。

87. 牛致功、趙文潤，《隋唐人物述評》，西安：陝西師範大學出版社，1989 年版。

88. 瞿林東，《中國史學散論》，長沙：湖南教育出版社，1992 年版。

89. 錢穆，《國史大綱》，上海：商務印書館，2002 年版。

90. 史延延，《中國歷代姦臣傳》，北京：國際文化出版公司，1992 年版。

91. 施建中，《隋文帝評傳——沿革隨時再統華夏的英主》，南寧：廣西教育出版社，1996 年版。

92. 薩孟武，《中國政治思想史》，臺北：三民書局，1969 年版。

93. 湯成業，《隋文帝政治事功之研究》，臺北：精華印書館，1967 年版。

94. 唐長孺，《汪籛隋唐史論稿》，北京：中國社會科學出版社，1981 年版。

95. 唐長孺，《山居存稿》，北京：中華書局，1989 年版。

96. 田廷柱，《隋唐士族》，西安：三秦出版社，1990 年版。

97. 唐長孺，《魏晉南北朝隋唐史三論》，武漢：武漢大學出版社，1993 年版。

98. 田餘慶，《秦漢魏晉史探微》，北京：中華書局，2004 年版。

99. 王仲犖，《北周六典》，北京：中華書局，1979 年版。

100. 王亞南，《官僚政治研究》，北京：中國社會科學出版社，1981 年版。

101. 王壽南，《隋唐史》，臺北：三民書局，1986 年版。

102. 王仲犖，《隋唐五代史》，上海：上海人民出版社，1988 年版。

103. 王寶祥，《隋史新探》，蘭州：蘭州大學出版社，1989 年版。

104. 王素，《大河滾滾》，北京：中華書局，2001 年版。

105. 王東英，《論王通》，北京：中國作家出版社，2005 年版。

106. 王壽南，《中國歷代創業帝王》，桂林：廣西師範大學出版社，2007 年版。

107. 吳楓，《隋唐五代史》，北京：人民出版社，1958 年版。

108. 吳宗國，《中國封建王朝興亡史‧隋唐卷》，南寧：廣西人民出版社，1996 年版。

109. 吳宗國，《隋唐五代簡史》，福州：福建人民出版社，1998 版。

110. 韋慶遠、柏樺，《中國政治制度史》，北京：中國人民大學出版社，2005 年版。

111. 萬繩楠整理，《陳寅恪魏晉南北朝史講演錄》，貴州：貴州人民出版社，2008 年版。

112. 徐連達、朱子彥，《中國皇帝制度》，廣州：廣東教育出版社，1996 年版。

113. 熊德基，《六朝史考實》，北京：中華書局，2000 年版。

114. 楊志玖，《隋唐五代史綱》，上海：上海人民出版社，1957 年版。

115. 姚薇元，《北朝胡姓考》，北京：中華書局，1962 年版。

116. 易沙白，《帝王春秋》，長沙：嶽麓書社，1984 年版。

117. 殷憲、馬志強，《北朝研究》（第一輯），北京：燕山出版社，2000 年版。

118. 袁剛，《隋煬帝傳》，北京：人民出版社，2001 年版。

119. 仲偉烈，《隋文帝家世史料箋注稿》，臺北：商務印書館，1973 年版。

120. 張分田、蕭延忠，《中華文化通志‧學術典‧政治學志》，上海：上海人民出版，1998 年版。

121. 張分田，《中國帝王觀念——社會普遍意識中的「尊君—罪君」文化範式》，北京：中國人民大學出版社，2004 年版。

122. 張分田，《民本思想與中國古代統治思想》，天津：南開大學出版社，2009 年版。

123. 張炳武，張玉福，《社會‧性格‧帝國命運——中國十大開國皇帝個性心理揭秘》，瀋陽：遼寧大學出版社，1994 年版。

124. 張國剛，《隋唐五代史研究概要》，天津：天津教育出版社，1996 年版。

125. 張沛，《中子譯注》，上海：上海古籍出版社，2011 年版。

126. 周一良，《魏晉南北朝札記》，北京：中華書局，1983 年版。

127. 周遠廉、吳宗國，《中國封建王朝興亡史——隋唐卷》，南寧：廣西人民出版社，1996 年版。

128. 朱大渭，《六朝史論》，北京：中華書局，1998 年版。

129. 周良霄，《皇帝與皇權》，上海：上海古籍出版社，1999 年版。

130. 曾志華，《隋書解讀》，北京：華齡出版社，2006 年版。

131. 郤元初，《中國姦臣》，北京：華文出版社，2007 年版。

132. （日）谷川道雄，《隋唐帝國形成史論》，上海：上海古籍出版社，2004 年版。

## 二、期刊論文

### （一）期刊

1. 白雲揚，《隋煬帝和唐太宗的「暴君、明君」之辨》，《哈爾濱學院學報》2011 年第 6 期。

2. 曹永年、周增義，《論隋煬帝的「功」與「過」──兼與萬繩楠先生商榷》，《史學月刊》1959 年 12 期。

3. 曹治懷，《隋文帝不悅儒學專尚刑名辨析》，《安慶師院社會科學學報》1996 年第 2 期。

4. 陳磊，《試論楊素》，《北京師範大學學報》1997 年第 3 期。

5. 陳磊，《試析隋及唐初的儒學統一》，《孔子研究》2001 年第 6 期。

6. 陳光崇，《論隋文帝改革和統一的歷史功績》，《益陽師專學報》1996 年第 2 期。

7. 陳金鳳、梁瓊，《山東士族與隋朝政治論略》，《山東師範大學學報》2003 年第 6 期。

8. 崔明德，《論隋唐時期和親的影響》，《甘肅社會科學》1994 年第 3 期。

9. 崔明德，《論隋唐和親的特點》，《天府新論》1995 年第 2 期。

10. 崔明德，《論隋文帝民族關係理論體系中「君臣一體」思想》，《社會科學輯刊》1996 年第 3 期。

11. 陳開科，《韓隆福教授的史學研究》，《湖南文理學院學報》2007 年第 6 期。

12. 董省非，《論隋煬帝的二重性格與隋朝速亡》，《麗水師專學報》1987 年第 1 期。

13. 董維慎，《略論「開皇之治」》，《寧夏大學學報》1989 年 1 期。

14. 方志遠，《歷史上的姦臣與「姦臣傳」》，《文史知識》1998 年第 12 期。

15. 高敏，《隋初江南地區反叛的原因初探》，《中國史研究》1988 年第 4 期。

16. 高明士，《隋文帝「不悅學」「不知樂」質疑──有關隋代立國政策辨正》，《臺灣大學歷史學系學報》，1988 年第 7 期。

17. 高進旗，《論隋唐時期的文化特徵》，《湖南科技學院學報》2008 年第 3 期。

18. 管彥波，《簡論隋文帝的治邊思想與治邊措施》，《貴州民族研究》2006 年第 2 期。

19. 郭林生，《〈隋書·李德林傳〉開皇元年史事淺證》，《河南科技大學學報》

2003 年第 4 期。

20. 萬生華，《試論魏晉南北朝及隋唐的監察制度》，《蘭州學刊》1990 年第 5 期。

21. 胡如雷，《隋文帝評價》，《社會科學戰線》1979 年第 2 期。

22. 胡如雷，《周隋之際的「三方之亂」及其平定》，《河北學刊》1989 年第 6 期。

23. 胡如雷，《北周政局的演變與楊堅的以隋代周》，《社會科學戰線》1990 年第 2 期。

24. 胡如雷，《隋朝統一新探》，《歷史研究》1996 年第 2 期。

25. 胡慧，《淺析隋煬帝創建科舉制的歷史背景》，《武陵學刊》2010 年第 2 期。

26. 韓昇，《論隋朝統治集團內部鬥爭對隋亡的影響》，《廈門大學學報》1987 年第 2 期。

27. 韓昇，《隋煬帝伐高麗之謎》，《漳州師院學報》1996 年第 1 期。

28. 韓昇，《隋煬帝「遼東之役」芻議》，《軍事歷史》1997 年第 2 期。

29. 韓昇，《南方復起與隋文帝江南政策的轉變》，《廈門大學學報》1998 年第 2 期。

30. 韓昇，《隋文帝時代中央高級官員成分分析》，《學術月刊》1998 年第 9 期。

31. 韓昇，《隋史考證九則》，《廈門大學學報》1999 年第 1 期。

32. 韓昇，《隋文帝的「雄猜」與開皇初期政局》，《史學月刊》1999 年第 3 期。

33. 韓昇，《隋文帝弒君與被弒說考證》，《學術研究》2002 年第 2 期。

34. 何德章，《隋文帝對江南的控制及其失策》，《西南師範大學》1993 年第 2 期。

35. 何德章，《江淮地域與隋煬帝的政治生命》，《武漢大學學報》1994 年第 1 期。

36. 韓國磐，《隋煬帝奪位真相》，《讀書通訊》1947 年第 145 期。

37. 韓國磐，《簡論隋朝的統一》，《歷史教學》1962 年第 5 期。

38. 韓隆福，《論隋煬帝的歷史作用》，《安徽史學》1986 年第 3 期。

39. 韓隆福，《隋煬帝南逃江都及其評價》，《益陽師專學報》1996 年第 3 期。

40. 韓隆福，《一個有偉大貢獻的「暴君」——評袁剛〈隋煬帝傳〉兼紀念隋煬帝研究所成立五週年》，《常德師範學院學報》2002 年第 5 期。

41. 黃冬雲，《隋煬帝的性格缺陷及其影響》，《南通師範學院學報》2003 年第 4 期。

42. 華楓紅，《簡析隋朝統一的原因和意義》，《才智》2008 年第 6 期。

43. 賴紅衛，《隋文帝性格研究》，《渝西學院學報》2002 年第 2 期。

44. 劉勝，《淺論隋煬帝、唐太宗與隋亡唐興的關係》，《漢中師院學報》1992
年第 1 期。

45. 劉萬雲，《隋時北方統一南方的原因淺探》，《中南民族學院學報》1996
年第 6 期。

46. 劉二豔，《隋文帝歷史觀初探》，《和田師範專科學校學報》，2010 年第 4
期。

47. 羅嗣忠，《重評隋朝短祚而亡的原因》，《青海師範大學學報》，1984 年第
1 期。

48. 羅嗣忠，《淺談鑄成隋煬暴君的客觀歷史必然性》，《青海師範大學學報》
1991 年第 1 期。

49. 羅嗣忠，《隋煬帝的個性特徵及其社會後果》，《青海師範大學學報》1994
年第 1 期。

50. 李燕捷，《隋平陳戰爭淺析》，《中國史研究》1985 年第 2 期。

51. 李燕捷，《隋軍「禮不伐喪」說辨析》，《河北師範學報》1985 年第 4 期。

52. 李殿元，《重新評價農民起義》，《文史雜誌》2009 年第 1 期。

53. 李娟，《隋代大總管府僚佐考》，《求索》2009 年第 9 期。

54. 李克玉，《略論隋文帝打擊士族》，《河南大學學報》1987 年第 4 期。

55. 李文才，《隋末「江都之交」新探——兼論隋短祚而亡的主要原因》，《人
文雜誌》1995 年第 1 期。

56. 李文才、雷依群，《北周外交二三題》，《西安教育學院學報》2001 年 4 期。

57. 李文才，《隋煬帝三征高麗的背景》，《江漢論壇》2005 年第 3 期。

58. 林靜薇，《西魏北周姓氏政策與楊堅代周建隋之關係》，《臺灣中正歷史學
刊》2007 年第 9 期。

59. 呂希華，《隋的〈開皇律〉與「開皇之治」》，《遼寧大學學報》1995 年第
4 期。

60. 龍珍華，《試從隋朝人名看隋朝文化思想》，《湖北教育學院學報》2006
年第 11 期。

61. 馬曉麗，《論隋文帝「君臣一體」的民族關係思想》，《煙臺大學學報》2005
年第 3 期。

62. 齊陳駿，《關於評價隋文帝楊堅和「開皇之治」的幾個問題》，《蘭州大學
學報》1980 年第 4 期。

63. 喬延壽、趙雲旗，《論隋文帝時期的吏治與廉政》，《山西大學學報》1991
年第 4 期。

64. 喬潮，《隋朝完成國家統一的原因探析》，《陝西職業技術學院學報》2007

年第 2 期。

65. 任崇岳、羅賢祐,《試論唐代的和親政策》,《中央民族學院學報》1981
年第 1 期。

66. 蘇小華,《〈隋書〉所記楊堅史事辨析》,《求索》2010 年第 3 期。

67. 孫緒秀、賴紅衛,《隋文帝的用人政策》,《山東大學學報》1996 年第 4 期。

68. 孫玉芝,《隋亡實肇因於文帝》,《北方論叢》1997 年第 1 期。

69. 沈慶生,《論隋文帝》,《四川師範大學學報》1980 年第 2 期。

70. 施建中,《隋統一原因再探——兼論隋文帝平陳方略》,《北京師範大學學
報》1988 年第 2 期。

71. 沙憲知,《隋文帝吏治述評》,《遼寧師大學報》1984 年第 3 期。

72. 沙憲如,《論楊素》,《遼寧師範大學學報》1999 年第 6 期。

73. 宋冬九、韓隆福,《隋煬帝對江南人才群體形成的影響》,《湖南科技學院
學報》2006 年第 7 期。

74. 石向東,《隋文帝「後宮有子者皆不育」考證》,《史學月刊》1985 年第 6
期。

75. 石紅、唐李佩,《隋文帝與隋煬帝思想差異之探析》,《唐都學刊》2010
年第 6 期。

76. 商愛玲、張鴻,《隋煬帝「以民為本」、「天下為公」思想再解析》,《天府
新論》2009 年第 6 期。

77. 史賓,《北周、隋、唐初的士族政策與政治秩序的變遷》,《首都師範大學
學報》1998 年第 3 期。

78. 沈國峰,《略論隋王朝的封建法制和它的的興亡史》,《政法論壇》1979
年第 1 期。

79. 所桂萍,《隋朝法制與隋朝興亡的辯證統——從〈開皇律〉修定及其實施
談起》,《南陽師範學院學報》2004 年第 11 期。

80. 陶廣峰,《隋文獻獨孤皇后存年考辨》,《史學月刊》1987 年第 5 期。

81. 滕新才,《楊玄感起兵和隋末農民戰爭》,《文史雜誌》1994 年第 4 期。

82. 湯勤福,《隋文帝誅殺佐命功臣質疑——隋史研究之一》,《上饒師專學報》
1986 年第 3 期。

83. 湯勤福,《隋文帝廢立太子芻議》,《上饒師範學院學報》1987 年第 1 期。

84. 譚平,《中國古代皇位嫡長子繼承制的計量分析》,《成都大學學報》1998
年第 4 期。

85. 唐華全,《試論隋文帝廢立太子的原因》,《河北學刊》1991 年第 5 期。

86. 魏福昌,《隋煬帝是不折不扣的暴君——與萬繩楠同志商榷》,《史學月刊》
1959 年第 12 期。

87. 魏國忠，《關於隋文帝的歷史教訓》，《求是學刊》1980 年第 2 期。

88. 王桐齡，《楊隋李唐先世系統考》，《女師大學術季刊》1931 年第 2 期。

89. 王士立，《評隋文帝之用人》，《歷史教學》1984 年第 3 期。

90. 王光照，《隋〈開皇律〉及其立與毀》，《學術月刊》1995 年第 9 期。

91. 王光照，《隋文獻獨孤皇后與開皇世政治》，《中國史研究》1988 年第 4 期。

92. 王光照，《隋楊廣晉邸王府學士及其與政治、文化之關係》，《江海學刊》2002 年第 4 期。

93. 王三北、嚴文科，《隋代國家權力與私家權力的矛盾——兼論隋朝滅亡的原因》，《西北師大學報》2002 年第 2 期。

94. 王永平，《隋代江南人士的浮沉》，《歷史教學》1995 年第 1 期。

95. 王永平，《隋文帝從政弊失論》，《歷史教學問題》1995 年第 3 期。

96. 王心喜，《隋文帝「不悅儒術」辨正》，《杭州教育學院學報》1996 年第 3 期。

97. 王永謙，《關於隋煬帝三下江都問題之剖析》，《中國歷史博物館館刊》1987 年第 00 期。

98. 萬繩楠，《論隋煬帝》，《史學月刊》1959 年第 9 期。

99. 萬繩楠，《從陳、齊、周三方關係的演變看隋的統一》，《安徽師大學報》1985 年第 4 期。

100. 萬建中，《隋唐風俗的時代特徵》，《文史知識》1995 年第 6 期。

101. 吳思強，《〈隋煬帝的再評價〉異議》，《溫州師院學報》1989 年第 1 期。

102. 謝保成，《魏徵與〈隋書〉的鑒戒思想》，《中國社會科學院研究生院學報》1985 年 6 期。

103. 徐清廉，《論隋唐的門閥之爭與關隴集團》，《西北大學學報》1981 年第 1 期。

104. 徐嫩棠，《隋煬帝三下揚州原因考》，《貴州文史叢刊》1993 年第 5 期。

105. 徐迎花，《論隋文帝的御國臨民之術》，《黑龍江育學院學報》2002 年第 4 期。

106. 袁剛，《楊隋出自山東寒庶》，《文史哲》1999 年第 6 期。

107. 袁剛，《君王的比較和隋煬帝的事功與暴政》，《常德師範學院學報》2002 年第 3 期。

108. 袁剛，《暴君隋煬帝評價的論辨——關於暴君之暴的政治分析》，《南都學壇》2002 年第 4 期。

109. 楊際平、蘇述，《論隋王朝的政治路線及其興亡》，《天津師範大學學報》1975 年第 2 期。

110. 楊際平，《煬帝其人與隋朝的二世而亡》，《湘潭師範學院學報》1998 年第 4 期。

111. 楊力軍，《隋統一原因淺析》，《晉中師專學報》1999 年第 3 期。

112. 楊希義，《隋文帝評價中的若干問題芻議》，《西北大學學報》1983 年第 4 期。

113. 楊希義、翟麥玲，《試論隋唐時期的考課與監察制度在反腐倡廉中的作用與流弊》，《西北大學學報》1997 年第 3 期。

114. 楊梅，《簡論〈開皇律〉的修撰與隋文帝的法制建設》，《中山大學研究生學刊》1999 年第 1 期。

115. 閏廷亮，《隋煬帝西巡河西述論》，《青海民族學院學報》2008 年第 4 期。

116. 姚建根，《隋文帝皇子們的悲劇》，《蘭州學刊》2005 年第 6 期。

117. 曾德雄，《中國傳統政治的合法性問題》，《浙江學刊》2005 年第 3 期。

118. 張玉林，《隋文帝的社會政策及其統治手段》，《食貨半月刊》1936 年第 9 期。

119. 張先昌，《隋文帝「易宮換儲」探析》，《河南大學學報》1995 年第 5 期。

120. 張先昌、陶偉喬，《隋文帝「薄於功臣」辨析》，《華東師範大學學報》2009 年第 1 期。

121. 張先昌、許瑛，《試論隋代前期的文化教育政策——兼評隋文帝「不悅儒術」說》，《貴州社會科學學報》2009 年第 9 期。

122. 張志康，《隋末楊玄感起兵性質——與藏嶸同志商榷》，《歷史教學》1965 年第 11 期。

123. 張懷承、胡勤，《簡論隋唐道德生活的特點》，《倫理學研究》2008 年第 6 期。

124. 張深秋，《後世多行文帝法——記隋文帝楊堅及其吏治》，《中國公務員雜誌》1995 年第 8 期。

125. 張承宗、陳學貴，《試論楊堅家庭關係與隋朝的滅亡》，《煙臺師範學院學報》1996 年第 4 期。

126. 趙雲旗，《論隋代速亡的原因》，《晉陽學刊》1984 年第 6 期。

127. 趙雲旗，《論開皇之治——與齊陳駿先生商榷》，《蘭州大學學報》1985 年第 3 期。

128. 趙雲旗，《評隋煬帝的歷史功績》，《晉陽學刊》1986 年第 1 期。

129. 趙雲旗，《論隋文帝與隋代的儒學》，《孔子研究》1988 年第 3 期。

130. 趙雲旗，《簡評隋文帝》，《歷史教學問題》1991 年第 1 期。

131. 趙雲旗，《隋文帝評價中的問題商榷》，《學術月刊》1991 年第 4 期。

132. 趙克堯，《隋煬帝的再評價》，《溫州師範學院學報》1986 年第 4 期。

133. 周鼎初,《隋煬帝的暴政是其對儒家思想的徹底背叛》,《江漢論壇》1995
     年第 6 期。

134. 周鼎初,《試論隋煬帝暴政的實質及其社會根源》,《湖北大學學報》1995
     年第 6 期。

135. 周懷宇,《隋朝科舉制形態探賾》,《學術月刊》2001 年第 8 期。

136. 周東平,《隋〈開皇律〉十惡淵源新探》,《法學研究》2005 年第 4 期。

137. 臧嶸,《略論隋末楊玄感的起兵》,《歷史教學》1962 年第 7 期。

138. 朱先治,《對〈論隋煬帝〉一文的幾點意見》,《史學月刊》1960 年第 1 期。

## (二) 論文集

1. 高明士,《隋代的教育與貢舉》(上下),收入中國唐代學會《唐代研究論
   集》第四輯,臺北:國立編譯館,1992 年版。

2. 高明士,《隋代中國的統一——兼述歷史發展的必然性與偶然性》,收入
   史念海《唐史論叢》第七輯,西安:陝西人民出版社,1998 年版。

3. 甘懷真,《隋文帝時代軍權與「關隴集團」之關係——以總管為例》,收
   入中國唐代學會編輯委員會《唐代文化研討會論文集》,臺北:文史哲出
   版社,1991 年版。

4. 郭偉川,《論隋唐政治制度與軍事政策》,收入王元化《學術集林》第 17
   卷,上海:上海遠東出版社,2000 年版。

5. 胡如雷,《隋文帝楊堅的篡周陰謀與即位後的沉猜成性》,收入中國唐史
   學會《中國唐史學會論文集》,西安:三秦出版社,1991 年版。

6. 黃永年,《從楊隋中樞政權看關隴集團的開始解體》,收入王化元《學術
   集林》卷九,上海:上海遠東出版社,1996 年版。

7. 劉健明,《一場求不戰而勝的攻戰——隋煬帝征高麗試析》,收入榮新江
   主編《唐研究》第一卷,北京:北京大學出版社,1995 年版。

8. 劉健明,《隋江都事變考釋》,收入榮新江主編《唐研究》第 2 卷,北京:
   北京大學出版社,1995 年版。

9. 馬俊民,《補〈隋書·宰相表〉兼論隋政權核心構成的演變及其特徵》,
   收入張國剛《中國社會歷史評論》(第五輯),上海:商務印書館,1956
   年版。

10. 瞿林東,《論〈隋書〉史論》,收入氏著《唐代史學論稿》,北京:北京師
    範大學出版社,1989 年版。

11. 瞿林東,《隋朝修史的失誤》,收入氏著《中國史學散論》,武漢:湖北教
    育出版社,1992 年版。

12. 湯成業,《簡論隋文帝改良民俗》,收入大陸雜誌社編輯委員會《秦漢中
    古史研究論集》第三冊,臺北:大陸雜誌社,1975 年版。

13. 余英時，《君尊臣卑下的君權與相權》，收入氏著《中國思想傳統的現代詮釋》，南京：江蘇人民出版社，1995 年版。

## （三）碩士學位論文

1. 胡娜，《唐初〈隋鑒〉思想研究——以〈貞觀政要〉爲中心的探討》，曲阜：曲阜師範大學碩士論文，2010 年。

2. 姜望來，《魏周隋唐關隴集團與山東勢力》，武漢：武漢大學碩士論文，2005 年。

3. 馬寧，《孟子的政治合法性思想研究》，天津：天津師範大學碩士論文，2009 年。

4. 吳昌葉，《蕭氏後梁研究》，揚州：揚州大學碩士論文，2010 年。

5. 辛向勇，《唐人的隋史觀研究》，上海：上海師範大學碩士論文，2010 年。

## （四）博士學位論文

1. 徐沖：《「漢魏革命」再研究——君臣關係與歷史書寫》，北京：北京大學博士論文，2008 年。

2. 張鴻：《〈太平經〉政治思想研究》，天津：南開大學博士論文，2009 年。